スペイン帝国と複合君主政

立石博高 編著
Hirotaka Tateishi

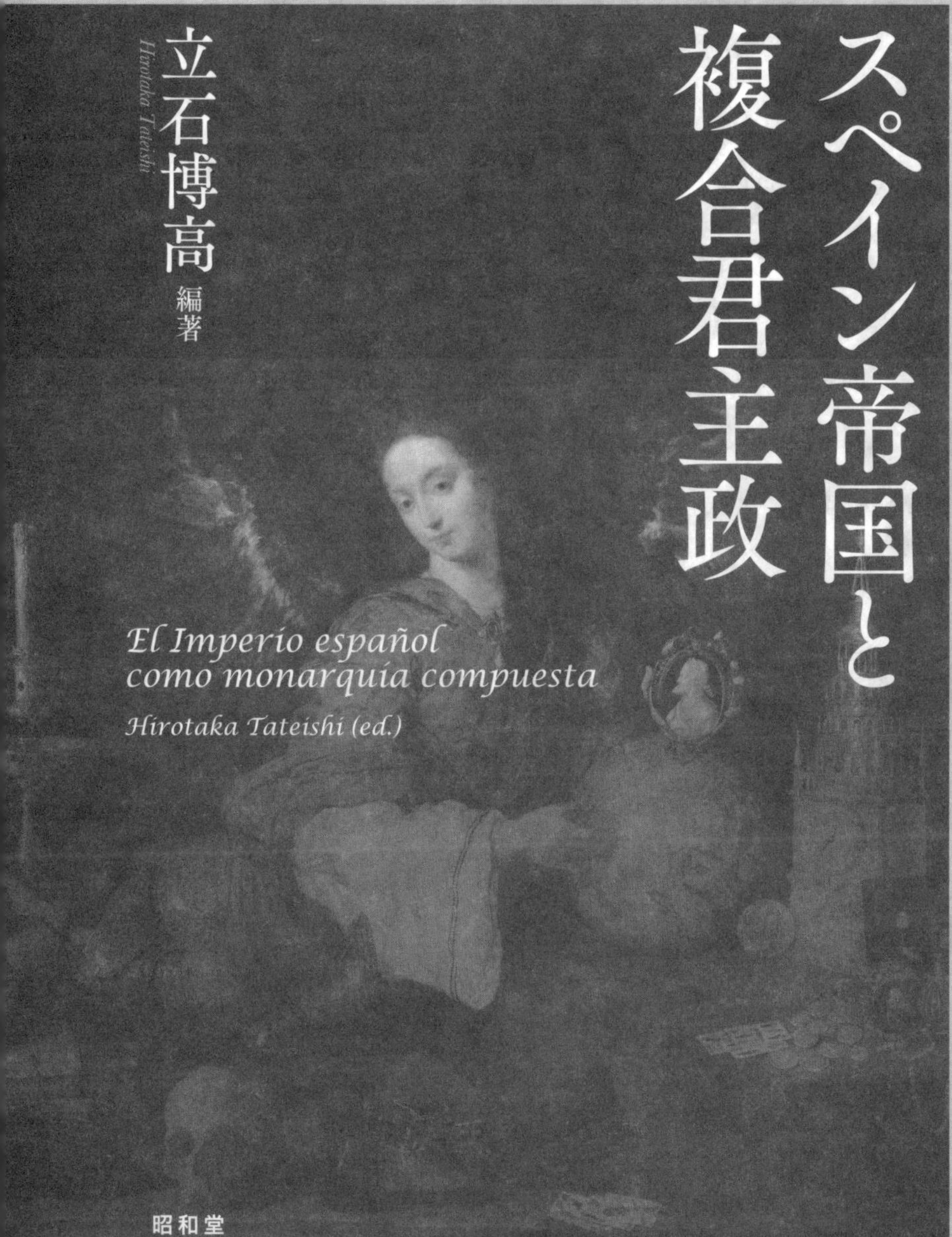

El Imperio español como monarquía compuesta

Hirotaka Tateishi (ed.)

昭和堂

スペイン帝国と複合君主政　目次

第4章 インディアス諸王国
――スペイン領アメリカは「植民地」だったか？――
宮崎和夫 117

扉図版一覧

序章扉　一五八六年頃のスペイン支配のイメージ図：ドレーク遠征による複写（Bigges、1589）。

第1章扉　一六世紀のスペイン君主国。出典：*Enciclopedia de historia de España dirigida por Miguel Artola*, t. VI, Madrid: Alianza Editorial, 1993, p. 946.

第2章扉　アラゴン連合王国とナバーラ王国。出典：Giesey, Ralph E., *If not, not. The Oath of the Aragonese and the Legendary Laws of Sobrarbe*, Princeton: Princeton University Press, 1968, p. VI.

第3章扉　リスボンの宮殿広場《テレイロ・ド・パソ》（現在のコメルシオ広場）で催される異端判決宣告式《アウト・デ・フェ》。出典：ポルトガル国立図書館デジタルライブラリー（Biblioteca Nacional Digital）、作品コード E-4669-P、〈http://purl.pt/13098〉

第4章扉　イサベル女王に航海計画を説明するコロンブスの銅像。（マリアー・バンリウラ作、一八九二年、グラナダ市イサベル・ラ・カトリカ広場）：筆者撮影

第5章扉　フェリーペ二世の支配イメージ図（同時代）。

第6章扉　諸王国の間の内部の復元図。

序章

複合君主政体とスペイン帝国

立石博高

1　近世ヨーロッパの国制の固有性

日本の戦後歴史学は、敗戦にいたる国制のあり方への強い反省に基づいて、あるべき姿の民主的国民国家モデルを想定して、その実現にいたる過程、つまり近代化の政治的・社会経済的道程を詳らかにすることを目的とした、強い問題意識に支えられていた。そのことの当否は別として、こうした目的論的歴史学は、往々にして、想定されたヨーロッパ諸国のあるべき道程とは異なるあり方を畸形的ないし跛行的と呼んで、そこには近代化の歪みが生じたと捉えたのであった。

したがって、おおよそ一六世紀から一八世紀にかけての封建制から資本主義への移行期の国制であるヨーロッパ君主政には「絶対主義」ないし「絶対王政」という概念規定がなされるとともに、この時期の王権は没落する封建的階級と発展する近代ブルジョワジーの対立を調停する強大な権力であったとする「階級均衡論」が一般的な理解となっていた。

こうした絶対王政についての統治構造の理解を根底から崩したのが、故二宮宏之氏の「絶対王政の統治構造」（一九七七年の西洋史学会報告）であったことは言うまでもない[1]。いまや「社団的編成」という側面を抜きにして近世国制を語ることはできないのである。しかし絶対王政と呼ばれた近世ヨーロッパの政治体が決して絶対主義的な強大な権力を行使しえなかったことは、つとに二宮氏が一九六九年の論文で指摘したところであった。この論文で二宮氏は、近世フランス史研究の実証的成果に則って、フランス絶対王政の領域支配がさまざまな制約を受けていたことを明らかにしたのである[2]。

しかしフランスを含めて近世ヨーロッパの君主政体が、けっして一円的支配を実現していなかったことは、同時代人のほぼ共通の理解であった。ちなみに、近代主権国家論の最初の提唱者とされるジャン・ボダンは、『国家論六巻』で、近世国家を次のように認識していた。「一人ないし複数の主君の至高の権力」によって人々が統治されるのが「国家（une Republique）」であるが、そこでは「法、言語、慣習、宗教、民族が多様である（ils soyent diuersifés en loix, en langue, en coustumes, en religions, en nations）」のであった。[3] こうした多様性の現実を前にしては、近世君主政の目的論的・均衡論的な理解は、到底支持し得ないのである。

欧米の歴史研究者も、一九六〇年代から七〇年代にかけて、近世の国制の固有性に着目する研究を本格的に進展させていた。いまだにジョセフ・ストレイヤーの研究のように、財政と司法の制度的展開に注目して、中世から近代への国制の発展を連続的にとらえる理解が優勢であったものの、[4] 一九六〇年代後半には「ケンブリッジ版近世史叢書」が企画されて、初期近代（Early Modern）つまり「近世」の時代を「連続（中世思想、政治組織、社会組織の形態の連続）と変化（伝統的な仕組みに対する新しい思想、方法、要求のインパクト）の交錯」として理解しようとする立場が顕著となった。この企画の提唱者であったイギリスのスペイン史研究者J・H・エリオットは、二〇一二年に著した自らの長年にわたる歴史研究の方法論的省察の書物で、「近世」概念について語っている。[5] 少し長いが、引用しよう。

時代区分の試みというのは本質的に不十分なものであり、すべての人々を満足させることはできない。なぜなら、ある時代の全体を一言で要約する言葉などないからである。「近世」の概念もこうした意味で不適切であり、その上、この時代も現代社会に至る道筋の通過すべき一点に過ぎないという誤解を与えてしまう危険性がある。ただ中世と近代が見事に組み合わさったこの三〇〇年から四〇〇年の時期を表すのに、代案となるよりよい言葉がまだないのも事実である。この啓蒙時代以前の数百年の固有性がなかなか認められなかったせいで、当時のヨーロッパ社会の重要な特質を理解しそこねてきた。歴史研究のなかでも、この弊害がもっとも大きいのは、ナショナリズムと国家形成に関してである。（邦訳、六一頁）

目的論的歴史理解に堕することなく、近世ヨーロッパ国制の固有性に着目しようとする場合、さらにエリオットの言葉が参考になる。「私が研究を始めたときに比べて、今日では近世における王朝原理の永続的な強さについての理解がはるかに強まった。家族単位を核とするヨーロッパの社会では、君主は本能的に家族と王朝の観点でものを考え、家族の勢力と影響力を強化し拡大する戦略を遂行するのである」（同、六二頁）。そしてハプスブルク家、トラスタマラ家、テューダー家などの有力王家が行なった婚姻政策の結果、複数の政治体を独りの支配下に統合する大規模な政治・行政集合体が生まれたが、「こうした大規模な政治集合体は、近年では「複合君主国」や「複合国家」として知られるようになった」のである（同、六二頁）。こうして私たちもまたエリオットと同様に、「一六、一七世紀の複合君主政はそれ自体がどのようなものであったかという視点から」、スペイン帝国の諸相に迫っていかなければならない。(6)

2　スペイン帝国と複合君主政体

「スペイン帝国」という言葉は、けっして当時、王権によって公式に使われた言葉ではない。しかし広大な領土を有するスペイン君主国を称えて好んで使われたのも事実である。たとえば、F・ウガルテ・デ・エルモーサは言う（一六五五年）、「神が世界を創造して以来、スペインほど広大な帝国はかつてなかった。というのも、日の出から日の入りまで、その領土で太陽が輝かないときはないのだから(7)」。そこで本書でも、細かい概念規定にこだわらずに、近世という時代（時間）に広大な領域（空間）を統治した大規模な政治・行政集合体のひとつをスペイン帝国と呼ぶことにしたい。

このスペイン帝国は、かつて我が国では、その統治構造の弱さのゆえに初期絶対主義という呼び方をされることもあったが、いずれにしろ絶対王政モデルなるものを想定してその発展段階の強弱を論じることは意味がない。そこで、エリオットに倣ってこの国制を「複合君主政体」と呼ぶことにしたい。この政治体をめぐる議論については、本書第1章で詳しく論じられる（内村担当）。ここでは、とくにフランスとの比較を念頭においてスペインの国制の特徴について指摘しておきたい。

そこで注目されるのは、フランスでは、フランク王国の解体以後は、支配王朝の交代や領域の拡大という歴史的変遷のなかでつねに単一のフランス国王（Roi de France）とフランス王国（Royaume de France）という呼び方が維持されてきたことである。[8] 他方、イサベルとフェルナンドは、イベリア半島に複数の地域政体——諸王国と諸領邦（reinos y estados）——が存在していたことへの実際的配慮から、「スペイン国王（Rey de España）」と名乗ることを逡巡したのである。[9] カスティーリャ王国のイサベルとアラゴン連合王国のフェルナンドの同君連合をして、一般には「スペイン王国の成立」といわれるが、それはあくまでものちの歴史過程に結果からみて遡及的に出発点としているに過ぎず、当時「スペイン王国（Reino de España）」は存在しなかったし、「スペイン国王」が正式称号として使われるのは一九世紀初めになってからである。[10]

もう一つ注目されるのは、イサベルとフェルナンドは、「いとも敬虔なキリスト教徒である（Très chrétien）」という称号を戴くフランス国王に対して、ときの教皇から「カトリックの（Católico）」の称号を戴いて、その後のスペイン国王は自らを「カトリック王（Rey Católico）」と名乗り続けていることである。[11] したがって、カトリック両王（イサベルとフェルナンド）以後もスペイン国王の正式名称は、歴史的推移を経てその支配下に置く諸王国や諸領邦のそれぞれの主君であることの列挙であり、同時に単一の「カトリック王」であった。だが、国王の権威を称えるさまざまな表徴にあっては「スペイン王（Rey de España）」ないし「諸スペインの王（Rey de las Españas）」という言葉が頻繁に使用されるようになるのも事実であった。そして教皇庁や他の諸国もまた、こうした言葉でスペイン国王を呼ぶようになっていった。(12)

こうしてカトリック王たるフェリーペ二世は、正式称号では依然として「神のご加護による、カスティーリャ、レオン、アラゴン、両シチリア、ポルトガル、ナバーラ、グラナダ、トレード、バレンシア、ガリシア、マジョルカ、セビーリャ、サルデーニャ、コルドバ、ムルシア、ハエン、アルガルベ、ヒブラルタール、カナリア諸島、西インドおよび東インド、大西洋の諸島と大陸、……の国王、ブラバントとミラノの公爵、フランドル、……、バルセローナの伯爵、ビスカーヤとモリーノの領主、等々」であるが、一般には「神のご加護による、スペインとインディアスの王（"Philippus II Dei Gratia, Hispaniarum et Indiarum Rex"）」であった。こうして国王としてさまざまな地域政体への配慮をみせる「長い称号」と、それらを統合した「短い称号」を巧みに使い分けていたのが、スペイン複合君主政体であったのである。(13)

したがって国王は、それぞれに対して君臨する諸王国と諸領邦を「王国（reino）」という領域概念として単一化できないものの、これらの諸国を包括する新たな用語を必要とした。それが「君主国（monarquía）」という概念であり、一六世紀後半のフェリーペ二世の治世末期には、「スペイン君主国（Monarquía de España ないしMonarquía Hispánica）が一般化するのであった。(14) 複合君主政論を体系的に提示したエリオットは、フェリーペ二世の治世が「等しく重要であるもの同士の」統合が比較的順調に行われていた時代であったとするが、この時代には「諸王国と諸領邦のカトリック王」が「スペイン君主国のカトリック王」へと次第に転換する統合化装置が築かれていった時代でもあった。マドリードがスペイン帝国の帝都となり、そこには領域ごとの顧問会議（カスティーリャ、アラゴン、イタリア、フランドル、インディアス)、異端審問顧問会議などが配置され、副王制や高等法院を通じての地域政体への介入も強まり、さまざまな反発を招いていたのである。[15] 複合君主政体とは、王権と地域政体との関係において、つねに軋轢や葛藤をはらむ統治プロセスであったことを強調したい(本章第2章から第5章、内村、久木、宮崎の諸論文を参照)。

カトリック王たるスペイン国王が、教皇庁との関係においても緊張と対立を内包していたことを看過してはならない。一六世紀後半、教会裁判権を王権のもとに従わせようとする「普遍君主政(“Monarchia Universalis”)」への志向がどこまであったかは別として、スペイン・ハプスブルク王家は、カトリック教徒としての倫理・行動規範を王権の権威と直接的に結びつけようとした。そして一六世紀末以後は、カトリック王たる国王の支配する広大な領域は、「スペイン君主国」とともに「カトリック君主国(Monarquía Católica)」という呼称を与えられるに至ったのである。[16] このことは「宗派化(Konfessionalisierung)」によって領域国家の安定を目指した当時のヨーロッパの動きと無関係ではないが、改宗ユダヤ教徒(コンベルソ)と改宗イスラーム教徒(モリスコ)を内に抱えるスペイン社会にとっては、さまざまな困難を惹起したのであった(本書第3章の久木論文を参照)。

いずれにしろスペイン君主国では、政治的行為をカトリック的倫理に同一化するという理念を選択した以上、マキアヴェリズムとは異なる固有の国家理性論を展開しなければならなかった(本書第5章の竹下論文を参照)。加えて、スペイン君主国＝カトリック君主国の帝都であるマドリードでは、王権とカトリックの同盟を表徴するさまざまな仕掛けをつくり、この理念に基づいたふるまいを日常的に実践することになったのである(本書第6章の立石論文を参照)。

一七世紀前半、フランスの著述家フランソワ・ド・ラ・モット・ル・ヴェイエは、フランスとスペインの国制を次のように指摘している。[17]「スペイン人たちは彼らの君主国(Monarchie)の広がりによって国王の偉大さを測るべきだと思っている。フランス人たちは古から認められる自分たちの王国（Couronne）の威厳と大権に自分たちの利点を求めようとしている。」この言葉は、単一の王国を早くから形成してそのなかで王権の強化を図るフランス国王と、いくつもの諸王国と諸領邦を集積して君主国を形成していったスペイン国王の政体上の違いを明白に述べているといえる。緩やかな統合という複合君主政体を採るスペイン帝国は、一六世紀から一七世紀前半にかけて比類なき偉大さを獲得した。(18) だが、ヨーロッパの諸国が主権国家へと歩み出した一七世紀の国際状況のなかで、より強い集権化に裏打ちされ「課税の政治」を可能にした租税＝軍事国家を打ち立てるには大きな困難に遭遇することになろう。(19)

3　本書を構成する諸論文

本書は、上述のような問題意識をゆるやかな前提としつつ、複合君主政として特徴づけられるスペイン帝国の諸相について、それぞれの関心から考察した六つの論考によって構成されている。

第1章の内村俊太論文は、複合君主政論の射程について論じており、政治社会論を補助線としながら、複合君主政論と社団的編成論が相補的に国制史研究に用いられる可能性を探っている。エリオットの複合君主政論は、君主（王朝）と複数の政治社会（それぞれの特権身分層）との「交渉」のダイナミズムを論じるものである。これに対して二宮宏之の社団的編成論は、王権が社団の操作によってある政治社会を「統御」しようとするダイナミズムへの視座をもたらすといえる。これらを用いて近世王権と政治社会の関係を考察する際には、王権が状況に応じて政治社会に使い分ける統治戦略を「交渉」と「統御」という枠組みで捉え、それぞれを可能とする構造を分析することに意味があるだろう。また、近世国家全体での政治社会を王権が構築できるか否かにも留意することで、複合君主政論はヨーロッパ近世国制史研究における比較をより精緻化していくことができるだろう。

第2章から第4章にかけての三論文は、スペイン帝国が包摂する領国や領邦、つまり地域政体に対する支配のありかたに関わる問題を、アラゴン王国、ポルトガル王国、そしてスペイン領アメリカを対象に考察する。第2章の内村俊太論文では、一六世紀後半のアラゴン王国修史官による歴史書にみられる政体論を分析し、政治社会を治める特権身分層が複合君主政下でアラゴンという地域政体をどのように認識していたかを考察する。『アラゴン連合王国年代記』、『アラゴン王国要覧』では、建国が九世紀初頭の武人による初代王の選出に求められ、この時に地域固有の政体理念が誕生したとされた。この遡及的な政体起源論にもとづくアラゴン史像では、「王と王国」の中庸的な協力関係が理想として描かれる。また、他国との同君連合の維持がアラゴン政体理念に加えられ、複合君主政の全体秩序とその下でのアラゴンの歴史的固有性は両立しうるとされる。ただし、こうした調和的な言説は、王国の政体が侵害されたとみなされる場合、王権と政治社会の関係が破綻する可能性を予示するものでもあった点に注意する必要があろう。

第3章の久木正雄論文は、スペイン君主国によるポルトガルの編入と統治において、複合君主政体としての統治技法が用いられるとともに、「カトリック君主政」としての一元的な統治理念が重視されていたことを論じる。とくにフェリーペ三世統治期には、副王制に宗教的権威と権限を付与することで、この理念に基づく統治の徹底が図られた。他方、新キリスト教徒に対する政策の面ではポルトガル固有の展開が見られ、一六一〇年代には異端審問制と「血の純潔」規約による締め付けが強まった。このことを背景として、法の実務家としての経歴をもつ思想家マルティン・ゴンサレス・デ・セリョリーゴと、イエズス会の高位聖職者ファアン・デ・モンテマヨールは、それぞれの立場から、スペイン君主国が新キリスト教徒になすべき処遇に関する献策書を記している。その上で本章では、これらの献策書の分析を行ない、政体の実態と理念をめぐる言説の抽出を試みている。

第4章の宮崎和夫論文は、ハプスブルク期のスペイン領アメリカの国々が、それぞれの副王に統治されて複合君主政を構成しているという点で同時代の地中海圏の諸領国と同じでありながら、前者のみが「王国」や「公国」ではなく「副王領」と呼ばれていることへの疑問から出発する。アラゴン連合王国の拡大は、征服戦争の結果として征服民が先住民を排除しながら形成した新たな政治体がアラゴン王を君主として戴くケースが珍しくなかった。ヌエバ・エスパーニャで副王制が成立するまでの過程を、同時期のイタリア諸国の副王制の変遷と絡めながら分析し、アメリカにおける副王制は、地中海圏諸国の多様な副王制とカスティーリャ王国の国制を、いずれも少しずつ参照しながら成立していると結論する。そして、イタリア諸国の副王制が相異なるのと同程度に異なる副王制となっているため、スペイン領イタリアが植民地でなかったとすれば、インディアスも植民地だったとは言い難いと主張する。

第5章と第6章の二つの論文では、スペイン帝国の複合君主政体を擁護し維持しようとした政治思想と王権表徴の問題について考察する。第五章の竹下和亮論文は、アラモス・デ・バリエントスの国家理性論に焦点を当てている。一六世紀後半から一七世紀にかけて、ヨーロッパでは経営機構にしてその対象たる「国家」が成立したが、そのためには、国家理性によって、正義や道徳の規則ではなく、政治という特有の規則や技術が働く自律した空間が形成されねばならなかった。そして本章では、こうした自律的な政治空間がどのように作られていったのかを、バリエントスの国家理性論において具体的に検討する。とくに razón の用法を分析し、バリエントスの国家理性が統治技術そのものとして構成されていることを明らかにする。また Estado の分析を行ない、当時のスペインにおける Estado の用法の一事例を提供するとともに、バリエントスの統治技術が、近世に特有の複合君主政を前提として組み立てられていることを明らかにする。そして、国家理性は中央集権を目指す絶対王政のイデオロギーと目されることが多いが、実のところその対象は、複合君主政国家だったと結論する。

第6章の立石博高論文は、「カトリック君主国」とも呼ばれた「スペイン君主国」の国王が、マドリードを帝都と位置づけるにいたった経過を概観し、いかにマドリードが「式典の国王都市」、「魔術的都市」を呼ばれるような様相を呈するようになったか、その理由を「カトリック王」の権威の称揚の装置づくりとの関係において分析する。具体的には、コルプス・クリスティ（キリストの聖体祭）という宗教行事においていかに帝都の空間が利用されていたかを、また宗教行列の構成にいかに社団的秩序が反映されていたかを明らかにする。さらにアトーチャの聖母修道院への聖母崇拝がもった機能を分析し、「ヴィアティクム」崇敬という独特の行為において、国王の信仰の篤さとハプスブルク王朝の継続性とが強調されたことを指摘する。次いで、フェリーペ四世の寵臣オリバーレス主導のもとに建設されたブエン・レティーロ宮が帯びた「複合君主政体」にとっての象徴性について検討し、帝都マドリードという空間がもった政治的表徴的意義を浮かび上がらせる。

以上、それぞれの論文について、簡潔にその趣旨と意義をしるしたが、それらのあいだには、とくに問題提起と研究史整理の箇所で重複や異同がみられることをお断りしておきたい。本書全体を通して地名・人名などの表記の統一はできるだけはかったが、それぞれの論文がもつ完結性を尊重したいためである。読者諸兄姉が、各論文を味読され、検討されることを願うものである。

注

（1） この報告は、成瀬治・吉岡昭彦共編『近代国家形成の諸問題』木鐸社、一九七九年に所収、一八三〜二三三頁。

（2） 二宮宏之「フランス絶対王政の領域的・人口的基礎」（柴田三千雄・二宮宏之・千葉治男「フランス絶対王政」の第二節部分）、『岩波講座 世界歴史15』、岩波書店、一九六九年、所収、二一八〜二四一頁。

（3） Bodin, Jean, *Les Six Livres de la République*, Paris, 1576, Livre Premier, Chap. VI, “Du citoyen, et la difference d’entre le subiect, le citoyen, l'etranger, la ville, cité, et Republique".

（4）Strayer, Joseph Reese. *On the Medieval Origins of the Modern State*, Princeton: Princeton University Press, 1970. 邦訳タイトルは、『近代国家の起源』（鷲見誠一訳）、岩波新書、一九七五年であるが、原タイトルは「近代国家の中世的起源」であることに注意したい。

（5）Elliott, John H., *History in the Making*, New Haven: Yale University Press, 2012. 邦訳は、立石博高・竹下和亮共訳『歴史ができるまで――トランスナショナル・ヒストリーの方法』岩波書店、二〇一七年。

（6）Idem, "A Europe of Composite Monarchies", *Past & Present*, 137 (1992), pp. 70-71を参照。この論文の邦訳は、「複合君主政のヨーロッパ」（内村俊太訳、古谷大輔・近藤和彦編『礫岩のようなヨーロッパ』、山川出版社、二〇一六年、所収）。

（7）ヘンリー・ケイメン、立石博高訳『スペインの黄金時代』岩波書店、二〇〇九年、第三章「帝国の創造と崩壊」を参照。

（8）一六世紀末からナヴァール（ナバーラ）国王という称号が伴われるが、これは一五一二年にスペインに併合されたナバーラ王国の北部分を取り戻したベアルン領主のアルブレ家の家督を引き継いだアンリ（ナヴァール国王アンリ三世）がフランス国王アンリ四世となったためである。一六二〇年にルイ一三世はナヴァールとベアルンをフランス王国に併合するが、それまでの歴史的経過のゆえに一七九〇年まで「フランスとナヴァールの国王（Roi de France et de Navarre）」と称したが、スペインの複合君主政体とは異なって、独自の「ナヴァール国王」はこの時点で消滅したことに注目したい。ベアルン併合については、"Lectures Historiques: Réunion du Béarn a la France", *Reclams de Biarn e Gascounhe*, n. 8, Oust 1904, pp. 173-176を参照。

（9）スペインでは西ゴート王国がイスラーム勢力によって倒されて以後、イベリア半島を地理的に総称する意味でのスペイン（ラテン語ではヒスパニア）は維持されるものの、この地理的領域には数々の王国や領国が成立し、一五世紀末にいたっても単一のスペインを総称しうる権力は成立しなかった。かつての西ゴート王国の支配領域には、ポルトガル王国、アラゴン連合王国（それぞれに自律的なカタルーニャ公国、アラゴン王国、バレンシア王国の同君連合体）、グラナダ王国、ナバーラ王国、カスティーリャ王国が併存していた。アラゴンのフェルナンドとカスティーリャのイサベルは、ポルトガルを除くイベリア半島の諸国を統治下に納めるに至ったが、一つの王国（王冠）という理念を追求することはなかった。García-Mercadal y García-Loygorri, Fernando, *Estudios de Derecho Dinástico. Los títulos y la heráldica de los reyes de España*, Barcelona:

Bosch, 1995, pp. 130-133 を参照。

（10） *Ibid.*, pp. 179-185 を参照。

（11） 「カトリック王」の称号は、一四九六年に教皇アレクサンデル六世によってフェルナンドとイサベルに与えられた。一五一七年には、教皇レオ一〇世によってカルロス一世に改めて与えられ、以後、歴代のスペイン国王がこの尊称を名乗っている。García de Cortázar, Fernando, *Historia de España para Dummies*, Barcelona: Grupo Planeta, 2010 を参照。

（12） García-Mercadal y García-Loygorri, *op. cit.*, pp. 132-133 を参照。

（13） *Ibid.*, pp. 152-153 を参照。貨幣の刻印にみられる「短い称号」については、Francisco Olmos, José María de, "La evolución de la tipología monetaria en Castilla y América durante el siglo XVI", en *IV Jornadas de Documentación en Castilla e Indias durante el siglo XVI*, Madrid, 2005, pp. 187-140 を参照。

（14） 一五世紀末には、カスティーリャ女王イサベルとアラゴン国王フェルナンドは「諸スペイン全体の君主国（la monarquía de todas las Españas）を実現されましょう。」といった賛辞が現れたが、一般的ではなかった。Valera, Diego de, *Doctrinal de príncipes*, 1475, cit. por González Fernández, Enrique, "Reina humanista", *Mar Oceana*, núm. 9, 2001, p. 88.「スペイン君主国」の用語の一般化とその背景に関しては、Thompson, Irving A. A., "La Monarquía de España: la invención de un concepto", en Guillamón Alvarez, F. J. et al., Entre Clío y Casandra: *Poder y sociedad en la monarquía hispánica durante la edad moderna*, Murcia: Universidad de Murcia, 2005, pp. Pp. 31-56 を参照。

（15） 一六世紀後半における王権の強化についての全体的概観については、Barrios, Feliciano, *La gobernación de la Monarquía de España. Consejos, Juntas y Secretarios de la Administración de Corte (1556-1700)*, Madrid: Boletín Oficial de Estado, 2015 を参照。とくにカタルーニャとフェリーペ二世との軋轢に関しては、Reglá Campistol, Joan, *Felipe II y Cataluña*, Madrid: Sociedad Estatal para la Conmemoración de los Centenarios de Felipe II y Carlos V, 2000 を参照。

（16） この点に関しては、Martínez Millán, José, "La evolución de la Monarquía Hispana durante el reinado de Felipe III（1598-1621）: De la Monarchia Universalis a la 'Monarquía Católica'," 松原典子編『フェリペ三世のスペイン――その歴史的意義と評価を考える――』（上智大学ヨーロッパ研究所、二〇一五年、所収）、四三～六五頁を参照。

（17） La Mothe Le Vayer, François de, *Dialogues faits à l'imitation des anciens*, c. 1632.

（18）ヘンリー・ケイメンは次のように言う。「帝国の奮闘の指揮を執っていたカスティーリャは、強大な地位を築き上げ維持するに足る十分な人も資産ももっていなかったのである。そのわずかな人口と弱い経済は帝国建設という目的には不十分であった。しかし、幸いなことに、カスティーリャは複合君主政の主たるパートナーであって、外国の同盟諸国に支援を求めることができた。そうすることで同盟諸国には、帝国建設への参画が生み出す多くの利益がもたらされたのである。エリートたちには名誉が、手工業者や商人には市場と利益が、一般の人びとには軍隊での雇用が、といった具合にである。」（前掲書、四一頁）

（19）近世の「租税国家」成立の過程に関しては、M・J・ブラディック、酒井重喜訳『イギリスにおける租税国家の成立』ミネルヴァ書房、二〇〇〇年を参照。スペイン君主国に関しては、その実現は一八世紀後半を待たなければならない。Torres Sánchez, Rafael. *El precio de la guerra. El Estado fiscal-militar de Carlos III* (1779-1783). Madrid: Marcial Pons, 2013 を参照。

第1章

複合君主政論の射程

――近世王権と政治社会の関係をてがかりとして――

内村俊太

16世紀のスペイン君主国
カスティーリャ王国内の区分は財政管区を表す。
出典：*Enciclopedia de historia de España dirigida por Miguel Artola,* t. VI, Madrid: Alianza Editorial, 1993, p. 946.

はじめに

J・H・エリオットが「複合君主政のヨーロッパ」論文を発表したのは一九九二年のことであった。[1] 後述するように複合君主政論は、一九六〇年代からヨーロッパ近世史学を牽引してきたエリオット自身によるカトリック両王期からハプスブルク期にかけてのスペイン君主国（Monarquía Hispánica）〔スペイン諸王国（Reinos de España）とも呼ばれた〕についての研究蓄積にもとづく近世国家論であり、ステュアート期のブリテン諸国やオーストリア・ハプスブルク家の諸領邦などとあわせて、近世ヨーロッパにおける複合的な君主政体の歴史的な意義を論じるものである。その一方で、服部良久が指摘するように、二〇世紀末に国民国家批判の知的潮流が生まれるなかで世に問われたという、史学史的な意義があるものでもあった。ヨーロッパ近世という「近代国家の草創期に、その原理（主権・領域）を相対化する政治的秩序が存在した」ことを強調するエリオットの議論は、日本の歴史学界にも大きな影響を与えた。[2] 現在の日本の西洋史学では、ヴァーサ朝のバルト海帝国や、ルブリン合同によって貴族共和政国家となるポーランドとリトアニアなども含めて、近世の国制を考える際には、複合君主政論は参照すべき議論の一つとしてひろく認知されているといってよい。[3]

その一方で、近世ヨーロッパで勢威を誇ったフランス王国については、「複合君主政のヨーロッパ」論文では、地方三部会地域（pays d'États）が存在したことがスペイン諸王国の法制度が異なっていた状態と同じ文脈で言及された後で、「一七世紀フランスも、より複合的な性格の君主国と同じ問題を数多く抱えていた。しかしフランスでは、ひとたび宗教統一が回復され、王権が世紀半ばの問題を克服すると、周縁地域をより密接に中央に結びつけることができた」と述べられている。[4] 同論文におけるフランスに関する記述は多くはないが、中央集権的な絶対王政という古典的イメージとは明らかに一線を画しつつも、スペインをはじめとする複合的な君主政体とまったく同質のものとはみなさず、両者の間にはある程度の共通性とそれでも残る差異性があるとエリオットは示唆しているように思われる。

では複合君主政論からみると、フランス王国と、スペインをはじめとする複合的な君主政体の間には、どのような差異があるのだろうか。言葉を換えれば、複合君主政論はいかなる意味での複合性をヨーロッパ近世国家のなかに見出していると考えるべきであろうか。さまざまな領域からなるという意味で国家が複合性を帯びること自体は歴史上の多くの時代と場所で認められる事象であるのだから、複合君主政論の射程はむしろ、その分析の主たる対象（代表例としてのスペイン君主国）と、それとはやや異なる位置づけが与えられている対象（代表例としてのフランス王国）を対比させ、ヨーロッパ近世国家の間での異同という形で論点を引き絞ることでこそ明確になるのではないだろうか。この点を考える際には、日本における近世ヨーロッパ国制史研究の土台になっている二宮宏之の社団的編成論において、フランス王国の地域的な複合性が注目されていたことが参考になるだろう。(5)

周知のように、中世末のフランス王国にはさまざまな諸侯国（principauté）が存在していた。(6) イングランド王にも服属するモンフォール家が治める家産諸侯国の代表格であるブルターニュ公国だけでなく、王家の親王に王領から分与された親王領（apanage）を核とし、王国内外の領地も加えて形成された親王諸侯国のブルゴーニュ公国、アンジュー公国、オルレアン公国、ブルボン公国なども、一定の統治組織や身分制集会を備えるにいたる。もちろん、諸侯は百年戦争期の王国政治に積極的に関与したこと、男子相続人がない場合に親王領は王家に回収されたこと、王国内の領域に関しては諸侯国の裁判機関はパリの高等法院に従属していたことが示すように、諸侯国は完全な独立国家ではなく、あくまでフランス王国という枠組みを前提とした存在であった点には注意が必要だが、中世末のフランスは王領と諸侯国のモザイクをなしていたといってよい。

二宮による整理にあるように、一五世紀末から一六世紀にかけてのフランス王権は、これらの諸侯国や、かつてはフランス王国外に属した領域を統治下に置いていった。ブルゴーニュ公国は一四七七年にシャルル豪胆公の戦死によって解体され、ネーデルラント諸州やフランシュ＝コンテはハプスブルク家領とされたものの、本領であったブルゴーニュ公領は一四八二年に王領とされた。また一四八一年に親王家のアンジュー公家が断絶すると、親王領としてのアンジュー公領、メーヌ伯領は王家に返上され、当時、法理上はシチリア王権に帰属したプロヴァンス伯領はフランス王に遺贈される形式がとられた。王国中南部では、オルレアン公領やアングレーム伯領がその当主の国王即位に伴って王領とされたほか（一四九八年、一五一五年）、ブルボン公国は公の反逆を理由として一五二七年に没収された。その一方でブルターニュ公国は、女公アンヌ、クロードの親子と三代のフランス王との婚姻をへて、一五三二年にブルターニュ三部会が王領への統合を承認した。そして一五八九年には、母方からベアルン副伯領やナバーラ王国北辺の一部を受け継ぐブルボン家当主アンリがフランス王アンリ四世として即位し、これらの地域も王権の統治下に入った。後述するように社団的編成論は、このようにさまざまな由来をもつ地域からなるフランス王国の複合的な性格を指摘した上で、これらの諸地域のようなさまざまな共同体を社団として法認することでようやく統治の体系に取り込むことができた近世王権の姿を説得的に示している。

しかし前述のように、エリオットはフランス王国のこのような複合性を認めつつも、他の複合的な君主政体とは異なった位置づけを示唆している。本章では、スペイン君主国をはじめとする複合的な君主政体とフランス王国との共通性と差異性を考えることによって、複合君主政論そのものの射程を浮き彫りにすることを試みたい。そこでまず、複合君主政論と社団的編成論がもつ分析概念としての方向性を整理した上で（第1節、第2節）、両者を相補的に用いることでスペイン君主国研究の可能性をどのように展望できるのかを考察する（第3節）。そして、そのようなスペイン君主国を典型例とする複合的な君主政体についての国制理解からすると、それらとフランス王国との間にはどのような共通性と差異性を見出すことができるかを試論的に提起することによって（第四節）、複合君主政論の射程について考えることを本章の課題としたい。

1　複合君主政論の方向性

複合君主政論は一九六〇年代以降のエリオット自身による研究をつうじて練り上げられたものだが、一方ではエリオットと共鳴関係にあった議論を、他方ではエリオットに触発された後続の議論を視野に入れ、その一連の流れを理解しなければならない。この点については、政治社会（political society）というキータームに注目して国制史の視角を切り開いてきたブリテン史の近藤和彦やスウェーデン史の古谷大輔らによって、後述するケーニヒスバーガ、グスタフソン、モリルらとの関連はすでに的確に整理されている。(7) 本節ではそれらを参照し、政治社会という補助線を用いつつ、スペイン近世史研究という文脈に即して複合君主政論の方向性を確認しておきたい。なお、本章では政治社会という語の用い方として、近藤が参照を指示する千葉敏之による、「二項対立的な「国家と社会」という分析枠を超えて、政治上のコードを共有し、そのなかで演じ、応じる政治の作法をその歴史社会に固有の政治文化（political culture）と定義するなら、その事が起きている場＝空間、およびその演者・観客たる人間集団をいいあらわす概念が政治社会（political society）である」という捉え方にもとづくことにしたい。(8)

まず、エリオットに先駆けて一九七〇年代から「複合国家（composite state）」、「複合君主政（composite monarchy）」という語を明示していたのは、H・G・ケーニヒスバーガであった。彼は複数の政治社会が結びついて形成される複合国家という視点から、近世における身分制議会の重要性を再検討した。(9) 一五世紀のジョン・フォーテスキュによる「王による支配（dominium regale）」と「政治共同体と王による支配（dominium politicum et regale)」の分類法を援用しつつ、ケーニヒスバーガは、王権が身分制議会やそこに結集する特権身分層と協働する後者の政治社会のあり方こそ、複合国家が安定する要件であったとしている。

これと並行する形でエリオットも複合君主政論を練り上げていたのだが、それを理解するためには、一九六〇年代から彼が進めていた近世スペインの政治構造についての分析で鍵となり、ある社会における政治への参加資格者を指す「政治的国民（political nation）」という語で言い表された存在について確認しておく必要がある。それが最も明確に示されたのは、一七世紀危機論争を意識した「近世ヨーロッパにおける革命と連続性」論文（一九六九年）であった。[10] そこでエリオットは、一六、一七世紀のヨーロッパ各国における動乱を国家権力と民衆蜂起の対峙という近代革命のパラダイムでみるのではなく、身分制的社会構造のなかでの特権身分層の行動原理という、近世固有の文脈で理解することを主張した。その際、地域レベルでの特権身分層（貴族、高位聖職者、都市支配層、大商人、法曹家など）を近世的な「政治的国民」と表現したのである。このような中間権力の担い手である特権身分層は、一方ではみずからの地域支配の基盤であり、他方では王権に対する自治の基盤でもある、各地の政体を守ることを第一義とし、王権がこれを侵害すればその統治下から離反することも辞さなかった。そのため、近世王権にとっての深刻な事態とは、民衆蜂起そのものではなく、それと連動して、かねてから地域政体を侵害しているとみなされた王権に対して特権身分層が反抗した時にこそ生じた。その一方で特権身分層は、その動乱のなかで民衆が領主制や都市寡頭制などの身分制秩序そのものを脅かし始めると、地域政体の安堵を王権からとりつけた上で帰順する傾向にもあった。エリオットは、一六、一七世紀のヨーロッパ各地における動乱についてこのような動態的な見取り図を示し、地域政体を王権と民衆という上下どちらからの圧力からも守り、後代に継承しようとする特権身分層の行動原理を強調したのである。

このような見通しにもとづき、エリオットは、中央集権的な統治機構をもたないハプスブルク期の王権はスペイン君主国を構成する王国（reino）ごとに特権身分層との交渉を重ね、各王国の政体を尊重することでようやく統治が可能になったとみなした。そして王権と特権身分層の関係を表すために、強固な制度を基盤とする支配関係というよりも、むしろ緊張感を伴う外交関係を想起させる「同盟（alliance）」という語をしばしば用いている。[11]

このような個々の事例を総合するなかで構想された複合君主政論とは、共通の君主（王朝）によって諸王国の政治社会がゆるやかに結びついたことを指摘するにとどまるものではない。むしろ、その力点が置かれているのは、由来も法制も異なる複数の政治社会を治める近世君主には、各地の政体を尊重し、統一的な制度を強制しないだけでなく、パトロネジのたくみな操作によってそれぞれの特権身分層からの忠誠を維持しうるだけの、外交術にも似た統治技法が求められた点である。「複合君主政のヨーロッパ」論文については、一七世紀スペインの法学者フアン・デ・ソロルサノ・イ・ペレイラが教会法の分野から転用した、一人の司教の下で複数の司教区が対等な形で併存する状態を表す「等しく重要なもの同士の（aeque principaliter）」合同という語が世俗の諸王国の合同状態を表現するものとして注目されてきたが、より重要なのは、王権がその合同をどのように維持したか、あるいはなぜ維持できなかったのか、という点であろう。したがって、エリオットのいう composite monarchy という分析概念は、さまざまな政治社会が君主を結び目としてゆるやかに統合されている状態（複合的な君主国）を指すだけでなく、それを近世ヨーロッパの国際関係と宗派対立のなかで治めていくための君主による統治の技法（複合的な君主国を保ちうる君主政）をも表すものとして理解すべきであろう。このような君主・王朝の統治技法がうまく働き、それぞれの政治社会の特権身分層との「同盟」関係が保たれているかぎり、複合君主政は近世国家の秩序として安定的に機能することになる。

さて、一九九〇年代以降、スウェーデン史のH・グスタフソンやブリテン史のJ・モリルらも、conglomerate や agglomerate という語を意識的に用いつつ、近世ヨーロッパの複合的な国制を論じている。[12] どちらも「礫岩」

や「集塊」と訳すことができるが、色も、大きさも、形も異なる、きわめて不均質な礫がいくつも集まってできる色鮮やかな礫岩や、それをつくりだす集塊という作用を表す語が喚起するイメージは、時にいびつにすら思えるほど格式も政体原理も異なる雑多な政治社会によって構成される近世国家を表現するにふさわしいといえる。古谷大輔と近藤和彦を中心とするヨーロッパ近世史研究者が、グスタフソンによる表現を援用しながら「礫岩のような国家／状態（conglomerate state）」という表現に託しているのは、このような認識にほかならない(13)。

なおモリルは、このように雑多な政治社会の結びつきは、婚姻や相続、あるいは王朝間戦争の結果としての割譲という「王朝のルーレット」によるものだとして、「王朝コングロマリット（dynastic conglomerate）」や「王朝的集塊（dynastic agglomerate）」という表現によって、王朝原理によって政治社会が離合集散する近世固有の時代性を表している。また、そのようななかで王権を伸張させようとすれば、中心地域の政体を他地域に導入する「統合戦略」と、各地域の政体を尊重するなかで君主の威信を高めようとする「パッチワーク戦略」という、「両戦略の中間のどこか」で試みられる必要があったとして、王朝が政治社会に対してとりうる戦略のバリエーションが整理されている(14)。

その一方でスペイン近世史研究の分野では、エリオットの複合君主政論がすみやかに受容され、カトリック両王期からハプスブルク期にかけてのスペイン君主国の国制理解として定着している。ただし現在では、エリオットが詳細にはとりあげなかった側面に注目する必要性も指摘されている。たとえば、エリオットの議論が王権と特権身分層との関係に偏っているとするL・R・コルテゲラは、個々の政治社会において公共善を実現する王を期待した民衆の政治行動という要素を複合君主政論に組み込む必要性を指摘する(15)。また、複合君主政論で重視される王権と特権身分層の間のいわば垂直の関係性に加えて、各地の特権身分層がスペイン君主国の内外で相互に結んでいたネットワーク状のつながりという、水平の関係性も明らかにすることによって、複合君主政をより立体的に認識する視点も必要だとされている[16]。

これらの研究動向をふまえながら、日本のスペイン史学において複合君主政論を組み込んだ国制史研究を進めてきたのは、立石博高[17]と五十嵐一成[18]であった。とくに立石は、複合君主政論をふまえつつ、異教徒共同体の排斥、「血の純潔」規約、異端審問所などによるカトリック信仰にもとづく統合の意味を強調した上で、二〇一五年の西洋史学会大会の基調講演において「複合王朝国家（composite dynastic state）」という語を提唱した。

それによると、エリオットやモリルが述べるように、複数の政治社会が結びついてスペイン君主国のような複合的な君主政体が形成されるのは王朝的な家産原理によって君主位が相続されたためであり、このような複合王朝国家を治める君主は王朝としての利害を優先する一方で、それぞれの政治社会が王朝に向ける忠誠をその支えとせざるをえない（ダイナスティシズムの契機）。しかし、カタルーニャのような各政治社会はみずからを独自のパトリアとみなし、固有の政体、特権、公共善についての認識を中世から育んでいたのであり（パトリオティズムの契機）、「政治共同体と王による支配」を王権が尊重しない場合には、ダイナスティシズムとパトリオティズムが衝突し、複合王朝国家を動揺させる。また、このパトリオティズムについては、コルテゲラが述べるように特権身分層と民衆ではそれぞれが思い描く公共善のあり方に齟齬がありえる点や、情況のなかで変化しうる動的なものとして考えなければならない点が指摘された。この議論の特徴は、王朝とそれぞれの政治社会の関係性、また政治社会の内部の関係性を固定的にではなく動的なものとみなし、それらの絡み合いによって形成されたものとして近世国家を動態的に捉える視点にあるといえよう。

以上のように、エリオットの複合君主政論は、複合的な国制に関する諸論と問題関心を共有している。それらに共通しているのは、ヨーロッパ各地の近世国家が複数の政治社会からなり、特権身分層を頂点とするそれぞれの政治社会は君主（王朝）との間で独自の結びつき方を保っていた点への着目である。その一つ一つの結びつき方はそれぞれの政治社会のあり方に応じて多様であるが、ほとんどの場合、その政治社会がもつ強い自立性を前にして、王権はその地における公共善の担い手としての役割を特権身分層と分有していかざるをえない。むしろ、それぞれの政治社会において期待される形で特権身分層と協働して公共善を保証する理想的な君主像を演じることで、ようやくその地の君主としての正統性を確保できたとみるべきであろう。そのようななかでは、王朝は複数の政治社会を服属させていたとはいえ、その統治は、政治社会をまたぐ統一的な制度による安定的なものではありえず、エリオットが外交の場で用いられる同盟という語によって表現したように、それぞれの政治社会、あるいはその実権を握る特権身分層との「交渉」をつうじて実現されるものであった。いわば、エリオットの複合君主政論をはじめとする諸論は、それ自体で完結する政体――少なくとも特権身分層はそう主張する政体――をもつ個々の政治社会に対して王権が「交渉」を試みることによって、王権とさまざまな政治社会の間に生じるダイナミズムに注目する近世国家論だといえよう。

2　社団的編成論の方向性

政治社会という補助線を用いると前節でみたように複合君主政論の方向性を整理できるとすれば、社団的編成論はどのような議論として考えることができるだろうか。二宮宏之の「フランス絶対王政の統治構造」論文（発表一九七七年、公刊一九七九年）が近世史研究に与えた影響としては、第一に、強権的な絶対主義国家による領域内の一円的な統治という古典的なイメージを最終的に過去のものとし、第二に、人と人とが紡ぎだしていた社会的結合関係（ソシアビリテ）に即して権力秩序のあり方を考える視点を定着させた点があるだろう。前者については第4節でも検討するが、前述のように諸侯国を王領に逐次的に編入していった結果としてフランス王国が抱えていた領域的・法的な不均質性や、地方三部会や高等法院の権限の強さが指摘され、R・ムーニエによる表現であるフランス王国の「協約的性格（caractère contractuel）」が言及されている。[19] この表現は、王朝とさまざまな政治社会の間でのダイナミズムに注目する複合君主政論との着眼点の近さを示している。

その一方で第二の点については、「権力秩序の規定に横たわる「社会的結合関係」sociabilitéにまで降り立ち、その上で、権力秩序の果たす機能を捉えなおす」とあるように、上向過程としての自然生的なソシアビリテに照応して、下向過程としてそれに社団としての法的な地位と特権を与えることで支配の体系に取り込むという、フランス近世王権による統治のあり方が示された。[20] 地縁的なソシアビリテとしてみれば、家、村、都市、地方などとして現れる生活の場が、社団としては高等法院管区、領主所領や都市社団、そして教区を構成する課税単位としての戸（feu）として王権によって位置づけられることになる。もちろん、現実のフランス王権が一つ一つの家＝戸のレベルまでを掌握できていたわけではなく、むしろこのような中間団体としての社団を媒介とすることで初めて統治が可能であった近世王権像を示すことによって、王権が抱えていた限界、あるいは王権が近世社会から受けていた規定性が明らかにされたのである。ここに、社団的編成論がもつ史学史上の意義があるといえる。

この点を十分にふまえつつも、複合君主政論と比較してみると、社団的編成論においては、王権が、ある政治社会のなかに分け入っていこうとする面が注目されているといえないだろうか。社団的編成論では、王権による統治はソシアビリテを前提としなければ存立できないとされる一方で、人と人との結びつきによって生みだされた共同体を王権が上から社団として整序して把握しようとする時、少なくとも原理上は、末端のソシアビリテ単位である教区や家のレベルまで王権の視界に入っているものとして想定されている。ただし、繰り返しになるが、「フランス絶対王政の統治構造」論文でも、一八世紀後半のセギエが社団を結ぶ鎖の最初の輪を握る統御者としての王を讃えたとしても、それはあくまで王権やそのイデオローグの志向を明らかにするものではあっても、近世の現実とは異なることは強調されていることに留意したい。[21]しかし、社団的編成論がもつ魅力の一つは、ソシアビリテの次元から議論を組み立てることによって、自然生的な共同体を統治の経路としての社団に読み替え、それをつうじて社会を縦に一望にしようとする、近世王権のきわめてダイナミックな側面をつかみだそうとした点にあるのではないだろうか。複合君主政論と対比的にみた場合の社団的編成論とは、上は地方三部会や高等法院を擁する地方から、下は日常的生活圏にいたるまでの間に現れるさまざまな共同体を社団として不断に取り込もうとし、政治社会のなかを社団的編成で序列化しようとする王権のもつ、「統御」への志向がもたらすダイナミズムに注目する近世国家論だといえよう。

この点をより明確にするために、「フランス絶対王政の統治構造」論文の補論的な位置づけにある、「社団的編成と「公共善」の理念」論文（一九八三年）において、王権がフランス王国における公共善の担い手としての地位を排他的に掌握することをめざした点が強調されていることを確認しておきたい。[22]中間権力でもある諸社団を王権が頂点に立つ階層的な序列のうちに保つためには、王が公共善の保証者としての地位を独占することが必要だったのであり、ソシアビリテという実際の社会のあり方に分け入っていく分析の視点と、公共善に関わる思想や言説を読み解く視点を結びつけることによって、社団的編成のあり方はより立体的に認識されるようになるという見通しがこの論文では示された。このようにさまざまな社団を階層的に編成し、その全体秩序を保つために一元的に公共善を掌握しようとする王権の姿は、複合君主政論が注目する公共善の担い手の地位を特権身分層と分有する王権の姿とは対照的に、政治社会のなかを序列化することで「統御」しようとするダイナミズムに着目することで視野に入ってくるものだろう。いわば、複合君主政論が自立性の高い政治社会を前にした王権の統治戦略である「交渉」に注目するものだとすれば、社団的編成論は政治社会のなかに介入して「統御」を試みる王権の統治戦略――かならずしも「統御」に成功するわけではないが――の背景にある構造に着目するものだといえよう。

もちろん、社団的編成論のモデルであるフランス王国でも統治の実態は各社団との交渉に依存していたと考えるべきであろう。その一方で、複合君主政論のモデルであるスペイン君主国の下にある諸王国も、君主が法認する社団を単位として編成された社会であり、そこでは社団間に序列があったと考える必要がある。その意味では、これら両論は二者択一の関係にあるのではない。むしろ、現実の近世王権が直面する情況が変化し続けることを考えれば、王権がある政治社会と相対する際に、具体的な局面に応じて使い分ける統治戦略の違いを分析するために有効な視点として捉えたい。王権が個々の社団と直接に協働できるほど政治社会の凝集力を突き崩しつつあり、政治社会のなかを「統御」する戦略を試みることができる局面なのか。それとも、政治社会を代表する身分制議会などとの折衝を余儀なくされており、政治社会との間での不断の緊張感を伴う外交にも似た「交渉」の戦略を行使すべき局面なのか。ある具体的な情況においてはどちらの側面のダイナミズムが相対的に強いのかによって、その時点で王権が政治社会と結ぶ関係のあり方は異なってくる。そのため、複合君主政論と社団的編成論は、王権がどのような統治戦略を選択・実践したかを柔軟に考えるための相補的な枠組みとして用いる時、近世国家やその部分をなす政治社会の分析にとってより有効性をもつのではないだろうか。

3 「交渉」と「統御」の統治戦略

前節まででみたように、複合君主政論と社団的編成論を援用することによって、近世王権が政治社会に行使する「交渉」と「統御」という統治戦略の違いに着目できるとすれば、その視点によってスペイン近世国家はどのように分析していくことができるだろうか。本節では、ハプスブルク時代のスペイン君主国のうち、王権と政治社会の関係において対照的だと思われてきたアラゴン王国（Reino de Aragón）とカスティーリャ王国（Corona de Castilla）を例として、「交渉」と「統御」の統治戦略という分析枠組みを相補的に用いればどのような見通しを得られるかを考えてみたい。

（1）アラゴン王国における統治戦略

アラゴン王国がその一翼を担うアラゴン連合王国（Corona de Aragón）の諸王国では、中世以来、王による統治は臣下との協約にもとづくとする統治契約主義（pactismo）の政治的伝統が強かった[23]。第2章で詳述するように、複合君主政期のアラゴン王国でも、固有の政体の中核をなす身分制議会（Cortes）とその議会常設代表部（Diputación）に結集する特権身分層が強い凝集力のある政治社会の頂点に位置していた。アラゴン議会は四部会制（聖職者、大貴族、一般貴族、都市代表）であり、閉会中に政務を担当する常設代表部も各部会から二名ずつ選出され、特権身分層の自治府として機能した。またアラゴン議会は、カスティーリャ議会とは対照的に立法権限を保ちつつ、財政負担に関しても王権からの恒常的な課税は回避し、個別に承認する議会上納金に限定していた[24]。第2章でみるように、このような近世のアラゴン王国では「政治共同体と王による支配」のあり方を端的に示す「王と王国（Rey y Reino）」という語が多用され、王権と諸身分による共同統治を支えるものとして固有の政体が表象されたのである。アラゴン王国は人口約三〇万人の小国にすぎないとはいえ、複合君主政論からみれば、きわめて自立性の強い、活力のある政治社会が営まれており、王権がそのなかに容易には介入できない凝集力を保っていたことが注目される。

このような複合君主政期において、ハプスブルク朝は副王（virrey）をスペイン君主国の各地域に任命し、その政治社会との人的経路の中核とした。すでに中世のアラゴン連合王国では王の不在時に王権を代行する官職が設けられていたが、アラゴン王国の副王が制度化されたのは、フェルナンド二世が死去した一五一六年にその庶子であるサラゴーサ大司教アロンソ・デ・アラゴンが任命された際のことだった。これに先立つ一四八二年、フェルナンド二世はカタルーニャ貴族をアラゴン副王に指名しようとしたが、アラゴン王国には「外国人」の官職登用を禁止する規定があったため、特権身分層の反発にあって断念したという経緯があった。そのため、アラゴン副王には王家傍流かアラゴン貴族が就任することが慣例とされ、王の代理人である副王の任命すら、事実上、特権身分層との合意にもとづくものであったことがわかる。一五五四年にカスティーリャ貴族メリト伯が起用されたように、王族かアラゴン貴族以外の者が指名された場合には、議会常設代表部との係争に発展することがあった(25)。

このように、平時においてアラゴン王国の政治社会は身分制議会とその常設代表部によって代表され、王権はその政治社会のなかに安易には介入できず、特権身分層との「交渉」を統治の基本としていたことがわかる。すでにカトリック両王期から君主の不在が常態化していたが、ハプスブルク期には副王が王権と政治社会を結ぶ国制上の結節点となり、その人選自体が両者の「交渉」の対象になっていた。しかし、複合君主政期のハプスブルク王権とアラゴン政治社会の関係が常に「交渉」の枠組みのなかで展開したわけではなく、一五九一年にはそれが破綻しかねない事態(サラゴーサ暴動)が生じた。この事件は、投獄中の元国王秘書官アントニオ・ペレスが前年にマドリードを脱出し、家門の出身地であるアラゴン王国に逃亡して大法官(el Justicia)の法的な保護を求めたことを発端とする。それに対してフェリーペ二世は、ペレスが頼りとする大法官の権限の根拠になっているアラゴン政体の枠外にある異端審問所によって、二回(一五九一年五月、九月)にわたってペレスの拘束を試みるが、どちらもサラゴーサ民衆の暴動によって阻止された。そのため王権は、カスティーリャから国王軍を越境させて事態を収拾したのである(同一一月)。ここまで問題が悪化した背景には、一五八八年からカスティーリャ貴族アルメナーラ侯のアラゴン副王指名をめぐって反王権の機運が高まっていたことがあった。

この事件はアラゴンの反乱と称されることもあるが、J・ガスコン・ペレスによると、その評価にはいくつかの留保が必要だと思われる[26]。第一に、ペレスに与した党派としては、大法官フアン・デ・ラヌーサ五世や、議会の大貴族部会に属すビリャエルモーサ公やアランダ伯などが目立つものの、特権身分層全体からみれば一部であること。第二に、五月の最初の暴動直後から、王権はアラゴン王国内の貴族と都市に個別に書簡を送り、軍事力の投入に先立って周到な切り崩し工作を行い、最終的には常設代表部やサラゴーサ市当局の取り込みにも成功していたこと。その結果として第三に、大法官がサラゴーサ以外の諸都市や貴族に兵力の結集を呼びかけ、さらにカタルーニャ公国とバレンシア王国の議会常設代表部に援軍を求めても、まったく反応はなく、国王軍は戦わずしてサラゴーサに無血入城できたこと。これら三点を総合すると、この暴動は一部の不平貴族による扇動とサラゴーサ民衆の暴動が結びついたものにすぎず、地理的にも社会的にも広がりに乏しかったことがわかり、特権身分層全体あるいは政治社会そのものの反抗とみなすことはできない。

このような情勢は、暴動の発生という流動化した情況下において、王権がアラゴン政治社会のなかに直接的に介入し、諸勢力への分断工作に成功したことを意味している。この局面での王権の行動は、政治社会全体との「交渉」ではなく、政治社会のなかへの「統御」の志向に貫かれているといってよい。この工作が成功した理由を解明するためには、個々の貴族家門や都市社団に即したより詳細な検討が必要になるだろうが、このような危急の時に王権による「統御」が成功した背景を考える際には、複合君主政論でエリオットが強調したパトロネジの網の目がアラゴン王国の貴族や都市に対しても日常的に張り巡らされていたことが布石として機能した可能性を考えておく必要があるだろう。

とはいえ、この事件を境にして王権が「統御」の戦略に全面的に移行できたわけではない。ペレス派の主だった人物は処刑されるか獄死したものの、翌一五九二年にフェリーペ二世が親宰したアラゴン議会では、軍による威圧が可能だったにもかかわらず、懲罰的な措置は限定的なものだった（大法官の権限縮小や、王権による議会介入を容易にするための各部会の定足数・議決要件の緩和など）[27]。これ以降、アラゴン議会は一七世紀に四回しか開催されなかったものの、X・ジル・プジョルによると、一七世紀にも立法機関としての議会の地位は保たれ、かつ特権身分層による自治の牙城であった常設代表部の機能もほぼ維持された[28]。エリオットが指摘するように、その理由としては、王権側が特権身分層とのさらなる対立を避け、政治社会との協力関係を維持することを優先する伝統的な複合君主政の統治技法を選んだことが指摘できる[29]。しかし同時に、暴動という危急の情況においては政治社会を分断する「統御」の戦略が有効に機能したものの、その工作が功を奏してペレス派を孤立させることに成功した後は、王権に反抗したわけではないアラゴン特権身分層に対しては、政治社会全体との「交渉」という統治戦略に立ち返らざるをえなかったといえよう。

(2) カスティーリャ王国における統治戦略

では、ハプスブルク王権の財政的・軍事的な基盤であったカスティーリャ王国では、どのような統治戦略がとられたのであろうか。まず、社団的編成論の視点からカスティーリャ政体のあり方を確認しておきたい。

カスティーリャ王国のほとんどの地域では、中世の再植民運動の結果として、国王の直轄地であれ聖俗の領主所領であれ、首座都市〔都市（ciudad）または町（villa）の称号をもつ〕が周囲に属村（aldea）を建設して入植を指揮し、これを上級裁判権にもとづいて支配することをつうじて、首座都市―属村群という在地社会の編成単位が形成された。首座都市のなかには実態としては大規模集落にすぎないものも多かったが、たんに属村を法制的に支配するだけでなく、牧草地を一体として使用することや、外部の貴族などからの侵害から保護することをつうじて、政治的・経済的な一体性のある在地社会が築かれていた。王権は、これらの首座都市の社団としての地位を法認し、その寡頭支配層による都市参事会の世襲化を容認しつつ、一五世紀後半からは直轄地の重要な都市にコレヒドール（国王代官）を派遣することで、社団的編成の上に統治の体系を重ねあわせていった。

その一方で、一六世紀後半から一七世紀にかけての王権は、財政政策の一環として、力をつけた属村からの献金と引き換えに「町の地位（villazgo）」の特許状を与え、首座都市からの独立を認める措置をとり始めた。逆に、首座都市がより高額の献金を提示した場合には、属村の独立を不可とすることもあった。また、国王直轄地と、実質的にそれと等しい扱いをうけていた宗教騎士団領では、社団に行使する領主裁判権も王権による売却の対象になる一方で、これも、直轄地としての地位を失うことを嫌う社団側からの献金によってそれを停止するという政策がとられた(30)。これは、最も基礎的なソシアビリテにもとづく末端の社団の地位すらも統治の技法として操作し、社団の序列の意のままに操るという、カスティーリャ王国における王権のきわめて能動的な「統御」の戦略のあり方を端的に示すものである。

しかし同時に、現在のカスティーリャ議会史研究では、一見するとこれとは矛盾するようなもう一方の現実として、王権からのある程度の自立性をそなえた、そしてカスティーリャ王国全体としての政治社会からみると下位の、地域的な政治社会が育まれていたことが指摘されている(31)。たとえば一六世紀後半の時点をみると、立法権限をもたないカスティーリャ議会は国王直轄地の有力な一八都市（議会都市）の代表三六名のみが出席するものになっていたが、王権の財政危機が深まるにつれて、議会都市は課税協賛権を盾にさまざまな要求を王権に突きつけるようになっていった。それだけでなく、議会都市は王税の徴税に関して、みずからが管轄する財政管区に求められた税額を管区内に割り当て、徴収された税の管理も行っていた。たとえば、議会都市トレードが管轄する新カスティーリャ地方中南部の財政管区は、国王直轄地のシウダー・レアルやトレード大司教領のタラベーラ・

デ・ラ・レイナなどのさまざまな首座都市とその属村群を含み、ナバーラ王国などの小規模国家を凌ぐほど広域なものであった。そして一六世紀末から一七世紀にかけて、このように国家的な機能を代行する議会都市を核として地域的な政治社会が醸成され、そのまとまりをパトリアと表象する言説も現れ始める。(32) 一七世紀になると議会そのものの召集回数は減るものの、王権は議会都市との個別的な「交渉」によって地域的な政治社会への統治を円滑化させていくのである。

このようにみると、ハプスブルク王権はカスティーリャ王国において、社団的編成を前提とした社団の序列を操作することによって在地の農村共同体にまで届く「統御」の戦略を実践する一方で、王権からの財政要求を逆手にとって台頭する地域的な政治社会との協働を保つためには「交渉」の戦略も併用せざるをえなかったことがわかる。近藤和彦が政治社会という分析枠組みを提起した際に強調していたように、政治社会を身分制議会のような制度的な基盤をもつものだけに限定せずに、カスティーリャ王国としての政治社会からみて下位にあたる地域的なレベルでも、情況によって磁場のように立ち現れてくるものとしても柔軟に捉えれば、王権が「交渉」すべき政治社会はスペイン君主国のなかに多層的に折り重なっていたことが視野に入ってくる。複合君主政論と社団的編成論を相補的に用いることによって、このような多層的な政治社会が生みだす近世国家の国制を動態的に認識することができるだろう。

4　フランス王国とスペイン君主国の差異

前節までは、王権と政治社会の関係について「交渉」と「統御」という観点から整理してきた。これをふまえて本節では、さまざまな地域レベルの政治社会からなるフランス王国の複合性と、複合君主政論の典型例であるスペイン君主国の複合性の間には、どのような共通性があり、いかなる点で差異性が認められるのかを試論的に考えることによって、複合君主政論の射程を明確にすることを試みたい。

（1）　フランス王国の複合的性格

かつて思想史の泰斗L・ディエス・デル・コラルは、中世末の分権状態を克服した強力な近世王権の下での統一国家としてのフランス王国（Royaume de France）と、そもそも中世には王国格をもつ別個の諸国としてそれぞれが独自の君主を擁していたイベリア諸国が近世に入って並列的に結びついたスペイン諸王国（Reinos de España）の対比を強調した。また彼は、中世末の諸侯国はあくまでフランス王家の上級支配権に服し、格式としても公領や伯領の集合体にすぎなかったため、諸侯国を王領に編入してもフランス王国の正式な君主号としてはフランス王のみが用いられたことを指摘した。一五八九年以降にナヴァール王号だけは併記されるようになるが、それはかつて独立していたナバーラ王国に由緒をもつという例外的な理由によるものであり、フランス王国の統一性は君主号にも表れているとされたのである（以下、一五一二年以降にフランス王権の影響下に入ったナバーラ王国北辺の地域をナヴァール王国と表記し、スペイン君主国に編入されたナバーラ王国と区別する）[33]。

このような対比は、正式な君主号としては各地域の王号などを列挙せざるをえなかったスペイン君主国については、複合君主政論の先駆となるものだといえる。しかしフランスに関しては、たしかに統一的な王号がもちえた象徴的な統合機能は無視できないものの、二宮宏之の社団的編成論において、絶対王政の古典的なイメージに反して多様な地域が編入されたことによる「協約的性格」が指摘されていたように、その統治体制の複合的な側面を見落とすわけにはいかないだろう。

本章の冒頭でもふれたように、一五世紀末から一六世紀にかけてフランス王権がさまざまな諸侯国の統治権を集積していく過程は、各地域の由来や、編入時の情況に応じて多様であった。親王諸侯国の核となる親王領は男子相続人がなければ王家に回収される原則であったが（一四八一年、アンジュー公領とメーヌ伯領）、親王家の当主がフランス王に即位した場合もその領地は王領とされた（一四九八年、オルレアン公領。一五一五年、アングレーム伯領。一五八九年、ベアルン副伯領）。あるいは、軍事力を背景とした王権の統合政策の結果として王領に編入された地域も少なからずあった（一四八二年、ブルゴーニュ公領。一五二七年、ブルボン公国。一五三二年、ブルターニュ公国）。

これらの地域は中世後期には、政治的な実態はともかく、少なくとも理念上はフランス王の上級命令権が及ぶ諸侯国であった。それに対して、一三八二年にアンジュー親王家のルイがシチリア王妃シュザンヌの養子として継承したプロヴァンス伯領は、法理上はフランス王国の外にあったことになる。そのため、一四八一年にアンジュー家が断絶した際も、プロヴァンス伯領はフランス王への遺贈という形がとられた。またナバーラ（ナヴァール）王国も、一三世紀前半からピレネー以北に領地をもつフランス系の家門（シャンパーニュ家、カペー朝、エヴルー家、フォア家）を王家に戴いていたとはいえ、法理上は独立した王国であった。そのため、一五一二年にスペイン王権によって放逐されたカタリーナ女王と共同統治王アルブレ伯ジャンにナバーラ王国領のなかで残されたのは北辺の一部のみであったとしても、フランス側からみれば形式上は独立国ナヴァール王国として扱われることになる。そのためプロヴァンスとナヴァールは、形式上はフランス王国との同君連合として合同されることになったのである。

このような多様な諸地域の複合体である近世フランスでは、王権の統治体制も複合的な性格を免れることはできなかった。ここでは、地方三部会と高等法院を例としてその点を一瞥しておきたい(34)。

フランスでは、中世後期に地域レベルでの諸身分集会が王領でも諸侯国でも登場したが、中央部の王領ではそれらは早期に消滅していき、王権直轄の財務機構であるエレクシオン制が徴税を担うエレクシオン地域に移行していった。しかし、王領のなかでも比較的遅くに編入されたノルマンディ、ラングドック、ドーフィネや、近世初頭以降に編入されたブルゴーニュ、ブルターニュ、プロヴァンス、ナヴァール、ベアルンなどは、一六世紀にも地方三部会地域としての特権を享受していた。一七世紀には、王権の集権化政策によってドーフィネやノルマンディの地方三部会は停止に追い込まれるものの、ブルボン朝が対外戦争で獲得したルシヨン、フランドル、アルトワ、アルザス、ロレーヌなどでは新たに地方三部会が設けられた[35]。これらの地方三部会地域では、王権からの直接税の要求についての地方三部会による合意・割当・徴収の権限が認められており、フランス王国はとくに周縁部において特権的な地位をもつ地域的な政治社会を温存する体制であったといえる。

また高等法院は、フランス王国における普通裁判権系統の最終審機能だけでなく、王令登記権とそれに際しての建白権をもつ。一三世紀後半の制度化当初は、パリに所在する唯一の高等法院が諸侯国も含めた王国全土を管轄し、諸侯国法廷からの上訴も受けていたが、一四四三年にラングドックを管区とするトゥルーズ高等法院がパリ高等法院の権限を分割する形で設置されると、佐藤猛が注目する高等法院の複数化が始まった。旧諸侯国ではその法廷を吸収する形でブルゴーニュのディジョン高等法院（一四七七年）、プロヴァンスのエクス高等法院（一五〇一年）、ブルターニュのレンヌ高等法院（一五五四年）などが設けられていった。一六二〇年にベアルンのユグノー勢力を制圧したルイ一三世はポー高等法院を新設し、ベアルンとナヴァールを管区とした[36]。これらのなかでは、パリ高等法院が高い威信と圧倒的に広い管区を有していたが、各高等法院の権限は基本的に同一であり、フランス王国は複数の最終審法廷が多元的に併存する体系に移行していったのである。そして二宮宏之が強調するように、それぞれの高等法院がもつ王令登記権と建白権は、国王の裁判機構である高等法院にむしろ地域的な政治社会の声を代表する手段を与えることになったのである。

とくに旧諸侯国の地域では、地方三部会と高等法院は諸侯が召集・主宰していた諸身分会議や諸侯国法廷を前身としており、王領編入後も地域的な政治社会としての自治を支える制度的な基盤としての側面があった。この意味において、フランス王権もスペイン王権と同じように、強い凝集力をもつ地域的な政治社会との「交渉」を余儀なくされていたのであり、フランス王国の複合性とスペイン君主国のそれには一定の共通性があるといえる。

(2) フランス王国の統一的性格

その一方で、このようなフランス王国の複合性は、エリオットが示唆していたように、スペインのそれとは異なる面もある。

まず、フランス王国には地方三部会だけでなく全国三部会も存在し、一六一四年以降は召集されないものの、理念としては王国全体の身分制議会として観念され続けた。全国三部会は、地方三部会の代表による合議体ではなく、王国全土に派遣されている国王役人(バイイまたはセネシャル)の管区ごとに諸身分代表が選出されるものだった。[37] そもそも地方三部会を失った地域の方が多い近世にあっては、ケーニヒスバーガのいう各地域の身分制議会の代表者による「全国議会(states general)」とは異なり、全国三部会は地方三部会を経由させずにフランス王国全体としての政治社会を直接的に代表しうるものであった。[38] このように君主が統治する領域全体を代表しうる機関が存在するか否かは、スペインとオーストリアの両ハプスブルク朝やステュアート朝の複合的な君主政体とフランス王国の間にある大きな相違点である。

また高等法院についても、複合的な統治体制を示すものである一方で、統一性へのベクトルを表すものでもあったといえるのではないだろうか。そもそも、前述のように元来はフランス王国に帰属しない地域であったプロヴァンスとナヴァールにまでパリのそれと同じ権限をもった高等法院を導入したことは、その地域の特権的な地位を認める意味があった一方で、フランス全土が高等法院という同一の体制で覆われたことも意味している。フランス王の王令は各高等法院が認めなければその地域での効力をもてなかったが、逆に言えば、それは全国各地の高等法院による登記という同一の手続きによって王令が全土に及ぶ経路でもあり、高等法院にはフランス国制がもつ複合性と統一性の両面が認められるのではないだろうか。

この点をスペイン諸王国と比較してみると、Cortes（身分制議会）やAudiencia（カスティーリャ王国の地方高等法院、アラゴン王国の国王法院）など、同じ名称の機関が複数の王国に存在することはあったが、その由来や各王国における位置づけは共通のものではなく、王権の統制下にありながらも世俗の政体の枠外にあった異端審問所を除けば、スペイン君主国の国制は制度上の統一性を欠くことが最大の特徴であった。それとは対照的にフランス王権は、一七世紀にはさらに、地方三部会地域をエレクシオン地域に変更することを試み、地方監察官（地方長官）（intendant）制を漸次的にではあっても王国全土に導入していき、王国全体で共通する制度の確立を進めていくのである。

したがって、近世フランスにみられる複合性と統一性は次のように整理できるだろう。たしかに、諸侯国や王国外にあった領域の枠組みを尊重し、その共同体を地縁的社団として法認して、そこに地方三部会や高等法院の制度を重ねあわせることでゆるやかな統治の体系を築くことができたという意味では、フランス王国も複合性を帯びていた。しかし、その複合性を織り込みながらも統一性を志向する統治体制の下では、二宮宏之が空間的・地縁的結合にもとづく社団的編成をモデル的に示した図にあるように、(39)地方三部会や高等法院の管区に照応する「地方（province）」レベルの政治社会は特権的な地位を享受しつつも、それ自体で完結性をもつことはできずに、全国三部会の存在が象徴するより高次の政治社会としての「王国（Royaume）」のなかに包摂されていたのである。

それに対してスペインでは、前節でみたカスティーリャ王国内で台頭する地域的な政治社会はカスティーリャ王国としての政治社会の一部をなすものであったが、スペイン君主国全体としてみると、それを構成する各王国からの代表が参集する制度はなかった。カスティーリャ王国やアラゴン連合王国諸国のような制度的な実体をもつ政治社会としての「王国（Reino）」は、あくまで個別に君主（王朝）に服属しているのであって、それ自体で制度上の完結性をもっていた。あるいは、少なくとも各王国の特権身分層は各地域政体がそのような歴史的な由緒と権利をもつと主張し続けていた。このような諸王国によって構成される「君主国（Monarquía）」とは、王朝が諸王国を複合させた君主政体による近世国家ではあっても、各地域の特権身分層による主体的な参画を保証する有機的な政治社会がその全体として育まれていたとはいいがたい。その役割を果たしえたのは宮廷であるが、宮廷への伺候はすべての王国の特権身分層に等しく制度によって保証されたものではない以上、スペイン全体としての政治社会を代表するものとはいえないであろう。ここに、エリオットがフランス王国の複合性を認めつつも、複合君主政論が想定する君主政体とまったく同じものとは論じられなかった背景の一端があるのではないだろうか。この意味において、前述のディエス・デル・コラルによる対比は、フランス国制の複合性という点では修正していく必要があるものの、その上でなお、地域的な政治社会が自己完結性を主張しうるか否かという文脈では、西仏の近世国家にみられる差異に着目するものとして捉え直すことができる。

このように、地域的な政治社会が複合することで形成される近世国家のなかでその地域的な政治社会が自己完結性をもちうるか否かに注目することによって、近世の政治秩序をより丹念に考察することができるだろう。ただしその際には、統一性の強いフランスの優位と、複合性がもたらす分裂を克服できないスペインの劣位という枠組みに安易に立ち返るのではなく、ヨーロッパ近世王権が政治社会にとりうる統治戦略の幅と、その結果として醸成される政治秩序の多様性として、まずはその実態を明らかにすることが必要となる。それによって複合君主政論は、国家内部の複合性というそれ自体はさまざまな時代と場所で認められる現象の発見にとどまることなく、あるいは西仏間のようにヨーロッパの近世国家の間にあった国制上の差異を捨象してしまうことなく、近世ヨーロッパという具体的な歴史的空間に登場した君主政体の特質を明らかにする射程をもつことができるだろう[40]。

おわりに

本章では、エリオットの複合君主政論が国制史研究においてもちうる射程を確認するために、王権と政治社会の関係に注目しつつ、社団的編成論を相補的に用いながら考察を進めてきた。一方の複合君主政論は、強い凝集力をもつ政治社会に対して王権が「交渉」の統治戦略をとる局面で生じる、王権と政治社会の間でのダイナミズムに注目する分析視角として、他方の社団的編成論は、王権が政治社会のなかに向かって社団の序列化をつうじて「統御」の戦略をとろうとする局面に生じるダイナミズムに着目する分析視角として、整理することができる。

また、中世にフランス王の麾下にありながら独自の諸身分集会や統治組織を有していた諸侯国や、プロヴァンス、ナヴァールなどの国外にあった領域が逐次編入されていったフランス王国にも複合性が認められた。しかしその一方で、地方三部会には直結せずに王国全土から諸身分代表を召集しうる全国三部会や、多元的な最終審法廷であると同時に同じ権限をもつ全国的な機構として整備された高等法院のように、複合性を織り込みつつ統一性に向かうベクトルをもつ国制がフランスでは形成された。そのためフランスでは、特権をもつ地域的な政治社会が凝集力と自立性を保っていたとはいえ、それ自体だけでは自己完結性をもたずに、フランス王国全体としてのより広域・高次の政治社会に包摂されていた点にスペイン君主国との国制上の相違点がある。複合君主政論では、地域的な政治社会の自己完結性をふまえてそれらの位置づけがしばしば並列（yuxtaposición）的と表現されるように、さまざまな政治社会をそれ自体として維持していかざるをえない王権のあり方が考察対象とされるのである。このような王権が各政治社会に「交渉」と「統御」という二つの統治戦略を具体的な情況に応じて実践することで生みだされるダイナミズムによって生成され、変化し、場合によっては破綻してしまう、動的な政治秩序そのものとして近世国家を捉えることが複合君主政論の射程だといえる。

したがって、複合君主政論にもとづく国制史研究の進展のためには、時期による変化の相をみていくことが欠かせないだろう。そのために、スペイン君主国研究において今後留意すべきと思われる点を指摘し、本章の結びとしたい。

第一の点は、一五六一年を境として宮廷がマドリードに固定化されることによって、それ以前と以後では、王権の統治戦略に質的な変化があったのかどうかという点である。前述のように、スペイン宮廷には諸王国の特権身分層が参画しうる君主国全体としての政治社会の機能があったとはいいがたいが、それでも王が移動宮廷制を廃し、カスティーリャ王国に常在するようになったことがどのような意味をもったかは軽視できないだろう。従来の複合君主政論では、アラゴン王国やカタルーニャ公国のように、これによって君主の不在が決定的に常態化した非カスティーリャ諸地域との「交渉」への影響が注目されてきたが、社団的編成をつうじた「統御」が強いカスティーリャ王国にとっても、君主と宮廷が常在したことの意義をあわせて考察する必要があるだろう。

第二の点としては、近世における国際関係の契機も無視することはできない。近世国家を構成するさまざまな政治社会には、各自の地政学的な布置に応じて、君主に敵対する勢力からの圧力に否応なく曝されている場合もあれば、国際政治からの風圧がほとんど感じられない場合もありえたのであり、国制史に国際関係の視点を組み込む必要がある。(41)アラゴン連合王国を例にとれば、三方をハプスブルク朝に服属する諸王国に囲まれ、北ではピレネー山脈に抱かれるアラゴン王国では、フランスからのピレネー越しの軍事的圧力やユグノー系山賊の危険性が認識されていたものの、敵対する勢力との深刻な対峙を直接的に経験するのはカタルーニャ反乱の初期である一六四〇年代前半に限定された。その一方で、カタルーニャ公国は恒常的にフランス王権からの圧力を受け続ける位置にあった。そのため、アラゴンとカタルーニャでは対外的な軍事庇護者としての王朝がもつ意味あいがまったく異なるのであり、それぞれの政治社会が王権と結ぶ関係にも影響を与えていたと考えるべきであろう。また、外敵と対峙する地政学上の位置にあるといっても、転変する国際的な情況に応じて、庇護者としての王権に防衛を依存する局面もあれば、ひとつ間違えば略奪に走りかねない傭兵隊を派遣してくる王権に反発する局面もありえるであろう。このような契機から王権と政治社会の関係が後戻りできないほど悪化すれば、一六四〇年のカタルーニャのように、王朝からの離反を引き起こす可能性すらあった。

したがって、諸国家体系におけるプレーヤーである近世国家をさまざまな政治社会が複合したものだと捉えた上で、それぞれの政治社会が王権との間で行う「交渉」や、王権が政治社会のなかに向かって志向する「統御」のあり方に、あるいは地域的な政治社会が自己完結性を保ちうるか否かに、諸国家体系の存在がどのような作用を及ぼしていたかという観点を組み込んでいくことで、複合君主政論にもとづく国制史研究はダイナミズム分析としての射程をさらに伸ばすことができるだろう。

注

（1）　Elliott, John Huxtable, "A Europe of Composite Monarchies", *Past and Present*, 137, 1992, pp. 48-71.〔ジョン・H・エリオット、内村俊太訳「複合君主政のヨーロッパ」（古谷大輔・近藤和彦編『礫岩のようなヨーロッパ』山川出版社、二〇一六年）、五五～七八頁〕。

（2）　服部良久「地域と国家――非「国民国家」型統合」（谷川稔編『歴史としてのヨーロッパ・アイデンティティ』山川出版社、二〇〇三年）、一三五～一五一頁。

（3）古谷・近藤編前掲書に加えて、近藤和彦「構造と展開――近世ヨーロッパ」（『岩波講座世界史16　主権国家と啓蒙』岩波書店、一九九九年）、三～八〇頁。岩井淳編『複合国家イギリスの宗教と社会――ブリテン国家の創出』ミネルヴァ書房、二〇一二年。小山哲「近世ヨーロッパの複合国家――ポーランド・リトアニアから考える」（近藤和彦編『ヨーロッパ史講義』山川出版社、二〇一五年）、七四～八九頁。

（4）エリオット前掲論文、六七～七〇頁。

（5）二宮宏之「フランス絶対王政の領域的・人口的基礎」（『岩波講座世界歴史15　近代2』岩波書店、一九六九年）、二一八～二四一頁。同「フランス絶対王政の統治構造」（成瀬治・吉岡昭彦編『近代国家形成の諸問題』木鐸社、一九七九年）、一八三～二三三頁（ただし以下では二宮の著作のページ数は『二宮宏之著作集3ソシアビリテと権力の社会史』岩波書店、二〇一一年による）。

（6）佐藤猛『百年戦争期フランス国制史研究――王権・諸侯国・高等法院』北海道大学出版会、二〇一二年。上田耕造『ブルボン公とフランス国王――中世後期フランスにおける諸侯と王権』晃洋書房、二〇一四年。以下、諸侯国についての表記は佐藤に倣い、ブルゴーニュ公領やブルゴーニュ伯領（フランシュ＝コンテ）のような個々の公領や伯領のレベルと、それらが集積されて形成されたブルゴーニュ公国のような諸侯国全体のレベルを分けて記述したい。

（7）近藤和彦編『長い一八世紀のイギリス――その政治社会』山川出版社、二〇〇二年。同編『歴史的ヨーロッパの政治社会』山川出版社、二〇〇八年。同「礫岩政体と普遍君主」（『立正史学』一一三号、二〇一三年）、二五～四一頁。同「礫岩のような近世ヨーロッパの秩序問題」古谷・近藤前掲書、三～二四頁。古谷大輔「「礫岩のような国家」への眼差し」（『歴史評論』七八七号、二〇一五年）、二七～三七頁。佐々木真・古谷大輔「近世史研究の現在と「礫岩のような国家」への眼差し」（『西洋史学』二五七号、二〇一五年）、五八～六八頁。

（8）千葉敏之「準えられる王」（近藤編『歴史的ヨーロッパの政治社会』）二七頁。

（9）Koenigsberger, Helmut Georg, "Dominium Regale or Dominium Politicum et Regale: Monarchies and Parliaments in Early Modern Europe", *Politicians and Virtuosi. Essays in Early Modern History*, London and Ronceverte: Hambledon Press, 1986, pp. 1-25.（発表は一九七五年）; Idem, "Composite States, Representative Institutions and the American Revolution", *Historical Research*, LXII, 1989, pp. 135-153.（H・G・ケーニヒスバーガ、後藤はる美訳「複合国家・代表議会・

アメリカ革命」（古谷・近藤前掲書）、二六～五四頁。

（10）Elliott, John Huxtable, "Revolution and Continuity in Early Modern Europe", *Past and Present*, 42, 1969, pp. 35-56.

（11）この観点からの個別研究として、Elliott, John Huxtable, "A Provincial Aristocracy: The Catalan Ruling Class in the Sixteenth and Seventeenth Centuries", Maluquer de Motes, Juan (ed.), *Homenaje a Jaime Vicens Vives*, vol. II, Barcelona: Universidad de Barcelona, 1967, pp. 125-141; Idem, "Revolts in the Spanish Monarchy", Forster, Robert and Greens, Jack P. (eds.), *Preconditions of Revolution in Early Modern Europe*, Baltimore: Johns Hopkins Press, 1970, pp. 109-130; Idem, "A Non-revolutionary Society: Castile in the 1640s" Viguerie, Jean de (ed.), *Études d'Histoire Européenne*, Angers: Presses de l'Univerisité d'Angeres, 1990, pp. 253-269.

（12）Gustafsson, Harald, "The Conglomerate State: A Perspective on State Formation in Early Modern Europe", *Scandinavian Journal of History*, 23, 1998, pp. 189-213.（H・グスタフソン、古谷大輔訳「礫岩のような国家」（古谷・近藤前掲書）、七九～一一五頁）；J・モリル、後藤はる美訳「ブリテンの複合君主制　一五〇〇―一七〇〇年」（『思想』九六四号、二〇〇四年）、七六～九二頁。

（13）科学研究費基盤研究（B）「近世ヨーロッパ周縁世界における複合的国家編成の比較研究」（二〇一〇～二〇一二年度、研究代表者：古谷大輔）、科学研究費基盤研究（B）「歴史的ヨーロッパにおける複合政体のダイナミズムに関する国際比較研究」（二〇一三～二〇一六年度、研究代表者：古谷大輔）。

（14）モリル前掲論文、八五頁。

（15）Corteguera, Luis R., "Popular Politics in Composite Monarchies: Barcelona Artisans and the Campaign for a Papal Bull against Hoarding (1580-5)", *Social History*, 26-1, 2001, pp. 22-39.

（16）Yun Casalilla, Bartolomé, "Entre el imperio colonial y la monarquía compuesta: élites y territorios en la Monarquía Hispánica (ss. XVI y XVII)", Yun Casalilla, Bartolomé (dir.), *Las redes del Imperio. Élites sociales en la articulación de la Monarquía Hispánica, 1492-1714*, Madrid: Marcial Pons, 2009, pp. 11-35.

（17）立石博高「「スペイン王国」の構造」（立石博高、関哲行、中川功、中塚次郎編『スペインの歴史』昭和堂、一九九八年）、一三八～一四四頁。同「「スペイン王国」の成立とコンベルソ問題に関する覚書」（『Quadrante』一号、一九九九年）、一四二～一五四頁。同「「スペイン王国」成立に関する一考察——バルセローナ市への異端審問制導入をめぐって」（渡辺節夫編『ヨーロッパ中世の権力編成と展開』東京大学出版会、二〇〇三年）、三三九～三六〇頁。同「近世スペインとカタルーニャ——複合国家論の再検討」西洋史学会第六五回大会基調講演（二〇一五年五月一六日、富山大学）

（18）五十嵐一成「ジョン・ハクスタブル・エリオットと彼の学団」（『札幌大学総合論叢』二、一九九六年）、一〇三～一一九頁。同「「帝国」とモナルキーア・イスパニカ（中）」（『経済と経営』三四～二号、二〇〇三年）、二三三～二五二頁。

（19）二宮前掲書、一五一頁。

（20）同上書、一四四頁。

（21）同上書、一五九～一六〇頁。

（22）同上書、一七七～一八〇頁。

（23）Lalinde Abadía, Jesús, *Los fueros de Aragón*, Zaragoza: Librería General, 1979; Idem, "El pactismo en los reinos de Aragón y de Valencia", VV. AA., *El pactismo en la historia de España*, Madrid: Instituto de España, 1980, pp. 113-139; Gascón Pérez, Jesús, "Los fundamentos del constitucionalismo aragonés", *Manuscrits*, 17, 1999, pp. 253-275.

（24）VV. AA., *Historia de Aragón*, vol. 1, Zaragoza: Institución Fernando el Católico, 1989; Corona Marzol, María Carmen, "Las instituciones políticas en la Corona de Aragón desde sus orígenes al reinado de Carlos II", *Millas. Espai i historia*, 32, 2009, pp. 97-122; Gascón Pérez, Jesús, "¿Estado moderno y viejas instituciones? La ‹república aragonesa› en el contexto de la formación de la Monarquía Hispánica", Colás Latorre, Gregorio (coord.), *Fueros e instituciones de Aragón*, Zaragoza: Mira Editores, 2013, pp. 115-154.

（25）Solano Camón, Enrique, "La institución virreinal en Aragón durante la Edad Moderna", Cardim, Pedro y Palos, Joan Lluís (eds.), *El mundo de los virreyes en las monarquías de España y Portugal*, Madrid: Iberoamericana, 2012, pp. 149-174; Idem, "La institución virreinal en Aragón", Colás Latorre (coord.), *op. cit.*, pp. 155-189.

（26）Gascón Pérez, Jesús, "El Aragón del siglo XVI y la rebelión de 1591", *Aragón en la monarquía de Felipe II*, t. II, Zaragoza: Rolde de Estudios Aragoneses, 2007, pp. 129-167.

（27）Lalinde Abadía, *op.cit.*, *Los fueros de Aragón*, pp. 120-121. なお、これらの措置の影響について、G・コラス・ラトーレは

王権の絶対主義に統治契約主義が屈服したものとしているが、ガスコン・ペレスらは統治契約主義の持続力に注目している。Colás Latorre, Gregorio, *La Corona de Aragón en la Edad Moderna*, Madrid: Arco Libros, 1998; Gascón Pérez, Jesús, "Aragón y la Monarquía de los Austrias", *op. cit., Aragón en la monarquía de Felipe II*, t. II, pp. 11-32.

(28)　Gil Pujol, Xavier, "Crown and Cortes in Early Modern Aragon: Reassessing Revisionisms", *Parliaments, Estates and Representation*, 13-2, 1993, pp. 109-122.

(29)　エリオット前掲論文、六五～六六頁。

(30)　五十嵐一成「一六世紀新カスティーリャにおける諸村落の売却と村落自治」(『史学雑誌』八四―七号、一九七五年)、九九一～一〇二八頁。同「一六世紀後半の新カスティーリャにおける領主制の構造」(『土地制度史学』一八―二号、一九七六年)、四〇～五五頁。Nader, Helen, *Liberty in Absolutist Spain. The Sale of Towns, 1516-1700*, Baltimore: Johns Hopkins University Press, 1990.

(31)　Fortea Pérez, José Ignacio, *Monarquía y Cortes en la Corona de Castilla*, Valladolid: Cortes de Castilla y León, 1990; 北濱佳奈「近世初頭カスティーリャ王国コルテスについて」(『史学』七六―一号、二〇〇七年)、六七～八一頁。内村俊太「一六世紀カスティーリャにおける商業都市と王国議会」(『スペイン史研究』二四号、二〇一〇年)、一六～三〇頁。

(32)　Thompson, Irving A. A., "Castile, Spain and the Monarchy: The Political Community from Patria Natural to Patria Nacional", Kagan, Richard L. and Parker, Geoffrey (eds.), *Spain, Europe and the Atlantic World*, Cambridge: Cambridge University Press, 1995, pp. 125-159.

(33)　Díez del Corral, Luis, *La monarquía hispánica en el pensamiento político europeo. De Maquiavelo a Humboldt*, Madrid: Biblioteca de la Revista de Occidente, 1975, pp. 75-91.

(34)　フランス国制のなかでの地域の位置づけについては、Mousnier, Roland, *Les institutions de la France sous la monarchie absolue, 1598-1789*, tome I, Paris: Presses Universitaires de France, 1974, pp. 476-495. また、地方三部会と高等法院に着目した形でのフランス国制の概要については、F・オリヴィエ・マルタン、塙浩訳『フランス法制史概説』創文社、一九八六年。高橋清徳『国家と身分制議会――フランス国制史研究』東洋書林、二〇〇三年。佐藤猛「一五・一六世紀フランスにおけるいくつもの高等法院――「地方高等法院体制」をめぐる予備的考察」(『秋大史学』五六号、二〇一〇年)、一～二九頁を参照した。

(35) 最終的にアンシアン・レジーム解体まで地方三部会が停止されずに存続した主な地域としては、ブルターニュ、アルトワ、フランドル、エノー、ブルゴーニュ、フランシュ＝コンテ、プロヴァンス、ベアルン、フォア、低ナヴァール、ビゴール、スール、ラブール、コルシカといった王国周縁部が挙げられ、さらに小規模な地方三部会地域も点在していた(Mousnier, *op. cit.*, p. 474; オリヴィエ・マルタン前掲書、五八八～五八九頁。高橋前掲書、一一九頁)。

(36) 高等法院の設置都市は以下のとおり(括弧内は管轄する地域名)。パリ(北部から中部の広域)、レンヌ(ブルターニュ)、ルアン(ノルマンディ)、ドゥエ(フランドル)、メス、ナンシー(ロレーヌ)、ブザンソン(フランシュ＝コンテ)、ディジョン(ブルターニュ)、トレヴ、グルノーブル(ドーフィネ)、エクス(プロヴァンス)、トゥルーズ(ラングドック)、ポー(ベアルン、ナヴァール)、ボルドー(アキテーヌ)。また高等法院に準ずる最高評定院は、アラス(アルトワ)、コルマール(アルザス)、ペルピニャン(ルシヨン)、バスティア(コルシカ)に置かれた(鈴木教司『フランス旧制度の司法――司法官職と売官制』成文堂、二〇〇五年、二〇～二一頁。佐藤前掲論文、五～一〇頁)。

(37) 高橋前掲書、九～一四頁。

(38) ケーニヒスバーガ前掲論文、二一六～二三二頁。

(39) 二宮前掲書、一四六頁。

(40) この点に関して仲松優子は、一七、一八世紀フランス史の研究動向を整理し、ヨーロッパ近世史全体での複合的な政体についての知見との総合を試みている〔仲松優子「複合君主政と近世フランス――ヨーロッパ近世史研究とフランス近世史研究の接続の可能性」(『北海学園大学人文論集』六二号、二〇一七年)、一二一～一三八頁〕。それによると、地方三部会や高等法院は一八世紀にいたるまで自立性を保ち、王権はこれらの地方的な諸権力との交渉・協働にもとづく統治体制をとっていたことがフランス近世史研究でも共通理解になっているという。そのうえで仲松は、J・スワンの議論を「複合君主政というものを、単一の君主が複数の王国を支配している状況を指すとするならば、フランスはこうしたモデルには合致しない。しかし、その定義をもう少し緩やかなものにし、さまざまな地域がその独自の特権をもったままで統治されていた状態を指すものとするなら、フランスはそれにあてはまる」(一三二頁)と要約し、複合君主政論との架橋を試みている。もちろん、現地エリートが実権を握る特権的な諸地域によって成り立つという意味では、フランス王国もスペイン君主国も同じ地平で比較すべきであろう。しかし本章でみてきたように、政治社会という補助線を用いて複合君主政論を展開した場合、そのような地域的な政治社会がフランス王国というより高次の政治社会のなかに少なくとも理念上は包摂されていた近世フランスと、各王国（reino）が政体としての自己完結性を主張し、スペイン君主国全体としての政治社会を王権が構築できなかった近世スペインとの間には、国制史としては無視できない差異がある。本章で行ってきたように、筆者は複合君主政論をつうじてフランス近世国家を分析し、他の近世国家と比較することに大きな可能性を感じるものである。ただ同時に、複合君主政論はその論自体の立証を目的とするものではなく、あくまで近世ヨーロッパに現れたさまざまな政体の豊かなバリエーションを分析するてがかりとして有効に活用すべきものであろう。フランス王国を複合君主政の範疇に入れることができるかどうかはさておき、ヨーロッパ近世国家が共有していた構造上の共通点をみる一方で、それでも無視しえない相違点を見落とさないところに、複合君主政論の分析概念としての有効性があるのではないだろうか。

(41)　このような視点の研究としては、中澤達哉「ハプスブルク君主政の礫岩のような編成と集塊の理論――非常事態へのハンガリー王国の対応」（古谷・近藤前掲書）、一一八～一三五頁。古谷大輔「バルト海帝国の集塊と地域の変容――スコーネの編入とスコーネ貴族の戦略」（同上書）、一三六～一五七頁を参照。

第2章

スペイン複合君主政のなかのアラゴン王国

――一六世紀後半の歴史的政体論をてがかりとして――

内村俊太

アラゴン連合王国とナバーラ王国
出典：Giesey, Ralph E., *If not, not. The Oath of the Aragonese and the Legendary Laws of Sobrarbe,* Princeton: Princeton University Press, 1968, p. VI.

はじめに

一九九二年に発表されたJ・H・エリオットの「複合君主政のヨーロッパ」論文は、イベリア半島内外の諸王国（reinos）からなるカトリック両王期からハプスブルク期にかけてのスペイン君主国（Monarquía Hispánica）を典型例とする、近世ヨーロッパにおける複合的な君主政体の意義を問うものであった。[1] 第1章で整理したように、この複合君主政論を理解するためには、エリオットが一九六〇年代から指摘していた、一六、一七世紀のヨーロッパ各国において地域の実権を握っていた特権身分層の重要性に留意しなければならない。[2] それによると、中間権力の担い手である特権身分層は、みずからの権力と自治の基盤である地域特権を王権からも民衆層からも守ることを行動原理としており、いまだ中央集権的な機構をもたない王権による統治はこのような地域ごとの特権身分層との協力関係に依存するものであった。そのため、エリオットが描く近世王権と特権身分層の関係は、安定的な制度にもとづく強権的な支配関係というよりは、むしろ不断の緊張感を伴う外交を想起させる「同盟（alliance）」という語でしばしば表現された。

このような認識から展開した複合君主政論は、第1章でみたように、共通の君主（王朝）によって諸王国がゆるやかに結びついたことを指摘するだけでなく、独自の政体をもつ複数の王国を治める近世君主には、各地の政体を尊重しつつ、たくみなパトロネジの操作によってそれぞれの特権身分層からの忠誠を維持しうるだけの、外交術にも似た統治技法が求められた点を論じるものであった。したがって、エリオットのいうcomposite monarchyという分析概念は、諸王国が君主を結び目としてゆるやかに統合されている状態（複合的な君主国）を指すだけでなく、それを近世ヨーロッパの国際関係と宗派対立のなかで治めていくための君主による統治の技法

（複合的な君主国を保ちうる君主政）を表すものとして理解すべきであろう。

では、エリオットの議論をふまえながらスペイン複合君主政の実態を明らかにするためには、具体的にはどのような分析が必要になるのだろうか。本章では、一六世紀後半のアラゴン王国を具体例として考えてみたい(3)。第1章では、複合君主政論と社団的編成論を相補的に用いることによって、近世王権の統治戦略として、複合君主政論の視点からは王権が諸王国のさまざまな政治社会との間で「交渉」をする側面が、社団的編成論の視点からは王権がある王国の政治社会のなかに介入して「統御」しようとする側面が注目されることを整理した(4)。そこでみたように、一六世紀のアラゴンは人口三〇万人程度の小国であったものの、平時には身分制議会とその常設代表部が凝集力の強い政治社会を代表しており、王権はそのアラゴン政治社会との「交渉」を余儀なくされていた。その一方で一五九一年のサラゴーサ暴動に際しては、王権は議会を飛び越える形で諸都市や各貴族に分断工作をしかけ、一時的にではあるが政治社会の「統御」を実現しており、王権とアラゴン政治社会の関係を考察する際には、平時と非常時という情況の違いに留意する必要がある。

そこで本章では、複合君主政期のアラゴンにおける王権・政治社会の関係性をより具体的に考えていくための基礎作業の一環として、まずは平時の局面に注目し、平時には特権身分層はみずからの地域政体をどう認識し、そのあるべき姿をどのように主張していたかを考察する。というのも、エリオットが一七世紀の法学者ファン・デ・ソロルサノ・イ・ペレイラの言から好んで引用するように、複合的な君主政体を構成する「諸王国はそれらを統べる王がまるでそれぞれの王国だけの王であるかのように支配され、統治されなければならない」のであり、近世君主にとっては、地域ごとに異なる政体理念にもとづくそれぞれの君主像をその地の特権身分層に対して演じることが、統治技法の出発点になったからである(5)。そのため、平時の規範としての政体理念を解明することは、王権と政治社会の関係のあり方を具体的に解明するためには欠かせない前提としての意味をもつ。

ところで、後述するようにアラゴン王国の政体理念である統治契約主義は、政体を古典に依拠して抽象的に論じるというよりも、固有の歴史のなかで創出・継承されてきた具体的な存在として示し、政体を鍵にしてアラゴン史そのものを理解する傾向にあった。その際に提示されたアラゴン史像のなかには、現在の歴史学研究によって明らかにされている現実の歴史上の出来事とは異なる点が多く含まれていることには注意が必要であるが、本章では、中世末から近世のアラゴンにおけるこのような政体の論じ方を「歴史的政体論」と表現し、その分析をつうじてアラゴンの政体理念にアプローチすることを試みたい。そのために、歴史的政体論が記された具体的な史料として、一六世紀後半にアラゴン王国が出版した歴史書をとりあげるが、ここでまず予備的な作業として、近世アラゴンにおける修史事業について一瞥しておきたい。

R・L・ケーガンによると、スペイン君主国を統治するハプスブルク王権はカスティーリャ系の人文学者を多く起用した国王修史官（cronista del rey）などに、実録（特定君主を称揚する事績録）、国史（国家または王朝の通史）、当代史（近世王権の政治行動を擁護する同時代史）、アメリカ植民地史などの歴史書を執筆させていた(6)。筆者が別稿でとりあげた『スペイン総合年代記（*Crónica general de España*）』（一五五三～八六年）は、国王修史官が一五四〇年代から編纂した国史の代表作であった(7)。これに対して、スペイン君主国の諸王国のなかで唯一、公的な事業として歴史編纂を展開したのがアラゴン王国である。後述するように特権身分層の自治府であるアラゴン議会常設代表部は、国王修史官に対抗するかのように、一五四八年に代表部の属僚としてアラゴン王国修史官（cronista del Reino de Aragón）を設け、人文学者へロニモ・スリータを初代修史官に任命した（以下、たんに修史官という場合にはアラゴン王国修史官を指す）。この官職には一七〇九年に廃止されるまでに一四名の人物が任命された(8)。

このアラゴン修史事業では、一五六〇年代から一五八〇年代にかけて重要な歴史書が公刊された。まず初代スリータが『アラゴン連合王国年代記（*Anales de la Corona de Aragón*）』の前編を一五六二年に、後編を一五七九年に出版した(9)。その内容は、西ゴート王国滅亡後のアラゴン建国やヒスパニア辺境領の成立から始まり、アラゴン連合王国の発足(一一三七年)をへて、グラナダ攻略(一四九二年)までの出来事が叙述された。また一五八〇年には、その続編として一五一六年までを対象とした『カトリック王フェルナンド実録(*Historia de Fernando el Católico*)』も出された。このスリータを継いだ第二代へロニモ・ブランカスは、一五八八年に『アラゴン王国要覧(*Aragonensium rerum comentarii*)』を出版した(10)。スリータの『年代記』が時代順の国史であるのに対して、ブランカスの『要覧』は歴代君主の事績を扱う前半部と、官制の由来を論じる後半部からなり、政体解説書としての性格が強かった。

これらによって当代史を除くアラゴン史は出揃ったため、以降は一六世紀史を叙述することが修史官の主任務になり、カルロス一世死去(一五五八年)までを扱った書物が一七〇五年に出版されるまで続けられた。しかし、スペイン継承戦争と新組織王令によってアラゴン王国そのものが制度的に消滅すると、一七〇九年にアラゴン王国修史官も廃止されることになる。このような一世紀半にわたるアラゴン修史事業のなかで、本章が扱う一六世紀後半はその方向性が定まった重要な時期であり、その中心にあったアラゴン王国公認の国史である『年代記』を本章の主たる史料として用いる。

以上の点をふまえて、本章では以下のように議論を進めたい。まず第1節では、現実に存在したアラゴン政体の制度と理念について、現在の歴史学研究で明らかにされている歴史上の経緯を概観する。そのうえで第2節以降では、歴史的政体論が記された一六世紀後半のテクストを読解する。まずスリータの『年代記』を史料として、政体の創出と、その継承と発展がどのように論じられたかを明らかにしたい(第2節、第3節)。また、ブランカスによる『要覧』のなかでの論じ方とも照らしあわせながら、歴史的政体論と複合君主政の関係性について、君主像をてがかりとして考察し(第4節)、スペイン複合君主政の実態の一端を明らかにすることを本章の課題としたい。

1　アラゴン政体の制度と理念

アラゴンの政体理念は、カタルーニャやバレンシアと同じく、統治契約主義(pactismo)と呼ばれる。J・ラリンデ・アバディアは、アラゴンでは王権・特権身分層間の力の均衡が一三世紀後半から一四世紀にかけて成立した後に、理念としての統治契約主義が醸成されたとし、これを「政治的」統治契約主義と表現している。[11] 本節では、歴史的政体論に関わる現実の歴史上の経緯として、統治契約主義とその制度の形成過程を概観した上で、中世後期から一六世紀のアラゴンではその起源がどのように語られたかをみておきたい。

（1）　統治契約主義とその制度

一三世紀のアラゴンでは、王権の統治機構が整備される一方、それへの封建貴族層の反発もみられた。そのようなか、君主による特権の尊重と、特権身分層による忠誠の誓約にもとづく、君主と諸身分の双務的な協約の観念である統治契約主義が成立していったのは、逆説的ではあるが、貴族の軍事的な反抗が王権によって鎮圧される一三世紀後半から一四世紀前半にかけてのことだった。

一三世紀後半、内陸国アラゴンではカタルーニャ海洋利害のための地中海進出策に不満が高まっていた。一二八三年、前年のシチリアの晩祷事件でフランスや教皇権と対立したペドロ三世（一二七六〜八五年）に対して、アラゴン貴族と一部都市が軍事盟約団体ウニオン（Unión）を結成し、三一条の総特権（Privilegio General）を承認させた。[12] そこでは、王権の制約（臣下への諮問の義務化、議会の毎年開催、国王裁判権の制限など）だけでなく、貴族特権の尊重（所領への不入権、国外軍役の制限など）が謳われていた。一二八七年にも、ウニオンはアルフォンソ三世（一二八五～九一年）にウニオン諸特権（Privilegios de la Unión）を承諾させ、国王が法や特権に反した場合、臣下には別の主君を選ぶ権利があることが認められた。その後、内部対立に陥ったウニオンは一三〇一年にいったん解体されたものの、一三四七年には不平貴族が再結成し、ペドロ四世（一三三六～八七年）にかつての特権を確認するように迫った。しかし、翌年のエピラの戦いで国王軍が勝利すると、ウニオンは最終的に解体された。

その際、一二八七年のウニオン諸特権は国王廃位権を含むため廃止されたが、一二八三年の総特権は『アラゴン王国法（*Fueros de Aragón*）』（一二四七年編纂）に追加されて組み込まれ、国法として残された。これをラリンデ・アバディアは、政情不安をもたらすほどの過度な貴族権力が制限される一方で、王権が諸身分に譲歩することで安定的な統治体制が形成された結果とみなしている[13]。いわば、特権身分層による王権への制約が、盟約団体の軍事力にもとづくものから、後述する地域政体をつうじての政治的・制度的なものに移行するなかで、それを支える理念として、両者の協約にもとづく統治契約主義という考え方が整えられたといえよう。

その一方で、特権身分層による自治と地域支配のための制度として、身分制議会（Cortes）、議会常設代表部（Diputación）、大法官（el Justicia）の三者が一三世紀後半から一四世紀にかけて成立した[14]。まず、一三世紀後半に徐々に確立したアラゴン議会は聖職者、大貴族（リコス・オンブレス）、一般貴族、都市代表の四部会制であった。都市代表部会にはサラゴーサをはじめとする二六都市の寡頭支配層が参加したものの、カタルーニャとは異なり、アラゴンでは土地貴族が特権身分層の中核を担った。このアラゴン議会は複合君主政期にも立法権限を保つことになる。特権身分層による自治府として機能したのが、常設代表部である。カタルーニャの制度を模倣し、議会閉会中の関税徴収のために一三六四年に設けられた常設代表部は、各部会から二名ずつ選ばれた代表委員（diputado）によって構成された。この代表部は一五世紀には国政全般に監督権を拡大し、一定の属僚組織を備えるようになった。また、アラゴン独自の制度である大法官は、宮廷の判事を前身として一二六五年に制度化された。ウニオンによる一二八三年の総特権でも「王と王国（Rey y Reino）」、すなわち王権と特権身分層の仲裁者としての地位が定められ、一四世紀以降、王やその官吏が法や特権に違反していないかを監視する権限が整えられた。しかし実際には、一三九〇年から議会による職務遂行審査を受けるなど、大法官は特権身分層の統制下に置かれていき、一五世紀前半から大法官職を世襲したラヌーサ家は特権身分層の一角を占めるようになった。

このような制度的基盤をもつアラゴンの統治契約主義の伝統は複合君主政期にも堅持され、ハプスブルク王権も議会とその常設代表部が代表するアラゴン政治社会との「交渉」を統治の基本とせざるをえなかった。王権は、王の代理人たる副王（virrey）の制度化や、副王が主宰して国王裁判権体系を統括する国王法院（Audiencia Real）の充実によって統治機構の整備を図ったが、君主自身のアラゴン不在が常態化するなかでは、実際には特権身分層との協調を頼みとせざるをえなかった。第1章でも述べたように、副王の人選までもが「外国人」の登用を禁じたアラゴン王国の特権の影響をうけ、王家傍流かアラゴン貴族を任命しない場合には王権と常設代表部の間で係争になった（一五五四、一五八八年）[15]。この点については、本章の結論部でも再度、言及したい。

その一方で、これも第1章でみたように、一五九一年のサラゴーサ暴動では王権がペレス派を孤立させるためにアラゴンの諸都市、貴族、そして最終的には常設代表部そのものへの切り崩し工作を成功させている[16]。都市暴動の発生という流動化した情況において、王権は政治社会を分断して「統御」することを一時的に達成しているといえる。ただし、ペレス派に与した大法官が処刑されたとはいえ、軍による威圧が可能だったにもかかわらず、一五九二年に開催された議会では王権による懲罰的措置は最低限のものにとどめられた[17]。G・コラス・ラトーレはこの措置によって統治契約主義が王権の絶対主義に敗北したとみなしているが、エリオット、X・ジル・プジョル、J・ガスコン・ペレスらは身分制議会と常設代表部の権限は基本的には維持されて、アラゴン特権身分層全

する議論が盛んになされ、少なくとも規範としては統治契約主義が力を保ち続けるのである。[19]

が、むしろアラゴン側から、サラゴーサ暴動の記憶を消し去るために、王への忠誠と特権の尊重が両立しうると

体との決定的な対立が回避された点に注目している。[18] 一七世紀には、実際の議会召集は四回しかなされなかった

（2） 統治契約主義の起源伝承――ソブラルベ伝承――

このように、複合君主政期まで続くアラゴン政体とその理念が確立したのは、一三世紀後半から一四世紀にかけてのことであった。R・E・ギーゼイによると、それに続く一四世紀後半から一五世紀にかけて、その統治契約主義の起源に関する言説が形成されたという。[20] それが、アラゴン建国の物語としてのソブラルベ伝承である。ソブラルベとは、現在のアラゴン自治州最北部に位置するピレネー山中の険峻な一帯を指す地名である。この伝承は、西ゴート王国滅亡後、イスラーム教徒に対する戦いを始めたキリスト教徒がこの地で国を建て、その流れをアラゴンとナバーラが受け継いでいる、とするものである。その具体的な語り方については後述するが、ここではギーゼイに依拠して、ソブラルベ伝承の要点とそれが言説として形成されたプロセスを整理しておきたい。

ギーゼイは、この伝承の内容をナバーラ系とアラゴン系の要素にわけて考察している。まずナバーラ系要素としては、共同体としての「王国が王を選出した」と、「王よりも先に法が定められた」の二点がある。[21] その源流の一つは、一二三八年に制定された『ナバーラ王国法（*Fuero general*）』の序文である。それによると、国を建てるに際してキリスト教徒の武人たちが教皇、フランク人、ランゴバルド人に使者を送って助言を求めたところ、まず法を定め、しかる後に王を選ぶことを勧められた。武人たちはこれに従い、先に法を定め、その上でゴート王族であるペラーヨを王に推戴した、とされた。アストゥリアス王ペラーヨがピレネー西部の王になったという不自然な記述は後に修正されていったが、このナバーラ系の伝承は、カルロス・デ・ビアナが一四五〇年代に著

した『ナバーラ諸王年代記』で完成したとされる。彼によって、ナバーラ人とアラゴン人が法を定めた後に、イニゴ・アリスタという人物を王に選んだとする伝承の大筋が確定したのである。

他方、アラゴン系要素としては、王を選んだ後も「王国には国王選定権が留保された」、「王政とともに大法官が設けられた」という二つの要素が一四世紀後半から確立していった。[22] 前述のようにウニオンは、王が法を守らなければ臣民には別の王を立てる権利があることを主張していた。この特権自体は一三四八年のウニオン解体とともに廃止されたが、一四世紀後半には、その根底にある王国による国王選定権という考え方そのものは慣習法として存在し続けてきたものとみなされるようになった。また、一四三六年に前大法官ファン・ヒメネス・セルダンが後任に宛てた書簡では、建国時に王政を定めた際、王権の濫用を恐れた武人たちが「王と王国」の間に立つ裁判官を設け、王を選ぶよりも先に大法官を選任したと論じられた。このセルダン書簡は一五紀末以降、アラゴン王国の法集成に収録され、アラゴン知識人に共有されていくことになる。

このように、現実の政治文化として統治契約主義が確立したのを後追いするように、一四世紀後半から一五世紀にかけて、建国物語としてのソブラルベ伝承が形成されたのである。その特徴は、実際には一三、一四世紀に確立したアラゴン政体の制度とそれを律する統治契約主義を、それを数百年遡る建国とともに生まれたものとした点である。当然ながらここで注目すべきは、それが中世初期の史実と反している点ではなく、政体とその理念が確立していった中世後期にその起源伝承が必要とされた点であろう。本章では、このソブラルベ伝承にもとづく歴史的政体論が一六世紀後半にどのように論じられたかをみていきたい。

2　『アラゴン連合王国年代記』に描かれた政体の創出

ここからは、スリータの『年代記』を具体的に検討していきたい。前述のように、『年代記』はアラゴンとカタルーニャの建国からグラナダ開城までの七〇〇年間以上を対象としており、後代の内容になるほど記述は詳細になっていく。全二〇編からなるが、第二編（一一三七年のアラゴン連合王国成立から始まる）以降の内容は、少なくとも事実経過については、現代歴史学で示されるそれと大きな齟齬はない。その叙述は、歴代君主を中心としてアラゴンとカタルーニャの歴史を交互に描き、両国の大貴族が君主に対してどのような行動をとったかを明記し、各国での君主と特権身分層との関係を逐一説明するものだった。そして、王権が遂行する対外政策（対イスラーム戦争、南仏・地中海地域への進出、カスティーリャとの戦争や外交）を中心とする政治的な事件史が『年代記』の大筋になっていた。

しかし、建国やその直後の歴史を対象とする第一編では、現在の歴史学とはまったく異なるソブラルベ伝承にもとづく歴史像が示され、それが『年代記』全体の歴史解釈にも影響を与えている。現代歴史学で明らかにされている八、九世紀のピレネー西部に実在した最初期のアラゴンとは、北のフランク王国も南のムラディー豪族カシー家も掌握できなかった辺境世界で生まれたキリスト教徒の土着勢力であり、カシー家や、イニゴ・アリスタ（八二〇～五二年）を初代王として同時期に台頭したナバーラとの間で、宗教の枠を越えた合従連衡を繰り広げていた。アラゴンとナバーラは一〇世紀前半に同君連合を形成するものの、現実の歴史における両国は辺境世界の自立勢力として別々に誕生したものであった。[23]

それに対してスリータは、ソブラルベ伝承に依拠しながら、第一編五章「イニゴ・アリスタ王の選定について」

で次のように活き活きと、アラゴンとナバーラの共同での建国を語っている。この場面は、イスラーム勢力もフランク王国もピレネー西部を掌握できないまま、土着のアラゴン人とナバーラ人が徐々に力を蓄えてイスラーム教徒に戦いを挑み始めたが、まだ国と呼べるほどのまとまりを成していなかった八一九年のこととされている。(24)

ナバーラ人とアラゴン人は大いに不和と対立を抱えていたため、和合するためにソブラルベのフエロと呼ばれるフエロを定め、モーロ人から勝ちとった者として居住地を築き、法を定めた。……彼らは教皇、ランゴバルド人、フランク人に使者を送った。彼らにとってより良いと思われたものを、その人々の法から選びとるためである。このフエロによると、彼らは全員一致して彼［イニゴ・アリスタ―筆者補足。以下同じ］を王に選び、モーロ人から勝ちとったものを与えた。これらすべての出来事の前に、彼らに対してイニゴ・アリスタは次のように誓ったという。彼らの権利を守り、常にフエロスを改善し、土地をその出身者や、リコス・オンブレス、騎士、郷士と分かち合うこと。臣下と封臣の助言なしには裁判を開かず、判決も下さないこと。一二名のリコス・オンブレス、つまりその地の最も年輩で賢明な一二名の者の同意がなければ、他国の君主との戦争・停戦・和睦や、重要な国事を決定しないこと。このようにして、この王国でこの慣習は不可侵のものとなった。リコス・オンブレスの権威は非常に大きく……これ以降、国事、戦争、裁判のすべてを、この［初代王の］選定に参加して土地の防衛を担った貴族たちと主だった者たちが担った。この者たちとその正当な子孫がリコス・オンブレスと呼ばれた。彼らに対して、王は自分と対等な者であるかのように厚く遇し、奪い取った都市からの収入を分かち合う義務を負った。リコス・オンブレスは、都市や町で割り当てられた金額に応じて、騎士と封臣を率いて［王に］奉仕する義務を負った。……

広く受容されているところによると、この時にアラゴン大法官という裁判官が導入された。フアン・ヒメネス・セルダンがこの裁判官の起源を論じた際のように、王が選ばれるよりも前に大法官が任じられたと信じる者たちさえいる。いずれにせよ信憑性が高いのは、法で定められた権限を王が濫用できるような状態からは程遠かった時代に［大法官の」起源はあるということである。法は当時、王の権力よりも大きな力と効力にもとづいて、そして王国そのものよりも大きな力にもとづいて定められた。［後に］王とリコス・オンブレスの間で不和が生じたため、王国の総意によって少しずつ大法官の裁判権が定められた。それは明らかに、自由の擁護、すなわちフエロスと慣習の維持にとって望ましいことであった。

王に選ばれた時にイニゴ・アリスタはアラゴン人に次のように認めた、と書き記した者もいる。もし［王が］、法やフエロに反して彼らを抑圧した場合には、あるいは法や、王に選ばれた際に定められたことを破った場合には、彼らの助力を得て勝ち取ったものの取り分も、土地の権利も［王が］有することはない。このような場合、彼らはより望ましいと考える者を、キリスト教徒であれ異教徒であれ、別の王に選ぶことができる、と。異教徒を王に選べるという点に関しては、あまりに不名誉なことであり、彼らはそれを固辞した。

……ゴート族の時代と同じように、彼ら［リコス・オンブレスと騎士］にとって望ましいと思われた自由の擁護のために、王を選べる権利が留保された。後世において反乱の誹りを受けないために、この王国のリコス・オンブレス、騎士、諸身分が当初から権利を守ることに常に拘り続けたことは、自由を守るために結集して盟約を結ぶ権利とともに、非常に賢明なことであった。

これに関して、後に二つの特権がアルフォンソ三世から王国に与えられ、ウニオンの特権と呼ばれたようである［ママ］。これらはペドロという名の最後の王［四世］の治世における議会で廃止された。ウニオンは平穏や平和と両立せず、さまざまな不正によって国内の不和の種になっていると考えられた。そのため、抑圧と暴力を避けるためには、アラゴン大法官に訴えることが最も慎み深い手段であった。


一見してわかるように、ここでは第1節でみたソブラルベ伝承の諸要素を用いて建国の様相が描かれているが、それをつうじて語られているのはアラゴン政体の誕生であった。ここでもギーゼイの分類に依拠するならば、その要点は以下の四点になろう。

(A) 君主権に対する法の先行性と優越性

ギーゼイのいうナバーラ系の要素であった「王よりも先に法が定められた」ことは、この記述でも、すべてに先立つ建国の起点とされている。しかし、教皇や他民族から学んだという法の文言自体が言及されているわけではない。そのためここでいう法とは、具体的な規定をもつ個々の法令ではなく、その源となる慣習法そのものを指しているとみるべきであろう。F・ケルンの用語法を援用するならば、国家が制定し、それゆえに国家が改変しうる実定法・成文法としての法ではなく、国家に先行して存在し、国家の上にあるために国家が改廃することはできないものと観念された慣習法こそ、この伝承でいう法である(25)。このような慣習法の存在がすべてに先立って宣言され、王や、共同体としての王国よりも上位の権威に位置づけられたこと、そしてこの法を尊重することが王の資格のなかでも最重要のものに位置づけられたことが、アラゴン王国の出発点とされているのである。

(B) 王国を代表して王を補佐・掣肘する大貴族

もう一つのナバーラ系要素である「王国が王を選出した」という点は、スリータの記述では、王を選定した武人たちとその子孫であるリコス・オンブレスに王国を代表する権力が認められたことに帰結している。このリコス・オンブレスには、王の同輩たる大貴族としての領地や収入源が与えられ、国政への助言権を認められただけでなく、王の統治はそれに拘束されることが義務づけられている。

(C) 王国による国王選定権

アラゴン系要素の一つである「王国による国王選定権の留保」は、ここでは暴君が出現した場合の規定として述べられている。イニゴ・アリスタが王に選ばれたことで王政が始まったが、もし法を尊重しない暴君が出現した場合には、それに代えて新王を選ぶ権利が認められたとしている。したがって、国王選定権は建国時の一回かぎりのものではなく、王国側が留保し続け、アラゴンという国の源たる慣習法が害された時にふたたび行使されるべきものとされている。ただし、その際に暴君を武力によって放伐する権利が王国に与えられたとまでは記されてはいない。

（D）王国の自由を守るアラゴン大法官

アラゴン系のもう一つの要素である大法官について、スリータも建国時に発祥したものとしている。前述のように実際の大法官が制度化されたのは一三世紀後半のことであるが、一五世紀のセルダン書簡に言及しながら、王よりも先に大法官の職位が定められた可能性すら述べられている。建国と時を同じくして、政体の柱としての大法官が「王国そのものよりも大きな力」、すなわち慣習法にもとづいて設けられ、その後のアラゴン史に存在し続けたものとして描かれている点に注目しておきたい。

以上のように、スリータは『年代記』の冒頭といえる箇所で、アラゴン建国を政体に関わる四つの原則が成立した場面として描いている。これらの原則は、君主と特権身分層の双務的な協約にもとづく統治契約主義の原型をなすものにほかならない。本節でみた記述は、現実にははるか後代に登場するはずの大法官をアラゴンの歴史そのものと同時に生まれたとするなど、スリータにとっての当代の地域政体とそれを律する統治契約主義を認識の出発点として、その起源を建国の時点に求める遡及的な起源論であった。ただし、これはスリータの独創によるものではなく、中世後期に統治契約主義が定着していくのと並行して形成されたソブラルベ伝承にもとづく著述家に共通する歴史の語り方であったといってよい。むしろ、『年代記』でもソブラルベ伝承が踏襲されたことの意義は、このような中世後期以来の歴史的政体論を、ハプスブルク朝の複合君主政の下にある近世アラゴン王国の公的な歴史解釈として確定させた点にあるといえよう。

3　『アラゴン連合王国年代記』に描かれた政体の継承と発展

前節でみたように、スリータはソブラルベ伝承にもとづいてアラゴン建国を叙述した。しかし、そこではまだ統治契約主義の原初的な姿が示されたにすぎない。『年代記』において政体の起源と同様に重視されていたのは、その後の歴史のなかで政体がどのように継承され、発展していったかという点である。この点を明らかにするために、第一にアラゴン王国としての歴史のなかで政体理念が開花していく過程がどのように描かれたか、第二にアラゴン連合王国としての歴史のなかで、複合的な君主政体とアラゴン王国固有の地域政体がどのように両立するものとして描かれたかという、二つの側面に注目したい。

(1)　政体理念の開花過程としてのアラゴン史

前節でみた四つの原則のうち、(A)「君主権に対する法の先行性・優越性」は、アラゴン史が進むにつれ、新王が立つ際、または王太子が諸身分からの承認を受ける際に、王権側が先に国法と特権を尊重することを誓い、それを受けて諸身分も忠誠を誓うという、王位継承儀礼をつうじて確認され、更新されるものとして描かれた。たとえばハイメ二世(一二九一～一三二七年)期についてみると、長男ハイメ王太子の幼少時には王が王太子権限の代行者として、一三一一年には成人した王太子自身が、そして一三一九年にハイメ王太子が王位継承権を返上すると次男アルフォンソが、それぞれ法と特権の尊重を諸身分に誓ったことが強調され、法を尊重することと、それを王国に対して宣誓することが王位継承者の条件として繰り返し記述されている。[26]

また、(B)「王国を代表して王を補佐・掣肘する大貴族」は、(D)「王国の自由を守る大法官」の確立と一体の過程として描かれている。

まず、ソブラルべでイニゴ・アリスタを王に選んだ武人たちの子孫であり、王の同輩とされた大貴族（リコス・オンブレス）についてみよう。『年代記』では、大貴族は世襲領に封じられただけでなく、国王直轄地の都市・城塞における軍役用収入源や裁判支配権が与えられ、国境防備を委ねられたとされている。[27] しかし、封建貴族の伸長を恐れたペドロ二世（一一九六～一二一三年）は領地安堵や年金下賜とひきかえにそれらを回収し、直轄地における裁判権を大法官に一元化して王権の強化を図ったとされている。[28] こうして大貴族の自立的な権力は徐々に後退していったと描かれたが、王権と大貴族の関係の転換点に位置づけられているのが、前述のウニオンの顛末であった。

『年代記』でも、ウニオンに関する事実経過については第一節でみた現代歴史学による記述と大差はないが、興味深いのはそれがどのような意味づけを伴って論じられているかである。スリータは、一二八三年に登場した段階のウニオンは平民の支持を受けていたため、王権に要求を受け入れさせることができたとしている。[29] しかし、一二八七年に暴君廃位権を認めさせた段階になると、ウニオンはもはや王国全体を代表しうるものではなく、各貴族の個別利害にもとづく党派争いの場に堕していたと否定的に描かれている。そしてウニオンは、「王国と、王国の安寧にとって悪をなし、害になるもの」として大法官によっていったん解散させられたと述べられている。[30] 一三四七年に再結成されたウニオンは、一時はペドロ四世を虜囚とするほど王権を追い詰めたが、翌年に国王軍に大敗して、指導者は即刻処刑された。その上でペドロ四世は議会を召集し、最終的なウニオン解体とその特権廃止を宣言した。[31]『年代記』が描くその場面は、特権が記された文書を王がみずから短剣で切り裂き、これによって「自由（libertad）を称するあの行き過ぎと放埓」が王の武力と権威によって退けられたとするものであった。その一方で、ペドロ四世は「公の自由（libertad pública）」の保護者としての大法官の職位を再確認し、ここに「王と王国」の裁定者としての大法官の役割が最終的に確立したとされている。[32]

さて、前節でみたように、スリータはすでに建国時についての叙述でウニオンに言及していた。そこでも、ウニオンは国内の平和を乱す存在とされ、その廃止後には大法官に訴え出ることが思慮深い行為になったとされていた。ここで注意したいのは、貴族の盟約団体であるウニオンの解体によって王の専制がもたらされたのではなく、大法官の地位が確定することによって、建国時に予示されていた政体理念が十全な姿となり、「王と王国」の協約にもとづく統治契約主義が最終的に確立する契機として描かれている点である。というのも、これも前節にあるように、「自由を守るために結集して盟約を結ぶ権利」自体はソブラルベ以来、貴族に認められており、ウニオンを扱った箇所でも貴族の団結権そのものが否定されているわけではない。スリータが非難しているのは、王を諫めるための健全な団結権から逸脱して無用の乱を起こし、王国全体のことを顧みない個々の貴族利害の場になってしまったと描かれた、ウニオンという個別の事象である。このようなウニオンへの否定的な評価とは、王国を代表する大貴族による王の補佐と掣肘や、それへの王の被拘束性という、建国から続く政体理念そのものの否定ではなく、むしろそれから逸脱して公共善を乱す存在に対するものであった。したがって、ウニオン解体はソブラルベで予示された「王と王国」のあるべき姿への回帰として描かれることになったのである。

このように語られるべきアラゴン史のなかで、象徴的な意味を与えられたのが大法官であった。『年代記』では、大法官は建国以来、王と大貴族による審議にもとづいて判決を下す裁判官とされ、国王裁判権を統括する立場にあったと描かれている。[33]しかし、理念的には大法官は「王と王国」の中間に位置すべき者であり、一方では不当に王へ反抗する貴族への説諭や財産没収によって王政の秩序を守りつつ、他方では王やその役人による抑圧から臣民を守るための保護手続を執行できる存在として描かれている。このような大法官は、アラゴン王国を暴政や無秩序から守るために「アラゴン人の心のなかに、ほとんど神が定め給うた法として広く受け入れられてい

た」とスリータは表現している。(34)

そして(C)「王国による国王選定権」についても、これを王国側が濫用することは戒められ、選挙王政の可能性として記述されることもない。むしろスリータは、初代イニゴ・アリスタ以来の血統を前提とし、アラゴンが世襲王政であることを自明の前提として論を進めていく。そのため国王選定の事例として言及されているのは、初代イニゴ・アリスタ、第一〇代ラミーロ二世（一一三四～三七年）、第二二代フェルナンド一世（一四一二～一六年）の選出のみである。たとえばラミーロ二世の場合は、子がいなかった兄アルフォンソ一世（一一〇四～三四年）が宗教騎士団に王国を遺贈するとしたため、大貴族が協議して僧籍に入っていた王弟ラミーロを王に選び、王朝を存続させることで王国の解体を防いだとされている。(35)

国王選定権の行使についてより詳細に論じられているのは、マルティン一世（一三九六～一四一〇年）の後継者を選ぶために一四一二年に開かれたカスペ会議の記述である。それによると、王が不在になったアラゴン王国ではサラゴーサ大司教や大法官らが自由を守る防壁とみなされていた。(36)この大法官らが推薦したアラゴン、カタルーニャ、バレンシア三国を代表する国王選定人九名が議論した結果、カスティーリャ摂政フェルナンド（マルティン一世の甥）が選出された。このカスペ会議では、対立候補だったカタルーニャ大貴族ウルジェイ伯は暴政に傾く人物と結論づけられ、カスティーリャ王国で統治の経験を積んでいたフェルナンドこそ、血統からも能力からも「国家（república）の正当な継承者」だとみなされたとし、新王の条件として暴政に陥らない政治的な資質が強調されている。(37)このように『年代記』のなかで描かれた国王選定権とは、平時には世襲王政の下で潜在して表面化することはないが、王朝の断絶によって王国が暴政に呑み込まれる危機が生じると、公共善を維持するために共同体としての王国によって思慮深く行使されるべきものとされていた。

以上のようにスリータは、アラゴン王国史をソブラルベで生まれた四つの政体理念が十全に開花していく過程として示した。それは、建国時に予示された統治契約主義の原理が具体的な制度や慣行、あるいは非常時の決断として結晶化していく過程であったといえる。

（2）　政体理念としての諸王国不分割

さてアラゴン王国は、一一三七年に生後間もない王位継承者ペトロニーラ（一一三七～六二年）とバルセローナ伯ラモン・バランゲー四世の婚姻が結ばれると、カタルーニャとともにアラゴン連合王国を形成した。これ以降、この同君連合は中世には一度も解消されることはなく、相続または征服の結果としてマジョルカ、バレンシア、サルデーニャ、シチリア、ナポリの諸王国を連合に加えていった。このような複合的な君主政体の姿が常態化した一四世紀以降についての『年代記』の記述になると、アラゴンを他の諸王国から分離しないこと、または、王権を象徴する王冠（corona real）とアラゴンを含めた諸王国との結びつきを解かないことが、アラゴン王国の正当な君主としての要件に追加されていった。

まず、ハイメ二世が一三一九年にアラゴン、カタルーニャ、バレンシア三国を王冠から分離しないことを決定していたが、その子アルフォンソ四世（一三二七～三六年）はさらにマジョルカとロセリョンも王冠と不可分であることを定め、新王がその遵守を誓うまでは各国の諸身分は忠誠誓約をしてはならないとした。王はこれを記した証書を四通作成し、王家と、アラゴン、カタルーニャ、バレンシアの各王国がそれぞれ保管することを命じた。[38] 次代のペドロ四世もアラゴン、カタルーニャ、バレンシア三国とマジョルカ、メノルカ、イビーサ、ロセリョン、サルデーニャ等の諸地域を永久に結びつけることを命じ、これら諸王国はアラゴン王冠（corona de Aragón）から分離できないと定めたと論じられている。[39]

これにより、アラゴン王国の君主として即位する際にも、アラゴン王国の国法と特権の尊重だけでなく、連合王国を構成する諸王国の不分割の遵守が、対になって王の宣誓内容になったと描かれている。例として、マルティン一世即位時の記述をみよう。サラゴーサ大聖堂でアラゴン諸身分を前にした王は、大法官にアラゴン王国の特権尊重と諸王国の不分割を誓い、ソブラルベでの建国から当代にいたるまでアラゴン王の勝利をもたらしたのは軍勢の力ではなく臣下の忠誠心であったと述べた。そしてマルティン一世が臣下の協力を要請し、その後に諸身分も王に忠誠を誓ったことが記述されており、諸王国不分割原則がアラゴン政体理念として統治契約主義と一体化して描かれるようになったことがわかる。[40] この慣行はトラスタマラ朝にも受け継がれたとされ、たとえばファン二世（一四五八～七九年）は大法官から諸王国不分割の誓約を勧められ、シチリアとサルデーニャを「アラゴン王国と王冠」に永久に結びつけることを誓ったという。[41] なお、『年代記』の末尾であるグラナダ攻略に関しても、フェルナンド二世の功績は異教徒との戦いに勝利したこと以上に、アラゴン連合王国を構成する諸王国とカスティーリャ王国の共同事業をイサベル女王と遂行することによって、「スペイン諸王国（reinos de España）に大いなる団結をもたらした」ことであると論じられている。[42]

このように、『年代記』では対象が後代になるにしたがって、諸王国不分割の原則がいわば第五の政体理念として加わってくる。ただし、他の四つがアラゴン建国時における「王と王国」の協約を起源としているのに対して、諸王国が結びつく根拠はソブラルベ伝承にはなく、あくまで同じ王を戴いているからにすぎない。スリータ自身は諸王国を分割してはならない論拠として、分割相続された場合には騒乱が生じて「公益（beneficio universal）」が損なわれることを挙げているが、[43] 諸王国の一括相続という王朝的な原理にもとづく第五の理念は、アラゴン固有の政体原理にもとづく他の四つの理念とは性質が異なる。そのため、諸王国不分割の論拠については地域政体にもとづく解説が行われることはなく、王位継承に関わる王朝側からの誓約という形で言及されるものの、他の理念との間に論理的なつながりがあるとはいいがたい。

それにもかかわらず、『年代記』という歴史叙述のなかでこれらが一体のものとして論じられているのは、海洋勢力として雄飛するカタルーニャが主導するアラゴン連合王国のなかでのアラゴン政体の固有性を主張するためには、王朝によってもたらされた他の諸王国との一体性を肯定しつつそれをアラゴン王国としての政体理念に取り込むことで、複合的な君主政体という全体秩序に地域政体を適合させる論述が必要であったためといえるだろう。このように、一方では建国時に創出された固有の地域政体が具体的な歴史のなかで継承・発展され、他方ではそれが全体秩序に適合しながらも独自性を失わないことを示すことこそ、スリータの『年代記』における歴史的政体論が果たした役割であった。

4　アラゴン歴史的政体論とスペイン複合君主政

（1）『アラゴン王国要覧』における歴史的政体論

では、スリータの後任となったブランカス修史官が一五八八年に出版した『要覧』では、どのような歴史的政体論が展開されたのであろうか。この書物は、年代順の記述にこだわらず、政体の由緒を解説する体裁をとり、一六世紀後半の同時代状況をより明確に反映した叙述がみられる書物だった。

まず、政体の創出からみよう。『要覧』もソブラルベ伝承を踏襲しているが、『年代記』と異なるのは、アラゴン人とナバーラ人にとっての最初の王朝ヒメーノ朝が八六八年に断絶した後にイニゴ・アリスタが王に選ばれたとしている点である。またブランカスは、その国王選出も次のように描き、アラゴンの独自性を際立たせている。(44)

まず、ヒメーノ朝断絶によってイスラーム教徒に劣勢になったナバーラ人は、狼狽してイニゴ・アリスタを推速に自分たちの王（パンプローナ王）に選び、生命と財産を無制限に委ねてしまった。一方、アラゴン人はより思慮深く、まず政体の優劣を熟考し、王の力が突出する形の王政では抑圧が生じる恐れがあり、貴族政も大貴族による寡頭政に転落する危険性があると考えた。そのため、軍事のためには王が不可欠だが、それが暴政に堕することを抑止する制度が必要だと考えたアラゴン人たちは、教皇とランゴバルド人に使者を送り、まず法を定め、それを尊重する王を選ぶべきだという助言を得た。するとアラゴン人は法を定め、王が法を侵害することがないように「ソブラルベのフエロス」を取り決めて、パンプローナ王イニゴ・アリスタにそれを認めさせた上で自分たちの王（ソブラルベ王）に推戴した、とブランカスは論じ、古のアラゴン人の政治的な賢慮を称えている。

この「ソブラルベのフエロス」としては、アラゴン人がまず定めた五つの規定が挙げられている。[45] (1)王は平和と公正のうちに王国を治め、より良い法と特権を王国に与えること。(2)戦利品は大貴族だけでなく、騎士や郷士とも分かち合うこと。(3)臣下の同意なき立法は無効であること。(4)大貴族の同意なしに国事を王の独断で決定してはならないこと。(5)「王と王国」の裁定者たる裁判官を設け、国家（レスプブリカ）を害する行為はこの裁判官に訴えること。これらを了承したイニゴ・アリスタはさらに、(6)もし王が法を破った場合には、臣下には新王を選ぶ権利があり、その王は異教徒であっても構わないこと、という規定を追加した。これらの「ソブラルベのフエロス」によって、アラゴンでは「王に先立って法が存在した（hubo leyes antes que reyes）」という観念が定着した、と結論づけられている。[46]

以上のようにブランカスも、ソブラルベでイニゴ・アリスタを王に選んだ時にアラゴン政体の礎が確立したという意味では、ソブラルベ伝承にもとづいて建国を語っている。『要覧』では、政体理念のなかでもとくに王国による国王選定権が重視され、アラゴン史で四回生じた空位時代を解消するため、アラゴン人は法、自由、特権を守るために選定権を行使し、そのつど政体を遵守する君主を選んだとされている。[47] そのため、王朝の断絶はかならずしも否定的には描かれず、むしろ王朝交代を乗り越えて政体が維持されてきたことが、アラゴン王国の歴史的連続性の証とされている。

またブランカスは、建国時には王政とともに、大貴族、ウニオン、大法官の三者が定められたとしており、ウニオンも含める点で『年代記』とは異なっている。『要覧』では、大貴族は王の重臣として、ウニオンは軍事の担い手として、大法官は裁判を司る文官として、「祖国の自由」を守る城壁であり、王を補佐すると同時に掣肘もするとされている。これら三者が王権を制約する一方で、王も賢慮をもって統治し、王国の自由を保つことこそ、アラゴン本来の姿であるとされた。しかし、一二世紀前半から大貴族とウニオンが力をつけて王権と対立すると、大法官は後景に退いた。この対立が一四世紀半ばのウニオン解体をもって解消されると、大法官は「鞘に収められていた剣がふたたび抜き出されたように」アラゴン政体の中心的な存在になり、「王と王国」の均衡を保つ役割を果たすようになった、というのがブランカスのアラゴン史解釈であった(48)。

以上のように、『要覧』は細部では『年代記』と異同があるものの、歴史的政体論としての大枠は共通しているといってよい。そしてブランカスは、建国以来の政体理念を守ってきたアラゴン王国が、当代のフェリーペ二世が統べるスペイン君主国のなかでどのような地位を占めるべきか、歴史的な観点から次のように論じている(49)。

いったんはアラブ人の軛に屈したが、あの忌まわしい隷従の波を逃れたキリスト教徒たちはさまざまな土地で異なった諸王国を建て始めた。諸王国がみな同じ起源を共有していたわけではないので、同じ政体であるわけでも、同じ道を歩んだわけでもない。同じ状態でもなく、常に同じ結果になるわけでもない。そのため、今日ではすべての諸王国が結びつき、不敗を誇る我らのフェリーペ王お一人の意志によって治められているとはいえ、各王国は数世紀前に得たそれぞれの古き法を維持しており、その法は他の諸王国の法とは何ら共通するものではないのである。私たちの考えでは、何世紀も前から我らの君主による王令に記された夥しい数の称号の起源はこのようなことである。これは、一見するとひけらかしや虚栄心の故のようにみえるかもしれないが、すべての諸王国を同じものとして考えてはならないということをはっきりと理解させるためのものであった。

ここでは、独自の政体をもつという歴史的固有性はアラゴンだけのものではなく、イベリア諸王国すべてに該当するとされている。一五八〇年にフェリーペ二世がポルトガル王位も継承したことによって、西ゴート王国滅亡以降初めて、一人の君主が全イベリアを統治するようになっていた。しかし、各王国は中世におけるそれぞれの歴史過程の帰結として独自の政体を有しているのであり、法によって象徴される地域政体は、アラゴンだけでなく、どの王国のものであっても尊重されるべきだと強調されている。ブランカスはこう論じた後で、そのような諸王国のなかでも、ペラーヨの下でゴートの支配権を再興したアストゥリアス王国（それを継承するカスティーリャ王国）とならんで、ソブラルベ王国、すなわち後のアラゴン王国が重要な地位を占めるとしているが、原理的にはどの王国の政体も尊重されるべきという議論を展開している。いわば、エリオットがソロルサノの表現を用いて「等しく重要なもの同士の（aeque principaliter）」合同と呼んだ複合君主政の統合原理を、地域側からみた認識だといえよう。[50] スリータはアラゴン連合王国の複合的な君主政体とそのなかでのアラゴン王国の固有性を両立させる歴史叙述を行ったが、ブランカスもまた、諸王国すべてに政体としての対等な価値を認めることによって、スペイン複合君主政という一六世紀後半における全体秩序とそのなかでのアラゴン地域政体の歴史的固有性を両立させようとしたのである。

（2）複合君主政のなかの歴史的政体論

このようなアラゴンの歴史的政体論の特徴は、王権が宣布しようとした歴史解釈と対比させることで、より明確になる。別稿で論じたように『スペイン総合年代記』では、カトリック改宗を決断したゴート王レカレドの末裔がアストゥリアス、カスティーリャ、そしてスペイン王家として続いているという、王朝の来歴が主題になっていた。それは、一方ではカスティーリャ王国を財政的な支柱として、他方ではカトリック信仰を統合原理として、スペイン君主国を率いるハプスブルク王朝が必要とした歴史解釈であった。

それに対して、アラゴンの歴史的政体論で重視されたのはあくまでアラゴン王国としての政体の正統性であり、その根源は、統治契約主義という理念が建国以来、一貫して地域政体を支え続けてきた点に求められた。このような議論のなかでは、王朝の血統的な連続性は副次的な意味しかもてない。『年代記』でも『要覧』でも、アラゴン王家の祖とされたイニゴ・アリスタの出自についてすら、ピレネー北麓のビゴール出身だとされているだけで、血統の説明はない。彼が王に選ばれた理由も、異教徒と戦うための武勇と采配、そして何よりも法を尊重する統治姿勢に求められ、ゴート王家の血筋が主張されるわけでも、宗教的な資質が強調されるわけでもなく、世俗的な政体の庇護者として描かれているにすぎない。

では、このようなアラゴン側の論理が王権側のそれと対立するものだったかといえば、それは正しくない。アラゴンの歴史的政体論では、固有の政体とそれを律する統治契約主義の起点が建国時における慣習法の宣言に求められているため、西ゴート王国との連続性を必要としない論理になっていたからである。このように拠って立つ論理が異なっていたアラゴンの歴史的政体論とスペイン王権の王朝的起源論は、対立しあう歴史解釈ではなかった。むしろ『年代記』では、ゴート王族のペラーヨが建てたアストゥリアス王国からカスティーリャ王国にいたる王朝が「ゴート人の王レカレドの血筋から生まれた」ものであると明言されているように、アラゴンからみれば両者は矛盾なく共存するものであった[51]。

ただし、第1章での議論との関連でいえば、スリータとブランカスはアラゴン王国をそれ自体で完結する制度的な実体をもった政治社会として論じる一方で、アラゴン連合王国またはスペイン君主国はあくまで共通する王への忠誠のみを紐帯とする諸王国の複合体としてしか描いていない点には注意が必要であろう。両修史官とも諸王国の結びつきは強調しているものの、アラゴン王国がその一部をなしていた複合的な君主政体を実質のある政治社会とは描いていないのである。ここに、アラゴン側からみた複合君主政とそのなかにおけるみずからの地位についての認識を読み解くことができよう。

その一方で、王権にとってはアラゴンの歴史的政体論はどのような意味をもっていたのであろうか。本章で検討してきたように、そのなかで希求された君主像とは、王国による補佐と掣肘を受け入れながら、暴政に陥らないようにみずからを律し、慣習法が象徴する公共善を政治的賢慮によって守るという、統治契約主義から導き出されたきわめて世俗的な王の姿であった。しかしこの論でもう一つ強調されていたのは、このような理想的な君主に対して、国王選定権を留保していた王国側も世襲王朝の継続を求め、忠誠を誓約することこそ、「王と王国」のあるべき中庸的な姿だとされていた点であった。アラゴンの歴史的政体論の目的はあくまで政体の正統性を主張することであったが、政体の理想像が語られた結果として、王権と特権身分層が共有すべき規範が示されたのである。このような双務的な規範が共有されている状態こそ、複合的なスペイン君主国を率いる王権がアラゴン王国という政治社会との間で「交渉」を平時において安定的に展開していく上で、欠くことのできない政治的な前提であった。この意味においてアラゴンの歴史的政体論は、みずからの政治社会としての固有性や完結性を主張しつつも、複合君主政という近世スペインの全体秩序との親和性も高い言説であったといえる。

おわりに

本章でみてきたように、一六世紀後半のアラゴンでは独自の修史官職が設けられ、公的な歴史編纂が行われた。そのなかでは、中世後期に形成されていたソブラルベ伝承に依拠した建国の物語やその後のアラゴン史の叙述をつうじて、歴史的政体論が展開された。その柱になっていた主張は、統治契約主義という政体理念が王国の誕生とともに創出されたこと、その理念が歴史のなかで制度や慣行に結晶化していったこと、そしてアラゴン固有の政体はそれ自体での完結性をもちながらも複合的な君主政体と両立しうること、という三点であった。

しかしこのような調和的な言説は、その反転した姿において、「王と王国」の間の秩序が危機に瀕する可能性をも指し示している。ソブラルベ伝承で語られ、政体理念のなかにも埋め込まれていたように、「王と王国」の関係が破綻するとすれば、暴君が出現する時であった。ここでいう暴君とは、法という語によって象徴される政体を害する者として、政治社会を代表する特権身分層の観点から描かれていた点に注意したい。エリオットの問題意識に立ち戻るならば、歴史的政体論で希求された理想像が反転した状態が現出したと特権身分層が判断した時こそ、特権身分層との「同盟」にもとづくスペイン王権によるアラゴン統治が危機を迎える局面だといえよう。一七〇七年に反ブルボン王朝で挙兵したアラゴン王国の決定はその極端な例であった。

この意味で注目されるのは、『年代記』や『要覧』がアラゴン王国修史官によって著されたフェリーペ二世の治世には、現実の政治としてみると、王権とアラゴン政治社会の間での緊張が断続的に続いていた点である。宮廷がマドリードに固定された一五六一年以降、カスティーリャ以外では君主の不在が常態化していった。アラゴンでも、カルロス一世が議会を六回召集したのに対し（一五一八、二八、三三、四二、四七、五三年）、フェリーペ二世は三回（一五六三、八五、九二年）しか開かず、うち一回はサラゴーサ暴動の処理のためだった。その一方で、王権はアラゴン政体の枠外において実質的な統治体系の構築を試みていった。ガスコン・ペレスが指摘するように、地域政体の裁判権体系と対立する異端審問所もその一つであるが、副王の人選に関して地域政体の制約を外そうとした動きも重要であった(52)。

カルロス一世が一五三五年にカスティーリャ貴族アルブルケルケ公をアラゴン副王に起用した際には大きな問題は生じなかったが、議会の開催が減るなかで、フェリーペ二世は副王指名に関して二回の紛糾を経験した。まず、摂政の立場から一五五四年にアラゴン副王に任命したカスティーリャ貴族メリト伯は、もっぱら宮廷のアラゴン顧問会議からの指令にもとづいて執政したため、一五五〇年代後半に常設代表部と対立した。その後、一五六六年に王家傍流のサラゴーサ大司教フェルナンド・デ・アラゴンが、一五七五年にはアラゴン貴族サスタゴ伯が副王に起用されて対立は静まったものの、一五八八年にはカスティーリャ貴族アルメナーラ侯が指名されたことで、常設代表部との対立が再燃した。この時もアラゴン貴族家門の出であったテルエル司教の起用によって沈静化が図られたが、「外国人」の任命が禁じられていると認識されていた副王にカスティーリャ貴族を据えて介入を強めようとする王権への反発がサラゴーサ暴動の背景にはあったのである。そして、一五九二年の議会では次の召集までの自由な副王任命が王権に認められ、この権利は一七世紀に更新を重ねていくのである。

このように考えると、一六世紀後半のアラゴン特権身分層は基本的には統治契約主義を堅持し、王権は彼らが代表する政治社会との「交渉」を余儀なくされていたとはいえ、それは王権が政治社会のなかを「統御」しようとする圧力がなかったことを意味しているわけではないことがわかる。『年代記』と『要覧』をつうじて地域政体の固有性が主張され、暴君に堕することのない理想的な君主像が追い求められたことの意味は、現実政治における王権とアラゴン政治社会との断続的あるいは潜在的な緊張のなかで考察する必要があるだろう。サラゴーサ暴動が早期に終息したとしても、その直後に、歴代王が守ってきた法と政体を侵害する暴君としてフェリーペ二世を非難する冊子がみられたことは、このような緊張状態の傍証となる。[53] むしろ、王権と政治社会との「交渉」を外交にも似た不断の緊張感を伴うものと考える複合君主政論の視点からすれば、歴史的政体論が描く理想像には現実の王権への批判としての側面もあったと考えるべきであろう。

したがって、歴史的政体論がどのような内的な論理によって成り立っていたかという言説分析と、それが複合的な君主政体という外的な布置関係のなかでどのような意味をもっていたかという考察を組み合わせることによって、スペイン複合君主政のなかのアラゴン王国に関する分析はより立体的なものになっていくだろう。

注

（1）Elliott, John Huxtable, "A Europe of Composite Monarchies", *Past and Present*, 137, 1992, pp. 48-71.〔ジョン・H・エリオット、内村俊太訳「複合君主政のヨーロッパ」（古谷大輔・近藤和彦編『礫岩のようなヨーロッパ』山川出版社、二〇一六年）、五五〜七八頁〕。

（2）もっとも重要な論文として、Idem, "Revolution and Continuity in Early Modern Europe", *Past and Present*, 42, 1969, pp. 35-56.

（3）以下、Reino de Aragón は「アラゴン王国」または「アラゴン」と表記し、Corona de Aragón は「アラゴン連合王国」とすることで、両者の区別を明確にしたい。

（4）本章でも第1章と同じく、政治社会（political society）という分析概念を以下の捉え方にもとづいて用いる。「二項対立的な「国家と社会」という分析枠を超えて、政治上のコードを共有し、そのなかで演じ、応じる政治の作法をその歴史社会に固有の政治文化（political culture）と定義するなら、その事が起きている場＝空間、およびその演者・観客たる人間集団をいいあらわす概念が政治社会（political society）である」〔千葉敏之「準えられる王」（近藤和彦編『歴史的ヨーロッパの政

治社会』山川出版社、二〇〇八年）、二七頁）。

（5）エリオット前掲論文、五九頁。

（6）Kagan, Richard L., *Clio and the Crown. The Politics of History in Medieval and Early Modern Spain*, Baltimore: Johns Hopkins University Press, 2009.

（7）内村俊太「一六世紀スペインにおける王権の歴史意識――『スペイン総合年代記』をてがかりとして」（『西洋史学』二四〇号、二〇一一年）、三六～五二頁。また、王権による修史事業の見取り図としては、同「一六世紀スペインにおける修史事業」（『上智大学外国語学部紀要』五〇号、二〇一五年）、二〇一～二二六頁。

（8）歴代のアラゴン王国修史官は以下の一四名（括弧内は在任期間）。ヘロニモ・スリータ（一五四八～八〇）、ヘロニモ・ブランカス（一五八一～九〇）、ファン・コスタ（一五九〇～九七）、ヘロニモ・マルテル（一五九七～一六〇八）、ルペルシオ・レオナルド・デ・アルヘンソーラ（一六〇八～一三）、バルトロメ・リョレンテ（一六一三～一四）、バルトロメ・レオナルド・デ・アルヘンソーラ（一六一五～三一）、フランシスコ・ヒメネス・デ・ウレア（一六三一～四七）、ファン・アンドレス・デ・ウスタロス（一六四七～五三）、フランシスコ・ディエゴ・デ・サヤス（一六五三～六九）、ファン・ホセ・ポルテル（一六六九～七七）、ディエゴ・ホセ・ドルメル（一六七七～一七〇三）、ホセ・ルペルシオ・パンサーノ（一七〇三～〇五）、ペドロ・ミゲル・デ・サンペル（一七〇五～〇九）。なお、初代スリータはカスティーリャ王国のアルカラ・デ・エナレス大学で学び、後に国王修史官となるアンブロシオ・デ・モラレスやファン・パエス・デ・カストロと親交をもち、フェリーペ二世からも『アラゴン連合王国年代記』が評価されて厚遇された。それに対して、ブランカス以降はアラゴン内で学問形成をとげた知識人がほとんどである。歴代のアラゴン王国修史官については、Canellas López, Ángel, “El historiador Jerónimo Zurita”, VV. AA., *Jerónimo Zurita. Su época y su escuela*, Zaragoza: Institución Fernando el Católico, 1986, pp. 7-22; Solano, Fernando, “La escuela de Jerónimo Zurita”, *Ibid.*, pp. 23-53; Redondo Veintemillas, Guillermo, “Jerónimo Zurita, primer cronista oficial de Aragón（1512-1580）”, *Jerónimo Zurita*, 88, 2013, pp. 11-46; Solano Camón, Enrique, “Los últimos cronistas de Aragón: una construcción literaria entre la permanencia y el cambio”, *Jerónimo Zurita*, 88, 2013, pp. 145-170. また、アラゴン自治州の文書館・図書館ネットワークによるサイトも有用である（http://dara.aragon.es/opac/apjz/index.html　最終閲覧日二〇一七年五月三〇日）。

(9) Zurita, Jerónimo, *Anales de la Corona de Aragón*, edición por Canellas López, Ángel, 8 tomos, Zaragoza: Institución Fernando el Católico, 1967-1985. 以下、たんに『年代記』とある場合は『アラゴン連合王国年代記』のこととする。

(10) Blancas, Jerónimo, *Comentarios de las cosas de Aragón*, traducción por Hernández, Manuel, Zaragoza: Diputación Provincial de Zaragoza, 1872. 以下、『要覧』と略記する。

(11) Lalinde Abadía, Jesús, *Los fueros de Aragón*, Zaragoza: Librería General, 1979; Idem, "El pactismo en los reinos de Aragón y de Valencia", VV. AA., *El pactismo en la historia de España,* Madrid: Instituto de España, 1980, pp. 113-139.

(12) ウニオンの事実関係について、Álvarez Palenzuera, Vicente Ángel (coord.), *Historia de España de la Edad Media,* Barcelona: Ariel, 2002, pp. 614-617 y 640-642.

(13) Lalinde Abadía, *op. cit.*, "El pactismo", pp. 128-132.

(14) 制度史的な概観として、VV. AA., *Historia de Aragón,* vol. 1, Zaragoza: Institución Fernando el Católico, 1989; Corona Marzol, María Carmen, "Las instituciones políticas en la Corona de Aragón desde sus orígenes al reinado de Carlos II", *Millas. Espai i historia*, 32, 2009, pp. 97-122; Gascón Pérez, Jesús, "¿Estado moderno y viejas instituciones? La ‹república aragonesa› en el contexto de la formación de la Monarquía Hispánica", Colás Latorre, Gregorio (coord.), *Fueros e instituciones de Aragón*, Zaragoza: Mira Editores, 2013, pp. 115-154.

(15) Solano Camón, Enrique, "La institución virreinal en Aragón durante la Edad Moderna", Cardim, Pedro y Palos, Joan-Lluis (eds.), *El mundo de los virreyes en las monarquías de España y Portugal,* Madrid: Iberoamericana, 2012, pp. 149-174; Idem, "La institución virreinal en Aragón", Colás Latorre (coord.), *op. cit.*, pp. 155-189.

(16) Gascón Pérez, Jesús, "El Aragón del siglo XVI y la rebelión de 1591", *Aragón en la monarquía de Felipe II,* t. II, Zaragoza: Rolde de Estudios Aragoneses, 2007, pp. 129-167.

(17) Lalinde Abadía, *op.cit., Los fueros de Aragón*, pp. 120-121. 議会各部会の成立要件を全員出席から過半数出席に緩和、部会決議要件を全会一致から多数決に変更、国王による大法官罷免権を承認、次回会期まで国王に自由な副王任命権を承認、など。

(18) Colás Latorre, Gregorio, *La Corona de Aragón en la Edad Moderna,* Madrid: Arco Libros, 1998; エリオット前掲論文、六五〜六六頁。Gil Pujol, Xavier, "Crown and Cortes in Early Modern Aragon: Reassessing Revisionisms", *Parliaments,*

Estates and Representation, 13-2, 1993, pp. 109-122; Gascón Pérez, Jesús, "Aragón y la Monarquía de los Austria", *op. cit., Aragón en la monarquía de Felipe II,* t. II, pp, 11-32.

（19） Gil Pujol, Xavier, "Aragonese Constitutiolism and Habsburg Rule: the Varying Meanings of Liberty", Kagan, Richard L. and Parker, Geoffrey（eds.）, *Spain, Europe and the Atlantic World*, Cambridge: Cambridge University Press, 1995, pp. 160-187; Gascón Pérez, Jesús, "El reino de Aragón a principios del siglo XVII", Martínez Millán, José（coord.）, *La monarquía de Felipe III*, vol. 4, Madrid: Fundación Mapfre, Instituto de Cultura, 2008, pp. 173-195.

（20） Giesey, Ralph E., *If not, not. The Oath of the Aragonese and Legendary Laws of Sobrarbe*, Princeton: Princeton University Press, 1968.

（21） *Ibid.*, pp. 34-57.

（22） *Ibid.*, pp. 70-101.

（23） 西ゴート王国滅亡後、ピレネー西部ではフランク族の伯が任命されていたが、八〇九年、アスナル・ガリンデス一世（八〇九〜二〇年）に始まる土着のアラゴン伯家が成立した。一〇世紀前半にはアラゴン女伯アンドレゴート（九二二〜四三年）とナバーラ王ガルシア・サンチェス一世（九二五〜七〇年）の婚姻によって同君連合が成立するが、両国はその後も連合と分離を繰り返すことになる（Domínguez Ortiz, Antonio, Tuñón de Lara, Manuel y Valdeón Barque, Julio, *Historia de España*, Valladolid; Labor, 1991, pp. 94-96; Tusell, Javier（dir.）, *Historia de España,* Madrid: Ámbito, 1998, pp. 86-88）。

（24） Zurita, *op. cit.*, t. 1, pp. 6-11.

（25） フリッツ・ケルン（世良晃志郎訳）『中世の法と国制』創文社、一九六八年。

（26） Zurita, *op. cit.*, t. 2, p. 615 y p. 742; t. 3, p. 133.

（27） *Ibid.*, t. 1, p. 78.

（28） *Ibid.*, t. 1, pp. 350-351.

（29） *Ibid.*, t. 2, pp. 138-141.

（30） *Ibid.*, t. 2, pp. 335-338.

（31） *Ibid.*, t. 4, pp. 36-41, 68-69 y 91-150.

（32）*Ibid.*, t. 4, pp. 155-157.
（33）*Ibid.*, t.1, pp. 351-352.
（34）*Ibid.*, t. 4, pp. 702-704.
（35）*Ibid.*, t. 1, pp. 170-172.
（36）*Ibid.*, t. 5, p. 167.
（37）*Ibid.*, t. 5, pp. 286-287.
（38）*Ibid.*, t. 3, pp. 315-316.
（39）*Ibid.*, t. 3, pp. 576-577.
（40）*Ibid.*, t. 4, pp. 831-832.
（41）*Ibid.*, t. 7, pp. 278-279.
（42）*Ibid.*, t. 8, p. 604.
（43）*Ibid.*, t. 3, p. 315. たとえば、ハイメ一世（一二一三〜七六年）の死後、長男アラゴン王ペドロ三世はアラゴン、カタルーニャ、バレンシア等を、次男マジョルカ王ハイメ（ジャウマ）二世は島嶼部と北カタルーニャの諸地域を相続し、教皇やフランスを巻き込んで争ったことが言及されている。
（44）Blancas, *op. cit.*, pp. 37-41 y 263-277.
（45）ブランカスが論じた「ソブラルベのフエロス」についてはギーゼイの研究に加えて、Colás Latorre, Gregorio, "Jerónimo Blancas y los fueros de Sobrarbe", *Jerónimo Zurita*, 88, 2013, pp. 81-115.
（46）Blancas, *op. cit.*, p. 41. なおこの観念は、一五五二年に出版されたアラゴン王国法令集の序文でも、ゴートの後継者であるペラーヨからの助力なしにアラゴン人が独力で法とソブラルベのフエロスをまず定めたことが述べられ、「アラゴンでは王よりも先にまず法があった」と宣言されている。Savall, Pascual y Penén, Santiago (eds.), *Fueros, observancias y actos de Corte del reino de Aragón*, Zaragoza: Castro y Bosque, 1866, pp. III-VI.
（47）Blancas, *op. cit.*, pp. 74-77, 137-138 y 201-229.『要覧』ではヒメーノ朝断絶時、イニゴ・アリスタの孫フォルトゥン二世が修道士になるために退位した時、アルフォンソ一世の戦死時、マルティン一世の死去時に空位時代が生じたとされている。

(48) *Ibid.*, pp. 267-278.
(49) *Ibid.*, p. 262.
(50) エリオット前掲論文、五九頁。
(51) Zurita, *op. cit.*, t. 1, p. 11.
(52) Gascón Pérez, Jesús, “Los fundamentos del constitucionalismo aragonés”, *Manuscrits*, 17, 1999, pp. 253-275.
(53) Idem, “Felipe II, príncipe y tirano en el Aragón del siglo XVII”, *op. cit.*, *Aragón en la monarquía de Felipe II*, t. II, pp. 89-127.

第3章

スペイン複合君主政体下のポルトガルと新キリスト教徒

久木正雄

Tom. XV.
Maniera di bruciare quelli che furono condannati dalla Inquisizione

はじめに

一五八〇年、スペイン君主国（Monarquía Hispánica）はポルトガル王国（Reino de Portugal）を編入した（以下、国名は原則として「スペイン」、「ポルトガル」とのみ記す。ただし、諸領域を包摂するスペインの帝国としての側面を強調する際には「スペイン君主国」の表現を用いるものとする）。この編入は、ポルトガルの王位を廃することなく存続させた上で、スペイン国王がこれを兼任する同君連合として成立し、一六四〇年に始まる独立反乱までの六〇年間に及んだ。すなわち、スペイン国王フェリーペ二世がポルトガル国王フィリーペ一世として即位し、その後もフェリーペ三世はフィリーペ二世として、フェリーペ四世はフィリーペ三世として、ハプスブルク家によるポルトガル王位の継承がなされたのである（以下、国王名はスペイン国王としての呼称のみを記す）。この六〇年間は、ポルトガルが領有していた海外版図をも手にしたスペインにとって、「太陽の沈むことなき帝国」を体現する時代であった。他方、かつてのポルトガルでの歴史教育においてはこの時代は等閑視され、同国の歴史学界においても研究上の空白が生じていた。一九世紀のロマン主義史観に基づいてサラザール体制下で正史とされたナショナリズム史観からすれば、スペインによるポルトガル編入は、建国以来つねに独立を保ってきたはずの自国が外国から被った侵略と抑圧に他ならず、独立反乱もまた、民族的抵抗の象徴として以上の意味をもたなかったのである。[(1)] このような歴史観は民主化後も長く尾を引いたが、一九八〇年代以降の国外の歴史学界との交流を推進力として実証研究が進展し、今日ではP・カルディンらの手によって、編入期のポルトガルがイベリア史あるいは海外版図を含む帝国史における主体的な参与者として捉え直されている。[(2)] そこにはポルトガル人研究者やスペイン人研究者のみならず、J・F・ショブのような外国人研究者の寄与も大きい。[(3)] J・H・エリオットの「複合君主政体」論もまた、この中で重要な位置を占めていると言えるだろう。近世国家とそこに包摂された諸領域との関係を、両者の交渉と契約に基づく動態的な関係として捉える視点は、支配と従属という静態的な歴史観を解体しうるものだからである(4)。

こういった潮流の中で、編入期のポルトガルにおける諸制度をスペイン君主国の統治技法との関係において個々に見直す試みがなされており、異端審問制に関しても例外ではない。ポルトガル異端審問制とスペイン異端審問制は、両国の近世史研究における主要なテーマの一つであるが、F・ベタンクールはこれら二つの異端審問制とローマ異端審問制を、カトリック改革下のヨーロッパに共通する社会的規律化の装置として論じた(5)。彼の比較史的研究を先駆として、ポルトガル異端審問制とスペイン異端審問制との関係に関する研究を、その経時的変化に着目して最も精力的に進めているのがA・I・ロペス・サラサール・コデスである(6)。さて、この制度が主な摘発対象としたのは、旧キリスト教徒（先祖代々のキリスト教徒）とは異なる宗教＝民族的出自をもつ人びとであった。すなわちイスラームからキリスト教への改宗者とその子孫であるモリスコと、ユダヤ教からの改宗者とその子孫であるポルトガルの新キリスト教徒《クリスタオン・ノヴォ》およびスペインのコンベルソである（「新キリスト教徒《クリスティアノ・ヌエボ》」という呼称はスペイン史においてもモリスコとコンベルソの総称として用いられ、当時の史料中にも確認されるものであるが、本章では本邦の先行研究における慣例に倣い、ポルトガルにおけるユダヤ教からの改宗者とその子孫に対してのみ「新キリスト教徒《クリスタオン・ノヴォ》」の呼称を用いることでスペインのコンベルソと区別する。また、ポルトガルの新キリスト教徒とスペインのコンベルソの両者を総称する際には、必要に応じて「ユダヤ系改宗者」の語を使用する）。スペイン君主国は、今日われわれが「複合君主政体」と呼ぶ領域的複合性と同時に、宗教＝民族的出自を異にする臣民の複合性を備えていたのである。

ここで想起しておきたいのは、近世スペインはこのような二重の複合性の上に成り立つものであったがゆえに、多様な領域と臣民を束ねるための一元的な理念としてカトリシズムに重きを置いていたことである。「カトリック君主政（Monarquía Católica）」と称されるこの政体理念は、王朝原理とともに、スペイン王権がつねに意識的に用いてきたものだった。[7] カスティーリャ王国とアラゴン連合王国との合同を果たしたイサベル一世とフェルナンド二世は、一四九二年にはレコンキスタの完了に続いてユダヤ教徒追放令を発し、一四九六年にはそれら事業をはじめとする使徒的功績によって教皇アレクサンデル六世から「カトリック両王」の称号を与えられた。この称号はイサベルとフェルナンドという個人に対して付与されたものだったが、ハプスブルク家への王朝交代後も、カルロス一世（カール五世）が「カトリック王」の称号を付与され、次代のフェリーペ二世もこれを受け継いだ。国王自身が敬虔なカトリック信徒であるという教皇庁からの保証は、カトリシズムに基づく国家に君臨する論拠となったのである。[8] このような「カトリック君主政」としての統治理念が、新たな版図を統治領域に組み込む際にもその正当性の論拠として用いられるものだったことは、イベリア半島外の非キリスト教世界の事例においては多く言及されてきた。[9] それでは、スペインと同様にキリスト教国家であったポルトガルの編入に際しては、この理念はどのように表れていたのだろうか。そして、「カトリック君主政」の理念と表裏一体の関係にあった宗教＝民族的複合性という実態を前にして、スペイン王権はどのようにして「複合君主政体」としての統治を行ったのだろうか。後述するように、新キリスト教徒はポルトガルとスペインとの間の移動に特徴づけられる集団であったが、一五八〇年以前の新キリスト教徒問題はあくまでポルトガルにとっての問題であった。しかし、一五八〇年にポルトガルをスペイン君主国の構成国として領域的に編入したことは、ポルトガルの人びとをスペイン国王の臣民として人的に編入したことを意味し、そこには新キリスト教徒が含まれていた。モリスコ問題とコンベルソ問題に加えて、新キリスト教徒問題がスペイン君主国として対処すべき問題となったのである。そして特に一五九〇年代以降、多くの新キリスト教徒がスペインへと移入することでこの問題が顕在化した。[10] 人の移動は、異なる制度と社会構造を備えていた諸地域の集塊である「複合君主政体」としてのスペイン君主国の特質が可視化される一つの局面とみなすことができるだろう。

本章では、まず、新キリスト教徒の発生と、一五八〇年以前のポルトガルとスペインにおけるこの集団の状況を概観する。そして、一五八〇年のポルトガル編入においてスペイン君主国の「複合君主政体」としての統治技法と「カトリック君主政」としての理念がどのように表れていたのかを、新キリスト教徒とコンベルソを対象とした諸制度の運用の中に跡づけていく。その上で、一六一〇年代後半に新キリスト教徒の処遇を主題として記された二つの史料の検討を行う。

1　新キリスト教徒問題の発生

まずは、ポルトガルにおける新キリスト教徒問題の発生について、スペインのコンベルソ問題との関係の中で概観しておきたい。

スペインにおけるユダヤ教徒のキリスト教への改宗は、レコンキスタの過程で中世を通じて見られる現象だったが、集団としての改宗運動が初めて起こったのは一四世紀末のことだった。一三九一年にセビーリャで勃発し、カスティーリャ王国およびアラゴン連合王国の諸都市へと広域的に波及したポグロム（反ユダヤ教徒暴動）により、強制改宗あるいはポグロムから逃れるための自発的な改宗が進んだのである。また、一五世紀初頭にはドミニコ会士ビセンテ・フェレールをはじめとする聖職者が各地で反ユダヤ的説教運動を展開し、ユダヤ教徒の改宗を促した。改宗は、結果的にコンベルソのキリスト教徒社会への参入を可能にし、彼らの中には著しい社会上昇を遂げる者もいたため、旧キリスト教徒からの敵意の対象となった。その一方で、多くのコンベルソは改宗後も居住地や職業を変えず、改宗していないユダヤ教徒との接触を保ち続けたため、彼らがフダイサンテ（隠れユダヤ教徒）

であるという疑いを招いた。このような敵意と疑いは、従来のユダヤ問題をコンベルソ問題へと転化させていった[11]。国家の成員である臣民の全てが敬虔なカトリック信徒であることを「カトリック君主政」の前提としたスペイン王権にとって、コンベルソの信仰への疑念を取り除いて旧キリスト教徒との軋轢を回避することは、政体を維持する上で不可欠の課題であった。こういった背景の下で、フダイサンテの摘発を主な目的として一四七八年に王権の主導によって創設されたのが、スペイン異端審問制である。

他方、ポルトガルには一四世紀末のポグロムは波及せず、約三万人とされる同地のユダヤ教徒はスペインに比して安定した状況にあったため、集団的な改宗現象が起こらなかった。一四四九年にはリスボンにおいてユダヤ教徒居住区への襲撃が発生したが、これは例外的な事件として位置づけられており、反ユダヤ運動は散発的なものにとどまった[12]。ポルトガルでの新キリスト教徒の発生は一五世紀末を起点とし、これはスペインでのユダヤ教徒政策と密接な関わりがある。スペインで一四九二年に発せられたユダヤ教徒追放令によって、一四世紀末に改宗せずにユダヤ教徒であり続けた者もまた、その多くがスペインにとどまるためにキリスト教へと改宗したのである。しかし、スペインからの退去を選び、北西ヨーロッパ、オスマン帝国域内、そしてポルトガルへと移り住んだ者もいた。ポルトガル国王ジョアン二世が、スペインのユダヤ教徒代表団からの請願を受諾し、金銭の支払いを交換条件としてポルトガル域内への受け入れを行ったのである。その数は約四万人とされ、これによって、ポルトガルは当時のヨーロッパで有数のユダヤ教徒共同体を抱えることとなった。さらに、スペインのコンベルソもまた、すでに一四八一年から活動を開始していたスペイン異端審問制による摘発から逃れてポルトガルに入植し、同地のユダヤ教徒共同体に合流した。その結果、ポルトガルのユダヤ教徒は約十万人となり（ユダヤ教へと再改宗した元コンベルソを含む）、同地の全人口の約一〇パーセントにまで達した。ポルトガルの諸都市におけるユダヤ教徒居住区は飽和状態に陥り、彼らがキリスト教徒居住区に溢れ出ることによって、両者間での軋轢が生じ始める。最も大規模なユダヤ教徒共同体を抱えていたリスボン、エヴォラ、コインブラでは、一四八二年から一四八四年にかけて反ユダヤ教徒暴動が発生し、エヴォラでは新たな移入を禁ずる都市条例が発せられている。

一四九六年には、ポルトガルにおいてもマヌエル一世によってユダヤ教徒追放令が発せられた。実際には、マヌエル一世の意図はユダヤ教徒の改宗にあったとされており、人口減少と経済力損失を懸念した彼は、ユダヤ教徒の流出を回避するために出港を規制する措置さえ採った。そしてユダヤ教徒のキリスト教への改宗を奨励してポルトガルに残留させようとした。だが改宗は進まず、一四九七年にはリスボンをはじめとする都市部において強制改宗が行われた。さらに同年、マヌエル一世は新キリスト教徒間での婚姻を禁ずる王令を発し、旧キリスト教徒との同化を促そうとしたが、一四九九年にも同様の王令が再び発布され、新キリスト教徒の出国も禁止された。このことは、同化政策が意図した成果を上げなかったことを示しており、スペインにおける展開と同様に、旧キリスト教徒と新キリスト教徒との軋轢は不可避のものだった。反新キリスト教徒暴動が各地で発生し、一五〇六年のリスボンにおける虐殺事件は最も大規模なものとして知られている。軋轢を和らげるため、翌一五〇七年に国王は新キリスト教徒の出国を許可した。彼らの中には、一五二四年に再び出国が禁止されるまでの間、スペインへと移り住んだ者もいた(13)。

そして、ポルトガルにおいてもスペインを範として異端審問制が創設された。一五三六年から一五三七年にかけてエヴォラ、リスボン、コインブラに審問所が設置され（一五四一年から一五四七年までの間には、ポルト、ラメゴ、トマールにも一時的に設置された）、一五三九年にはリスボンに異端審問顧問会議（Conselho Geral）が創設された。これもスペインの異端審問顧問会議（Consejo de la Suprema y General）に倣ったものであり、国王ジョアン三世によって自身の甥エンリケ（のちの国王エンリケ一世）が長官に任命された。スペイン異端審問制と同様に、ポルトガル異端審問制もまた、王権に直属する機関として始動したのである。近世のイベリア半島におけるこれら二つの異端審問制は恒常的な協力関係にあった。両異端審問制は、両国間を移動する新キリスト教徒およびコンベルソに関する情報の交換、そして相手国の域内で摘発された者の引き渡しに関する協定を、一五四四年と一五七〇年に取り交わしている。(14) 一五八〇年の編入に先んじて、ユダヤ系改宗者に対する政策の面ではポルトガルとスペインは利害関心を一とし、両国間での制度的な結び付きが緩やかになされていたのである。

このように、ポルトガルの新キリスト教徒問題はその発生からスペインとの人の移動を特徴とし、二つの異端審問制の活動に伴って両地域間の移動を繰り返した。

2 「複合君主政体」と「カトリック君主政」

(1) ポルトガルの編入と離脱

本章の冒頭で述べたように、ポルトガルとの「複合君主政体」は、一五八〇年のフェリーペ二世によるポルトガル王位継承をもって成立した。これは最終的には武力の行使によって実現されたが、彼がポルトガル国王マヌエル一世の甥であるという血統上の正統性とともに、新たなポルトガル国王として受け入れられるための土壌を整えた上でのものであった。編入に先立って、フェリーペ二世はポルトガル出身の側近クリストヴァン（クリストバル）・デ・モウラや初代オスーナ公ペドロ・テリェス・ヒロンを交渉役として、ポルトガルの貴族や高位聖職者の懐柔を行い、彼らがもつ旧来の特権や慣習を編入以後も保証することを約束したのである。そして、一五八一年にトマールで開催されたポルトガルの議会《コルテス》においては、ポルトガルに固有の法や制度を維持し、同地の行政・司法機関はポルトガル出身者のみで構成されるものとすることを誓約した。エリオットは、「複合君主政体」の構成国において在地支配層を形成し政治社会に参与する貴族や高位聖職者を「政治的国民（political nation)」と呼ぶが、ポルトガルの編入はまさに同地の「政治的国民」との交渉による契約関係に基づくものだったのである。[15]

そして、スペイン王権とポルトガルの「政治的国民」とを繋ぐ制度として導入されたのが、ポルトガル現地に敷かれた副王制であった。これに関しても、トマールの誓約によって、副王職（vice-rei）あるいは総督職（governador）に就任できるのは王族あるいはポルトガル人に限るものとされた。一五八三年、フェリーペ二世は自身の甥であるオーストリア大公アルブレヒト・フォン・エスターライヒ枢機卿を初代ポルトガル副王に任命した。その後任は単独の副王ではなく、一五九三年にはリスボン大司教ミゲル・デ・カストロを筆頭総督とする五人から成る総督府として編成されたが（他四人は俗人）、フェリーペ三世統治期にあたる一六〇〇年から一六二一年までは再び一人ずつの副王が任命され、二〜四年ごとに交代した。その後、フェリーペ四世統治期になると、二人あるいは三人から成る総督府として副王制が運用された。他方、スペイン宮廷内には統治領域ごとに設置される顧問会議《コンセーホ》の一つとしてポルトガル顧問会議が設けられ、行政上の決定権・執行権においては副王制に優越するとされた。ポルトガルの副王制は他地域のそれと比べて限定的な権限をもつにとどまり、その第一の役割は、スペイン国王の代理人（alter ego）としてポルトガルの「政治的国民」との伝令・調整を行うことだった。

次に、ポルトガルとの「複合君主政体」の瓦解となる一六四〇年の独立反乱に目を向けると、これはポルトガル貴族の主導によって起こされたものであり、高位聖職者もこれを支持した。彼らはスペイン王権が先述の契約関係を破棄したと考えていた。フェリーペ二世統治期においてはトマールでの宣誓が遵守されていたが、次代のフェリーペ三世は、一七世紀初頭よりポルトガルの行政機構にカスティーリャ出身者を就任させ、また、財政的負担を強いたのである。スペイン王権に対する不満は、フェリーペ四世統治期のオリバーレス伯公爵の諸政策、すなわち軍事費および兵員供出の要求によって決定的なものとなった。このように、「複合君主政体」からのポルトガルの離脱を招いたのもまた、同地の「政治的国民」との関係によるところが大きかったのである。

さて、J・I・プリード・セラーノは、ポルトガルの離反の背景に新キリスト教徒問題があったことを指摘する。彼はまず、ポルトガルにおける旧キリスト教徒の新キリスト教徒への反感が、同地の聖職者が行った喧伝を通じて一六世紀末から高まっていったと述べる。そして、フェリーペ四世統治期に至っては、この反新キリスト教徒喧伝と反スペイン的喧伝が接合されることで、独立反乱を支持する素地が形成されていったとする。[16]この指摘は、中央対地方という旧来の対立構図に、旧キリスト教徒と新キリスト教徒との間の軋轢という宗教＝民族的複合性の要素を加えたものと言えるだろう。それでは、宗教＝民族的複合性がポルトガルとの「複合君主政体」を瓦解させる斥力として働いたとするならば、スペイン王権はどのようにしてこの斥力を抑え、政体を維持しようとしたのだろうか。

（2）　ポルトガルの統治における宗教的側面

ポルトガルの編入にあたって、フェリーペ二世は、ポルトガルの「政治的国民」との交渉を指示するために先述のテリェス・ヒロンに宛てた書簡において、オスマン帝国をはじめとする諸外国の脅威に言及しながら、スペインとポルトガルとの合同は両国のみならず全てのキリスト教世界（cristiandad）にとって有用なものであると述べている。[17]この記述からは、少なくともフェリーペ二世の意識の上では「カトリック君主政」としての統合理念が念頭にあったと考えられるが、実際の統治技法において、この理念はどのように反映されたのだろうか。

前項で見た副王制に再び注目すると、フェリーペ三世統治期における副王制が総督府としてではなく単独の副王の任命によるものだったことはすでに述べたが、これは人事の点でも異彩を放っている。すなわち、F・オリヴァルが「司教の統治期」と名づけているように、この期間中の大半においてポルトガル人高位聖職者が副王に任命されたのである。コインブラ大司教アフォンソ・デ・カステーロ・ブランコ（一六〇三～一六〇四年）、レイリア司教からポルトガル異端審問長官となったペドロ・デ・カスティーリョ（一六〇五～一六〇七年、一六一二～一六一四年）、ブラガ大司教アレイショ・デ・メネゼス（一六一四～一六一五年）、リスボン大司教ミゲル・デ・カストロ（一六一五～一六一七年）のように、八期中五期を高位聖職者が務め、これはスペイン君主国の他の統治領域における副王制と比べても異色のものだった。[18]このような人事からは、スペイン王権がポルトガル副王制における宗教的統治を重視していたことを見て取ることができる。ポルトガル人を任命することによってトマールの誓約を最大限に遵守しつつ、宗教的権威を付加することで副王制に求心力を与えたのである。この背景には、セバスティアニズモ（セバスティアン主義）と呼ばれる思想・運動の影響もあったと考えられる。これは、一五七八年のアルカセル・キビールの敗北で行方不明となったポルトガル国王セバスティアンがスペインの支配からの解放のためにポルトガルに生還するという噂に基づき、メシア運動的性格を伴って一六世紀末頃から民衆層を中心に広まったものである。[19]

さらにオリヴァルは、ポルトガルにおいては異端審問制が副王制の権限を補強したと指摘する。[20]ポルトガル編入に際して、ポルトガル異端審問制はスペイン王権からの干渉を受けない独立的な機構であり続けることが誓約され、新キリスト教徒に対する政策もポルトガル独自のものが採られることになった。しかし、一五八六年、副王アルブレヒトがポルトガル異端審問長官を兼任することにより、ポルトガル異端審問制もスペイン王権の一機構としての性格を帯びた。一五世紀末におけるアラゴン連合王国の諸領域への異端審問制の導入は、カスティーリャ式の制度による地方特権《フェロ》への侵害であるとみなされて反発を伴った。[21]これに対し、ポルトガルの場合は、既存の制度に乗じることによってスペイン王権の下に円滑に組み込まれたと言える。その後、アルブレヒトが副王職からも異端審問長官職からも退くと、長官の選出は王家からではなく在地聖職者からなされることとなった。[22]

これは一見すると、ポルトガル異端審問制がスペイン王権のコントロールから解き放たれたかのようである。しかし、スペイン王権はポルトガル副王制を通じてポルトガル異端審問制への影響力を保ち続けていた。すなわち、スペイン王権はそれまでポルトガル異端審問制の管轄下にあった事案に関する発令権を副王制に移譲させ、後者への権限の一本化を図ったのである。たとえば、先述のモウラが二期にわたって副王を務めた際には（一六〇〇〜一六〇三年、一六〇八〜一六一二年）、副王の名において異端判決宣告式《アウト・デ・フェ》を開催した。同じく先述のカステーロ・ブランコもまた、異端的書物の国外からの流入を防ぐための船舶監視令を発した。[23]

そして、新キリスト教徒への政策が副王制を通じてなされた最たる例は、一六〇五年に新キリスト教徒に対して発布された大赦（perdón general/perdão geral）であった。新キリスト教徒は、ポルトガル異端審問制によって有罪判決を下された者への恩赦や経済活動の自由化といった広範な要求事項を掲げ、スペイン国王を通じて教皇庁からの承認を得ることを求めて、一五九八年からスペイン宮廷との断続的な交渉を行った。宮廷側の交渉の窓口となったのは、レルマによって組織された各種の小委員会《フンタ》、特にポルトガル財務小委員会であり、新キリスト教徒が献上する交渉金は財政問題を課題とするスペイン王権の利害関心にも適うものだった。[24]その結果、まずは一六〇一年の王令によって、ポルトガル域外への移動とカスティーリャでの経済活動の自由化が認められ、同年のうちにインディアス貿易への参与も認められた。そして、一六〇四年には大赦を認める教皇勅書が宮廷へと届いた。先述の通り、一六〇四年から一六一五年までポルトガル異端審問長官を務めていたペドロ・デ・カスティーリョは、その任期中、二期にわたって副王職を兼任した。このうち一期目の一六〇五年に副王に任命されるにあたって彼に与えられた初の任務は、この大赦を副王の権限によりポルトガルに発布することだった。[25]

しかし、このようにして新キリスト教徒が得た大赦は、彼らの置かれていた状況をかえって悪化させることにも繋がった。リスボンとコインブラでは旧キリスト教徒による反新キリスト教徒暴動が生じ、ポルトガル異端審問制もまた新キリスト教徒への取り締まりを強めた。そのため、一六〇五年以降も新キリスト教徒は異端審問制による財産没収の停止や審問過程における証人の明示といったさらなる要求事項を掲げ、交渉を続けた。しかしこれは頓挫し、一六〇七年には王権は今後の交渉に一切応じないと決定した。さらに、一六一〇年には経済活動の自由も無効化され、ポルトガル域外への移動には許可状が必要となった。こうして、一六一〇年代には、ポルトガル異端審問制による新キリスト教徒への締め付けが厳しく行われることとなった。異端審問官による地方巡察の徹底が図られ、異端判決宣告式の開催数も増加した[26]。そして一六一六年、カスティーリョの後任としてフェルナン・マルティンス・マスカレーニャスがポルトガル異端審問長官に任命された（〜一六二八年）。彼の任期中、新キリスト教徒の摘発数はポルトガル異端審問制の全活動期間中のピークに達しており、これから逃れようとスペインへ移入する新キリスト教徒の数も多かった[27]。

（3）「血の純潔」規約

近世のイベリア半島において、ユダヤ系改宗者を主な対象とする制度は異端審問制だけではなかった。社団からユダヤ系改宗者を排除する、「血の純潔」規約と総称される諸規定が存在したのである。まずはスペインの事例から見ていくと、これは一四四九年のトレードにおける「判決法規」を起源とし、特に一五四七年のトレード聖堂参事会での導入を契機として、各地の都市参事会や聖堂参事会から職能団体や兄弟団に至る各種社団への導入が進んだ。この「血の純潔」規約と異端審問制の性格は、二つの点で大きく異なる。

まず一点目は、異端審問制が扱ったのがコンベルソの信仰の問題であったのに対して、「血の純潔」規約がコンベルソを排除する論拠としたのは彼らがユダヤ教徒の「血」をひくことだった点である。このことは、「血の純潔」規約の是非をめぐる論争を生んだ。信仰によってではなく「血」によって信徒を区別することは、洗礼の秘蹟を否定することであり、カトリックの正統な教義から逸脱したものだったからである。ゆえに、「血の純潔」規約への異議申し立てを初めに行ったのは聖職者であり、一六世紀末までの論争の担い手は彼らであった。聖書解釈、教会法、原始教会以来の先例、教会博士や歴代教皇の見解などを論拠として挙げることで、神学的見地からの反対論を繰り広げたのである。そして、これは自らの属する修道会のような個々の社団内部の問題であると同時に、時として、政治的版図とは必ずしも一致しない「キリスト教公共体（Respublica Christiana）」すなわちキリスト教世界全体の問題として論じられた。

論争の転機は、一六／一七世紀転換点に訪れた。一五九九年、ドミニコ会士アグスティン・サルシオが『「血の純潔」規約とそれに何らかの制限を設けることの適否をめぐる、スペインの正義と良き統治に関する議論』を記したのである。彼は、それまでの反対論者とは異なり、「血の純潔」規約には信仰の正しさを計る指標としての有用性があることを認めており、その完全な廃止は主張しなかった。その上で、「血の純潔」規約を濫用することはキリスト教世界の一体性のみならず「王国（Reino）のより良い統治」と「公共体（República）の公共善（bien común）」を損なう害悪となると述べ、「血の純潔」規約の運用におけるコンベルソ家系の遡及世代に制限を設けることを解決策として提示したのである[28]。この献策書はカスティーリャの議会《コルテス》に提出され、小委員会《フンタ》の編成を伴って主張の妥当性が検討されることとなった[29]。「血の純潔」規約をめぐる議論の場が政治的次元に引き上げられ、キリスト教世界のあり方を問うそれまでの議論が、国家の統治上の問題へと変質したのである。

しかし、この時に議論が行われた場はあくまでカスティーリャの議会であり、スペイン君主国の全域における問題としてではなく、カスティーリャの問題として論じられたに過ぎなかった。そしてサルシオは、フダイサンテの多くはポルトガルから流入する新キリスト教徒であり、彼らに対しては信仰への疑いが残ることから今なお「血の純潔」規約が有用であると述べている。また、このサルシオの献策書をめぐる議論は一六〇一年に中断されるが、その際に議会が作成した報告書においても、一六二一年の異端審問官の見解においても、新キリスト教徒はフダイサンテである可能性が高いとして注意を払うべき対象とみなされている。[30]本章の第1節で見たように、新キリスト教徒は移動という現象に特徴づけられる集団であり、彼らの中にはポルトガルに祖先の出自をもつ者だけでなく、かつてスペインから逃れてきたユダヤ教徒あるいはコンベルソの子孫も存在した。したがって、今日のわれわれからすれば、スペインのコンベルソとポルトガルの新キリスト教徒とを民族的に区別することは難しく、また、あまり意味をなさないだろう。しかし、当時のカスティーリャの議論においては両者を厳格に区別しているのである。

さて、異端審問制と「血の純潔」規約の二つ目の相違点は、前者が王権の主導によってスペイン君主国の各領域に画一的に配置された国家機構であったのに対し、後者は各種社団の独自の裁量によって導入が進められたものに過ぎなかったことである。この点に関して、H・ケイメンは、A・シクロフが過度に強調した「血の純潔」規約の汎スペイン的性格を批判する形で、「血の純潔」規約はカスティーリャに限定的な現象であったと主張した。[31]そしてJ・エイムラングは、「血の純潔」規約は貴族を中心とする旧来の特権身分層が自らの特権の歴史的正統性の論拠とするためのものであり、カスティーリャで「血の純潔」規約が普及したのは同地の社会的流動性の高さと特有の名誉観念がゆえであったとする。[32]この指摘を「政治的国民」論と接続するならば、「血の純潔」規約の導入を進め、これを支持したのは、まさにこの「政治的国民」であったと言える。

また、エイムラングは、社団からのコンベルソ排除はカスティーリャ以外の諸地域においても「血の純潔」規約の有無に拘わらずなされていたことを指摘しているが、「血の純潔」規約はポルトガルにおいても導入された制度であった。ポルトガルでの導入社団が初めて確認されるのは一五六〇年代とされ、カスティーリャにおける展開からおよそ一世紀の遅れを伴いながらも、スペインへの編入後には導入社団数が増加していった。[33]一六一一年六月、ポルトガル異端審問長官ペドロ・デ・カスティーリョは、新キリスト教徒には宗教騎士団への入会やフィダルゴ（農村貴族）の位の獲得ができないようにすべきと主張し、さらには教皇パウルス五世に向けて新キリスト教徒への聖職禄の授与を認めないように申し入れた。副王モウラもこれを支持し、同年一一月にはポルトガル高等法院長ダミアン・デ・アギアールが、新キリスト教徒は旧キリスト教徒の富と職を奪っているという論拠によって「血の純潔」規約を支持した。そして一六一二年一月一八日のパウルス五世の教書を根拠として、ポルトガルの教区内ですでに聖職に就いている新キリスト教徒に関して、改宗後七世代目に至るまでは聖職禄を授与しないことと、司牧活動の禁止が命じられ、一六一四年には、新キリスト教徒と婚姻したフィダルゴはその位を剥奪された[34]。このように、一六一〇年代のポルトガルにおいては、「血の純潔」規約の導入は「政治的国民」によって公然と支持されていた。

ここで問題としておきたいのは、ポルトガルの「政治的国民」の宗教＝民族的出自である。「政治的国民」を形成したのは旧キリスト教徒だけだったのだろうか。換言すれば、キリスト教徒社会への同化によって「政治的国民」となるまで社会上昇を遂げた新キリスト教徒は、どの程度存在したのだろうか。新キリスト教徒の同化の程度については論争が続く問題であり、内面の信仰、居住形態、旧キリスト教徒との血縁的混交など、「同化」をどのように定義するかによって、また、どの階層を対象とするかによって、見解は異なるだろう[35]。少なくとも、ポルトガルにおける「血の純潔」規約の普及は、新キリスト教徒が旧キリスト教徒の政治社会に参入することの困難さを示している[36]。

3　一六一九年の二つの献策書

（1）　マルティン・ゴンサレス・デ・セリョリーゴの『申し立て』

前節で見たように、一六一〇年代は、ポルトガルにおける新キリスト教徒が異端審問制によっても「血の純潔」規約によっても厳しい締め付けを受けた時期であった。本節では、このような状況を背景としてほぼ同時期に記され、ともに一六一九年にフェリーペ三世に献呈された、新キリスト教徒の処遇を主題とする二つの献策書を見ていく。

まず一つ目は、マルティン・ゴンサレス・デ・セリョリーゴの『スペインの境域の内外に存在するポルトガル王国の人びとがカトリックなる我らが主フェリーペ三世国王陛下へと請願する公正さと慈悲に関し、これらを彼らに与えることを求める申し立て』（以下『申し立て』と略記）である。[37]著者ゴンサレス・デ・セリョリーゴはオビエド出身の法学者であり、聖俗の両法に通じていたとされる。バリャドリー異端審問官および高等法院司法官を務めたこの人物は、一六〇〇年に出版された『スペイン公共体とそれを構成する諸王国の復興、およびそれら諸小王国の債務弁済に必要かつ有益な施政に関する覚書』（以下『覚書』と略記）を主著として知られている。[38]彼に関する後世の評価は、この主著をもって、まずはサラマンカ学派の「経済学者」として位置づけられてきた。アメリカ産銀の流入による物価高騰を論じたことにより、マルティン・デ・アスピルクエタと並ぶ貨幣数量説の先駆としての評価が与えられてきたのである。[39]他方、スペイン史においては、自国の「衰退」を感じ取り、その原因と対処策を論じた献策家の一人として位置づけられている。[40]そして彼には、スコラ学徒としての側面に加え、同時代のヨーロッパにおける、国家をめぐる新たな思潮の受容者としての側面があった。『覚書』において彼は、

特にジャン・ボダンの『国家論六巻』を大きく引用し、国家を一つの家とみなしてその運営の策を論じている。(41)

いずれにせよ、ゴンサレス・デ・セリョリーゴが『覚書』において重視したのは、国力の源泉としてのスペイン人そのものであり、その怠惰を批判して勤労の価値を称揚するとともに、国外への人口流出を抑えて国力を高めることであった。また、彼はモリスコ問題に関しても、改宗してから間もないモリスコについてはその害悪を危惧すると同時に、全てのモリスコを追放することはスペインの人口の減少と国力の損失を引き起こすとして反対の立場をとった。このような実利的観点からのモリスコへの「寛容」は、同時代の他の献策家たちの見解と共通するものであった。(42)

『申し立て』は、新キリスト教徒あるいはコンベルソの問題についてゴンサレス・デ・セリョリーゴが初めて論じた著作である。著者の主張は、大きく分けて三点である。一点目は、ポルトガル異端審問制に対する批判と新キリスト教徒に対する穏健な処遇の要求である。著者は、ポルトガル異端審問制は恣意的な審問過程によって過度に重い判決を下しており、また、新キリスト教徒に対する侮蔑的な態度が見られると述べる。二点目は、「血の純潔」規約はスペイン公共体の公共善に反していることから、これを制限すべきという提案である。そして三点目は、新キリスト教徒の経済活動はスペインにとって有益であり、これを認めるべきであるという主張である。この三点目の主張は、『覚書』において示された、スペインの国力を高めるための現実主義的思想に基づくものと言える。

さて、彼は、ポルトガルには五種類の身分が存在すると述べる（［　］内は引用者による補足）。

> 第一身分は聖職者であり、第二身分はフィダルゴ（カスティーリャの騎士《カバリェーロ》に相当する）、第三身分は貴族（カスティーリャの郷士《イダルゴ》に相当する）、そして第四身分は平民（ここカスティーリャ王国での担税民《ペチェーロ》のことである）であった。そして、

この民族［ユダヤ教徒］が［キリスト教へと］改宗した後、［中略］彼らがもう一つの平民身分を形成し、「新キリスト教徒」と呼ばれた。［中略］このように、第五身分は、その他の［四つの］身分から分け隔てられている［後略］。

ポルトガルとカスティーリャでの身分の比較に関する著者の見解については検討の余地があると思われるが、彼は新キリスト教徒のキリスト教徒社会への同化が進んでいないと考え、その原因はポルトガル異端審問制のあり方にあるとする。すなわち、スペインにおいてはコンベルソに対する信仰の疑いが弱まっているのに対して、ポルトガルでは新キリスト教徒が未だにフダイサンテとみなされ続けているがゆえに、不当な扱いを受けていると批判するのである。このような主張を支えているのは、新キリスト教徒に関する著者独自の歴史観と、『覚書』においても展開された国家理性の観点である。

まず前者については、彼は「この民族（esta nación）」すなわちポルトガルの新キリスト教徒がスペインに起源をもつと位置づけ、スペインとポルトガルにおいて民族としてユダヤ教徒が辿ってきた歴史に差異はなく、現在のコンベルソと新キリスト教徒の性向においてもそれは同様であると述べる。そして、彼らのポルトガルへの入植以来、歴代のポルトガル国王はカスティーリャやアラゴンと比べても寛容な態度をとってきたと述べる。にもかかわらず、現在では新キリスト教徒に対するポルトガル異端審問制の活動が、スペインのそれと比べて苛烈なものであることを彼は批判するのである。

国家理性の観点については、まず序文で自著『覚書』を挙げ、やはりボダンらの著作を大きく引用しながら「国家理性」の語を明示している。そして国家の統治は「神の法」すなわちカトリック的論理によってのみならず、国家理性によってもなされるべきと述べている。そして、彼は次のように述べ、ポルトガル異端審問制の活動は新キリスト教徒がコンベルソと同じく敬虔なキリスト教徒であるという実態に即したものであるべきと主張する。

規律は人間の本質を変えるための一手段ではあるが〔中略〕、統治の諸原則に従えば、統治のあり方（estado）を臣民の性質に適合させることが必要である。したがって、賢明なる統治者は〔中略〕その土地の性質をよく知っておかなければならない。なぜならば、最も重要なことの一つは（それはおそらく、さまざまな公共体の諸原則の中で最も重要なものであるが）、統治のあり方を住民の性質に適合させることだからである。すなわち、法や条例をそれぞれの土地、人びと、そして時代の性質に適合させることである。

する。

このようなゴンサレス・デ・セリョリーゴの見解は、今日のわれわれの認識における「複合君主政体」としてのスペイン君主国の統治技法の姿に近いものであると言える。すなわち、スペイン王権は、各領域の統治においてはそれらに固有の歴史と現状に応じた柔軟性を許容し、また、そうせざるをえなかったのである。しかし、各領域およびそれらの成員たる臣民との紐帯を「カトリック君主政」という一元的な統合理念によって堅持しようとしたスペイン王権にとって、新キリスト教徒政策と異端審問制のあり方という「カトリック君主政」の根幹に迫る問題においては、各領域の自律性を過度に容認することにもつながりかねないゴンサレス・デ・セリョリーゴの主張は認めがたいものであったのではなかろうか。『申し立て』は、国王聴罪師でありスペイン異端審問長官であったドミニコ会士ルイス・デ・アリアガの執り成しによってフェリーペ三世に献呈されたが、異端審問制は一六三二年にこの書物を禁書に指定している。(43)

（2）　フアン・デ・モンテマヨールの『所見』

一六一九年には、もう一つの献策書がフェリーペ三世に献呈された。フアン・デ・モンテマヨールの『スペインの「血の純潔」に関する所見』(以下『所見』と略記)である。[44] この献策書の執筆経緯は、「血の純潔」規約に対する異議申し立てがポルトガルの新キリスト教徒の側からもなされたことにあった。一六一三年、新キリスト教徒ディオゴ・サンシェス・デ・ヴァルガスが、フェリーペ三世に宛てて請願書を記したのである。サンシェス・デ・ヴァルガスの経歴については、ブラガのアンドレ・ソアレス通りの住民であるということ以外は定かではない。しかし、この請願書を自らの手で記したのであれば識字能力を有していることとなり、また、その論理構成から判断して、「政治的国民」となることを射程に入れることのできる階層の人物であると推測できるだろう。彼はまず、献辞において「ポルトガル王国のヘブライびとの子孫である諸臣民を代表して」と述べ、自らが新キリスト教徒であることを表明した上で、フェリーペ三世に「恩寵」を求める。[45] 彼が求める「恩寵」とは、ポルトガルにおける「血の純潔」規約をフェリーペ三世の権限によって制限することであり、祖先の改宗から百年を経た新キリスト教徒には「血の純潔」規約が適用されるべきではないと主張するのである。[46]

一六一五年、サンシェス・デ・ヴァルガスはリスボン異端審問所への出頭を命じられ、この請願書の内容について喚問される。この喚問において、彼が自らの主張の論拠として名を挙げたのが、イエズス会士フアン・デ・モンテマヨールである。[47] モンテマヨールは、カスティーリャ管区長、王立イエズス会学校サラマンカ学院の学院長を務め、また、マルガレーテ妃の聴罪師でもあった。彼は、レルマとスペイン異端審問長官ベルナルド・デ・ロハスからの命を受け、サンシェス・デ・ヴァルガスの主張の正当性を担保するための献策書を執筆した。この献策書の異本とみなされているのが、一六一九年の『所見』である。

この『所見』は、フェリーペ三世への献辞と九つの「論拠(fundamento)」と題された章から成っている。まず献辞において、モンテマヨールは自身の執筆意図が「[血の]純潔に関してスペイン(España)に存在する諸規約」([　]内は引用者による補足)の制限の必要性を訴えることにあると述べ、サンシェス・デ・ヴァルガスが主張したとおり「血の純潔」規約の適用範囲は祖先が改宗してから百年に限定されるべきと主張する。第一から第七の論拠では、それぞれ、「血の純潔」規約に反対の立場をとってきた先人たちの見解、聖書における記述、原始教会以来の先例、歴代教皇の見解、教会会議の決定、世俗法、教会博士の見解が挙げられている。その上で、第八の論拠として一八の「理由〔raçon（razón）〕」を自らの主張として挙げる。これらの主張に通底しているのは、今や全てのユダヤ系改宗者は旧キリスト教徒に劣らないほどにカトリック信仰に篤いという考えであり、これは特に「第二の理由」において「不信心なモリスコ」との対比の中で述べられている。また、「第一一の理由」においては、「血の純潔」規約の存在によって諸外国から「全てのスペイン人〔toda la Nazión（Nación）Española〕」がマラーノ（フダイサンテ）だとみなされており、これは全王国（todo Reino）の名誉を損なうと述べている。そして最後に、第九の論拠では一二の想定問答の形式をとり、「血の純潔」規約を支持する意見を挙げた上でそれらへの反論を行っている。

このようなモンテマヨールの『所見』は、その構成においても主張においても、一六世紀後半までの「血の純潔」規約議論を踏襲したものであり、目新しいものではない。それどころか、議論の対象となる社団を限定していないという点では、旧来の議論と比べて漠然としたものであるという印象すら受ける。また、ゴンサレス・デ・セリョリーゴの『申し立て』において展開されたような、ポルトガルとスペイン、新キリスト教徒とコンベルソとを比較する記述を見出すこともできない。しかし、『所見』の特徴は、具体性の欠如にこそあると言える。旧来の「血の純潔」規約反対論の形式と主張に則りながら抽象度を高めた議論に徹し、広く「スペイン」における全てのユダヤ系改宗者を議論の対象とすることで普遍性をもたせているのである。そして、スペイン君主国が「キリスト教公共体」を基盤とする単一不可分の政体であるということを暗黙の了解事項とすることで、『所見』は王権が掲げる「カトリック君主政」の理念との親和性が高い献策書となりえたのである。

おわりに

ポルトガルの新キリスト教徒問題は、その発生においても経過においてもスペインのコンベルソ問題との密接な関係の下にあった。特に、彼らのポルトガルとスペインとの間の移動という現象は、この問題を一国史的な叙述だけで捉えきることの困難さと、彼らの置かれた状況がこれら二つのキリスト教国家がそれぞれ行った政策に規定されたことの両方を示すものだった[48]。新キリスト教徒にとって両地域間の越境は、とりわけ異端審問制と「血の純潔」規約という二種類の制度間を越境することでもあり、さらにはしばしば移動の制限を被った。ポルトガルの編入によって人・物ともに移動の自由度が高まった「複合君主政体」のスペインにおいても、新キリスト教徒にとっては両地域間の「国境線」が存在し続けていたのである。

他方、スペイン君主国は、ポルトガルの編入と統治において、同地の「政治的国民」との契約関係によって政体の均衡を保ちつつ、副王制と異端審問制を通じた宗教的統治の貫徹を図ろうとした。本稿で試みたのは、スペイン君主国のこれら二つの側面、すなわち「複合君主政体」としての実態と「カトリック君主政」という理念との調和あるいは相克を、新キリスト教徒をめぐる当時の議論の中に読み取ることであった。これら二つの側面は相反するものではなく、前者が近世国家の領域的複合性を示す分析概念であるのに対し、後者は臣民の宗教＝民族的出自の複合性を前提とした理念であった。しかしながら、帝国版図の「獲得」よりも「維持」を喫緊の課題とし、さらにはカトリック両王の治世への「復古」を理想とした一七世紀初頭のスペイン王権にとっては、「カトリック君主政」という一元的な理念によって国家統合を強化する言説のほうが親和的だったのである[49]。

ところで、スペインにおけるモリスコの発生は、レコンキスタ完了後のムデハル（残留イスラーム教徒）の追放に端を発した。カスティーリャ王国では一五〇二年に、アラゴン連合王国では一五二六年に追放令が発せられたことで、スペインにとどまることを望んだ者はキリスト教へと改宗したのである。他方、ポルトガルからのムデハルの追放はスペインに先んじて一四九六年になされたが、改宗を選んでポルトガルにとどまった者は極めて少なかったとされている。[50]ポルトガルとスペインの双方において発生し、両地域を跨る問題となったユダヤ系改宗者と異なり、イベリア半島内に限定するならば、モリスコはスペインに固有の問題だったのである。[51]ポルトガル史とスペイン史との架橋を目指した本章がモリスコ問題を議論の対象から外してきたのは、このためである。とはいえ、本章で取り上げた二つの史料が記されたのは、スペイン王権がモリスコ問題に対する決定的な政策を下してから間もない時期であった。アルプハーラスの反乱とその鎮圧（一五六八～一五七一年）という非常事態を契機として、キリスト教徒社会への同化が困難とみなされた彼らの処遇をめぐる議論が先鋭化し、最終的にはフェリーペ三世によって段階的な追放が行われたのである（一六〇九～一六一四年）。[52]この時期は、他にも増してスペイン君主国の宗教＝民族的複合性という実態と「カトリック君主政」としての理念とが強く意識された時期であったと言える。

また、ゴンサレス・デ・セリョリーゴの『申し立て』は、スペインでは禁書となったものの、初版本とオリジナルの手稿本は広く流通したとされており、ポルトガル系のセファルディ（イベリア半島に起源をもつユダヤ教徒）であったスピノザの『神学・政治論』（一六七〇年）にもその引用が見られるという指摘もある。[53]本章では、ユダヤ系改宗者をめぐる議論の場をイベリア半島の内部に限定して検討したが、近世ヨーロッパにおける情報伝達に寄与したセファルディ・ネットワークの存在を考慮に入れる必要もあるだろう。そして、モンテマヨールの『所見』は、「血の純潔」規約をめぐる議論への新キリスト教徒側からの参加があったことを執筆経緯としていた。ユダヤ系改宗者について論じた献策書が、ユダヤ系改宗者自身の目にも触れ、自らの処遇の改善のために利用されたことは、狭義の「献策」すなわち王権に策を献げることによる宮廷内での問題喚起にとどまらず、当時の政治社会における言説空間の広がりを示唆している。

注

（1）Hespanha, António Manuel, “Os Áustrias em Portugal: Balanço historiográfico”, in *Lusotopie 1998: Des protestantismes en «lusophonie catholique»*, Paris: Karthala, 1999, pp. 145-155; 荻野恵「フェリペ三世期のポルトガル――国家理性とキリスト教――」（松原典子編『フェリペ三世のスペイン――その歴史的意義と評価を考える――』上智大学ヨーロッパ研究所研究叢書、八、二〇一五年）、八四～九九頁所収。同八六頁および九四頁では、P・カルディンの見解がポルトガル紙 *El Público* に寄稿した以下のオピニオン記事とともに紹介されている。Cardim, Pedro, “Portugal, Catalunha e Espanha ou o uso que o nacionalismo faz da história”（«http://www.publico.pt/2014/02/25culturaipsilon/noticia/portugal-catalunha-e-espanha-ou-o-uso-que-o-nacionalismo-faz-da-historia-1626114» 二〇一七年三月二七日閲覧）。

（2）Cardim, Pedro, “Política e identidades corporativas no Portugal de D. Filipe I”, in Amélia Polónia, et al. (eds.), *Estudos em homenagem a João Francisco Marques*, vol.1, Porto: Faculdade de Letras da Universidade do Porto, 2001, pp. 277-306; Cardim, Pedro, y Joan-Lluís Palos (eds.), *El mundo de los virreyes en las monarquías de España y Portugal*, Madrid: Iberoamericana / Frankfurt am Main: Vervuert, 2012.

（3）Schaub, Jean-Frédéric, “La Restauraçâo portuguesa de 1640”, *Chronica Nova*, 23, 1996, pp. 381-402; Idem, *Portugal na Monarquia Hispânica (1580-1640)*, Lisboa: Livros Horizonte, 2001.

（4）Elliott, John H., “A Europe of Composite Monarchies”, *Past and Present*, 137, 1992, pp. 48-71〔内村俊太訳「複合君主政のヨーロッパ」（古谷大輔・近藤和彦編『礫岩のようなヨーロッパ』山川出版社、二〇一六年）、五五～七八頁所収〕；特にポルトガルに関しては、Idem, “The Spanish Monarchy and the Kingdom of Portugal, 1580-1640”, in Mark Greengrass (ed.), *Conquest and Coalescense: The Shaping of the State in Early Modern Europe*, London: Edward Arnold, 1991, pp. 48-67.

（5）Bethencourt, Francisco, *L'Inquisition à l'époque moderne: Espagne, Italie, Portugal, XVe - XIXe siècles*, Paris: Fayard,

1995. 増補英訳版として、Idem, *The Inquisition: A Global History, 1478-1834*, Cambridge/New York: Cambridge University Press, 2009.

（6）López-Salazar Codes, Ana Isabel, *Inquisición Portuguesa y Monarquía Hispánica en tiempos del perdón general de 1605*, Lisboa: Colibri, 2010; Idem, *Inquisición y política: El gobierno del Santo Oficio en el Portugal de los Austrias (1578-1653)*, Lisboa: Centro de Estudos de História Religiosa（Universidade Católica Portuguesa）, 2011; Idem, "La relación entre las Inquisiciones de España y Portugal en los siglos XVI y XVII: objetivos, estrategias y tensiones", *Espacio, Tiempo y Forma. Serie IV: Historia Moderna*, 5, 2012, pp. 223-252.

（7）ただし、I・A・A・トムソンの指摘によると、monarquíaという語が国王の家産の集合体として領域的な意味をもつのは一六〇〇年頃からであり、Monarquía Católicaという表現が史料中に確認できるのもこの頃からである。このことは、「カトリック君主政」の理念はフェリーペ三世統治期における教皇庁との関係の変化の中で「普遍君主政」概念に代わるものとして形成されたとするJ・マルティネス・ミリャンの指摘とも符合する。Thompson, Irving A. A., "La monarquía de España: La invención de un concepto", in Franciasco Javier Guillamón Álvarez, Domingo Centenero e Arce, y Julio David Muñoz Rodríguez（eds.）, *Entre Clio y Casandra: Poder y sociedad en la monarquía hispánica durante la edad moderna*, Murcia: Universidad de Murcia, 2005, pp. 32-56; ホセ・マルティネス・ミジャン、三潴みづほ訳「フェリペ三世統治期におけるスペイン王国の転換――〝普遍君主政〟からカトリック王政へ」（松原前掲書）、七～四一頁所収。

（8）教会における「神秘体《クエルポ・ミスティコ》」概念はイエス・キリストの聖体《コルプス・クリスティ》概念を基盤としたものだったが、近世スペインの政治思想家によって国家そのものを国王の「神秘体」とみなすに至った。Fernández Albaladejo, Pablo, *Fragmentos de Monarquía: Trabajo de Historia Política*, Madrid: Alianza Editorial, 1992, pp. 300-349. また、近世スペイン王権が自らに付与した宗教的権威は、中世における王権の正統性が戦士の長としてのものであったことと対照をなす。Ruiz, Teófilo F., "Unsacred Monarchy: The Kings of Castile in the Late Middle Ages", in Sean Wilentz (ed.), *Rites of Power: Symbolism, Ritual, and Politics since the Middle Ages*, Philadelphia: University of Pennsylvania Press, 1985, pp. 109-144.

（9）近年の邦語文献として、菅谷成子「スペイン領フィリピンにおける中国人移民社会の変容――異教徒の「他者」からスペイン国王の「臣民へ」」（『愛媛大学法文学部論集人文学科編』二三、二〇〇七年）、一五三～一七四頁。松森奈津子『野蛮から秩序へ――インディアス問題とサラマンカ学派』名古屋大学出版会、二〇〇九年。

（10）対照的に、ポルトガルへと移出したスペインのコンベルソの数はごくわずかだったとされる。また、エストレマドゥーラ東部などの両国の境域地帯にとどまり、改宗者コミュニティを形成した者もいた。Huerga Criado, Pilar, *En la raya de Portugal: Solidalidad y tensiones en la comunidad judeoconversa*, Salamanca: Ediciones Universidad de Salamanca, 1993.

（11）Kamen, Henry, *The Spanish Inquisition: A Historical Revision. Fourth Edition*, New Haven/London: Yale University Press, 2014, pp. 13-35.

（12）Tavares, Maria José Ferro Pimenta, *Los judíos en Portugal*, Madrid: Mapfre, 1992, pp. 123-124; Pulido Serrano, Juan Ignacio, *Los conversos en España y Portugal*, Madrid: Arco Libros, 2003, p. 40.

（13）Pulido Serrano, *op. cit.*, pp. 40-45. ユダヤ教徒の人口に関しては論者によって見解を異にするが、本章では同書の記述に従った。

（14）López-Salazar Codes, *art. cit.*, pp. 225-230.

（15）Elliott, John H., “Revolution and Continuity in Early Modern Europe”, *Past and Present*, 42, 1969, pp. 35-56.

（16）Pulido Serrano, Juan Ignacio, “Political Aspects of the Converso Problem: On the Portuguese *Restauraçao* of 1640”, in Kevin Ingram (ed.), *The Conversos and Moriscos in Late Medieval Spain and Beyond, Volume 2: The Morisco Issue*, Leiden/Boston: Brill, 2012, pp. 219-246.

（17）“Carta de Felipe II al Duque de Osuna. San Lorenzo 24 de agosto 1579”, in *Colección de documentos inéditos para la historia de España,* vol. 6, Madrid: Imprenta de la Viuda de Calero, 1845, pp. 649-661.

（18）Olival, Fernanda, “Los virreyes y gobernadores de Lisboa（1583-1640）: Características generales”, in Cardim y Palos（eds）, *op. cit.*, pp. 287-316.

（19）Van den Besselaar, José, *O Sebastianismo: História Sumária*, Lisboa: Instituto de Cultura e Língua Portuguesa (Ministério da Educação e Cultura), 1987, pp. 12-14. ただし、荻野恵はメシア思想としてのセバスティアニズモの源流は新キリスト教徒のユダヤ思想の中にあり、旧キリスト教徒と新キリスト教徒とを分断することなく「ポルトガル人」としての一体性を生み出したことを指摘している。荻野恵「ポルトガルの反乱（一六四〇）とセバスティアニズモ:「O Encoberto」の視点から」（『紀

尾井史学』一一、一九九一年)、一〜一〇頁。

(20) Olival, *art. cit.*, pp. 295-296. オリヴァルが比較対象として挙げているのはサルデーニャとシチリアであり、これらの地域では異端審問制の権限が副王制の権限に優越したとする。

(21) Kamen, *op. cit.*, pp. 57-65.

(22) Magalhães, Joaquim Romero, "La Inquisición portuguesa: Intento de periodización", *Revista de la Inquisición*, 2, 1992, p. 75.

(23) López-Salazar Codes, *Inquisición y política...*, pp. 188-203.

(24) Pulido Serrano, Juan Ignacio, "Las negociaciones con los cristianos nuevos en tiempos de Felipe III a la luz de algunos documentos inéditos (1598-1607)", *Sefarad*, 66-2, 2006, pp. 345-376; López-Salazar Codes, *Inquisición Portuguesa...*, pp. 81-113.

(25) Olival, *art. cit.*, pp. 297-298.

(26) Schwartz, Stuart B., *Cada uno en su ley: Salvación y tolerancia religiosa en el Atlántico ibérico*, Madrid: Akal, 2010, pp. 141-150.

(27) Magalhães, *art. cit.*, pp. 83-85.

(28) Salucio, Agustín de, *Discurso acerca de la justicia y buen gobierno de España, en los estatutos de limpieza de sangre. Y si conviene, o no, alguna limitación en ellos,* 1599 (transcr. Antonio Pérez y Gómez, Murcia: Cieza, 1975).

(29) Révah, Israël Salvator, "Le controverse sur les statuts de pureté de sang: Un document inédit", *Bulletin Hispanique*, 73, 1971, pp. 236-306.

(30) "Papel que dió el Reyno de Castilla, a uno de los Señores Ministros de la Junta, diputada para tratarse sobre el Memo. presentado por el Reyno a S. M. con el Libro del Padre Ministro Salucio, en punto a las Probanzas de la Limpieza y Nobleza del referido y demás Reynos", Biblioteca Nacional de España [BNE], Mss/13043, ff. 116 r.º - 127 v.º; "Discurso de un Inquisidor, hecho en tiempo de Phelipe 4.º, sobre los Estatutos de Limpieza de Sangre de España, y si conviene al Servicio de Dios, del Rey, y Reyno moderarlos" (BNE, Mss/13043, ff. 132 r.º - 171 v.º).

(31) Sicroff, Albert A., *Los estatutos de limpieza de sangre: Controversias entre los siglos XV y XVII*, Madrid: Taurus, 1985 (*Les*

controverses des statuts de "Pureté de Sang" en Espagne du XVe *au XVII*^{e} *siècle*, Paris: Didier, 1960）; Kamen, Henry, "Una crisis de conciencia en la Edad de Oro en España: Inquisición contra "limpieza de sangre" ", *Bulletin Hispanique*, 88, 1986, pp. 321-356.

（32） Amelang, James S., *Historias paralelas: Judeoconversos y moriscos en la España moderna*, Madrid: Akal, 2011, pp. 118-119.

（33） Olival, Fernanda, "Rigor e interesses: Os estatutos de limpeza de sangue em Portugal", *Cadernos de Estudos Sefarditas*（Universidade de Lisboa）, 4, 2004, pp. 151-182. 最も普及が進んだのは一六七〇年代後半からであり、一六六三年のリスボンのサンタ・エングラシア教会における至聖秘跡兄弟団での導入が契機となった。

（34） López-Salazar Codes, *Inquisición Portuguesa*..., pp. 128-133.

（35） 金七紀男「ポルトガルの異端審問制と新キリスト教徒――レヴァ＝サライヴァ論争をめぐって」（『Quadrante』一、一九九九年、一五五～一六七頁。また、坂本宏は、スペインのコンベルソの同化について、彼らが改宗後何世代目であるかという点を検討に入れる必要性を提唱している。坂本宏「コンベルソの同化戦略―セペダ家のイダルゴ訴訟（一五一九～一五二二）」（『明治学院大学教養教育センター紀要：カルチュール』第六巻第一号、二〇一二年）、二三～三七頁。

（36） M・ボディアンやC・B・ストゥチンスキは、多くの新キリスト教徒は商業・金融に従事し続けたがゆえに、旧キリスト教徒の政治社会への同化が進まなかったと述べる。Bodian, Miriam, ""Men of the Nation": The Shaping of Converso Identity in Early Modern Europe", *Past and Present*, 143, 1994, pp. 48-76; Stuczynski, Claude B., "Harmonizing Identities: The Problem of the Integration of the Portuguese Conversos in Early Modern Iberian Corporate Polities", *Jewish History*, 25-2, 2011, pp. 229-257; Idem, "Anti-Rabbinic Texts and Converso Identities: Fernão Ximenes de Aragão's Catholic Doctrine", in Kevin Ingram, and Juan Ignacio Pulido Serrano（eds.）, *The Conversos and Moriscos in Late Medieval Spain and Beyond, Volume 3: Displaced Persons*, Leiden/Boston: Brill: 2015, pp. 63-94. また、新キリスト教徒が海外交易従事者の半数を占めたことについて、Boyajian, James C., *Portuguese Trade in Asia under the Habsburgs, 1580-1640*, Baltimore/London: John Hopkins University Press, 1993.

（37） González de Cellorigo, Martín, *Alegación en que se funda la justicia y merced que algunos particulares del Reyno de Portugal, que están dentro y fuera de los confines de España, piden y suplican a la Católica y Real Magestad del Rey don Felipe*

Tercero nuestro señor, se les haga y conceda, Madrid, 1619（transcr. Israël Salvator Révah, “Le plaidoyer en faveur des «Nouveaux-Chrétiens» portugais du licencié Martín González de Cellorigo”, *Revue des Études Juives*, 122, 1963, pp. 325-398）.

（38）Golzález de Cellorigo, Martín, *Memorial de la politica necessaria, y vtil restauracion à la Republica de España, y estados de ella, y del desempeño vniversal de estos Reynos*, Impreso por Iuan de Bostillo, Valladolid, 1600. 校訂版として、Idem, *Memorial de la política necesaria y útil restauración a la República de España*, Edición y estudio preliminar de José L. Pérez de Ayala, Madrid: Instituto de Cooperación de Iberoamericana, 1991.

（39）前註に示した校訂版における José L. Pérez de Ayala の解題 “Estudio preliminar”, pp. XI-XLV. また、本邦においてゴンサレス・デ・セリョリーゴの紹介に先鞭をつけたのも経済学界だった。飯塚一郎『貨幣学説前史の研究』未来社、一九六九年、一四八～一五四頁。

（40）Gutiérrez Nieto, Juan Ignacio, “El pensamiento económico, político y social de los arbitristas”, in Merquíades Andrés, et.al., *El siglo del Quijote (1580-1680), Volumen 1: Religión, filosofía, ciencia (Historia de España fundada por Menéndez Pidal, Tomo XXVI)*, Madrid: Espasa Calpe, 1986, pp. 235-351.「衰退」に対する同時代人の認識に関しては、Pagden, Anthony, “Heeding Heraclides: Empire and its Discontents, 1619-1812”, in Richard Kagan, and Geoffrey Parker (eds.), *Spain, Europe and the Atlantic World: Essays in Honor of John H. Elliott*, Cambridge: Cambridge University Press, 1995, pp. 316-333; Elliott, John H., “Introspección colectiva y decadencia en España a principios del siglo XVII”, in his *España y su mundo: 1500-1700*, Madrid: Taurus, 2007, pp. 299-323. また、G・パーカーによれば、「スペインの衰退」という語が史料中に初めて表れたのはこの『覚書』であった。Parker, Geoffrey, *The World Is Not Enough: The Imperial Vision of Philip II of Spain*, Waco (Texas): Baylor University Press, 2000, p.14.

（41）Villanueva, Jesús, “El reformismo de González de Cellorigo y sus fuentes: Maquiavelo y Bodin”, *Hispania*, 195, 1997, pp. 63-92.

（42）三潴みづほ「ペドロ・デ・バレンシアの献策書「スペインのモリスコについて」――近世スペイン史研究におけるその史料的価値――」（『学習院史学』第四六号、二〇〇八年）、三六～六〇頁。

（43） Amelang, *op. cit.*, pp. 280-281. 禁書に指定されたことについては、以下の目録にも記載が残っている。Carbonero y Sol, Dr. D. León, *Índice de los libros prohibidos por el Santo Oficio de la Inquisición Española, desde su primer decreto hasta el último, que espidió en 29 de mayo de 1819, y por los Rdos. obispos españoles desde esta fecha hasta fin de diciembre de 1872*, Madrid: Imprenta de D. Antonio Pérez Dubruli, 1873, p. 864.

（44） *Parecer sobre los estatutos de limpieza de sangre en España (Informe dirigido al Rey (¿Felipe III?), sin autor, atribuido a Juan de Montemayor, ¿c. 1620?)*, Biblioteca Histórica Marqués de Valdecilla de la Universidad Complutense de Madrid, BHMSS172, 69 folios.

（45） "Dedicatória de Diogo Sanches de Vargas ao rei Filipe II de Portugal da sua «Advertência» sobre a vantagem do casamento entre cristãos-novos e cristãos-velhos" (Arquivo Nacional da Torre do Tombo [ANTT], Inquisição-Conselho Geral-2634), in António Borges Coelho, *Inquisição de Évora*, Lisboa: Caminho, 1987, vol. II, p. 137 (Apêndice 12).

（46） "Aduertencia a la catholica Mag[esta]d del Rey Don Phelipe 3º nuestro Señor, en razon de Christiandad, y estudo, y para augm[en]to de n[uest]ra Sancta fee catholica, y de los Reinos d'España" (ANTT, Inquisição-Conselho Geral-2634), in Borges Coelho, *op. cit.*, pp. 138-149 (Apêndice 13).

（47） "Auto de perguntas a Diogo Sanches de Vargas sobre a autoria e divulgação de um escrito onde se defendia a vantagem do casamento entre cristãos-novos e cristãos-velhos" (ANTT, Inquisição-Conselho Geral-2634), in Borges Coelho, *op. cit.*, pp. 134-136 (Apêndice 11).

（48） J・コントレーラスは、ユダヤ系改宗者に関する伝統的な叙述が、一国史的な枠組みにおける周縁的な存在として描かれるか、民族の一貫性を強調するかのいずれかに偏る傾向があったことを批判する。Contreras, Jaime, "Historiar a los judíos de España: Un asunto de pueblo, nación y etnia", in Antonio Mestre Sanchís, y Enrique Giménez López（eds.）, *Disidencias y exilios en la España moderna*, vol. 2, Alicante: Universidad de Alicante, 1997, pp. 117-144.

（49） Elliott, "Inrospección colectiva...", pp. 305-312.

（50） Soyer, François, *The Persecution of the Jews and Muslims of Portugal: King Manuel I and the End of Religious Tolerance (1496-7)*, Leiden/Boston: Brill, 2007, pp. 250-251.

（51）　関哲行は、一七世紀初頭の追放に伴うモリスコの大陸間移動とイスラームへの再改宗に着目することで、イベリア半島内に議論を限定することなくスペイン史とイスラーム史とを接続することを提唱する。関哲行「近世スペインにおけるモリスコ問題――同化と異化の狭間に――」（甚野尚志・踊共二編著『中近世ヨーロッパの宗教と政治――キリスト教世界の統一性と多元性――』ミネルヴァ書房、二〇一四年）、三四五～三六八頁所収。

（52）　Amelang, *op.cit.*, pp. 35-85.

（53）　Kaplan, Yosef, "Political Concepts in the World of the Portuguese Jews of Amsterdam during the Seventeenth Century: The Problems of Exclusion and Boundaries of Self-identity", in Yosef Kaplan, Henry Méshoulan, and Richard H. Popkin (eds.), *Menasseh Ben Israel and His World*, Leiden: Brill, 1989, p. 47.

第4章

インディアス諸王国

――スペイン領アメリカは「植民地」だったか？――

宮崎和夫

はじめに

ハプスブルク朝期のスペイン領アメリカは、ヌエバ・エスパーニャ王国とペルー王国の二つの「王国」から成り、それぞれが副王に統治されていた。シチリア島やサルデーニャ島やイタリア半島の南半分も、一七世紀末までスペイン・ハプスブルク家の支配下にあり、それぞれシチリア王国、サルデーニャ王国、ナポリ王国と呼ばれて、各々が副王によって統治されていた。こうした、現在はイタリア共和国の領土である国々は、一三世紀末から一六世紀初頭にかけてアラゴン王の領国となったが、現在のスペインの領土であるアラゴン王国・カタルーニャ公国・バレンシア王国・マジョルカ王国の四か国と同様に、それぞれ別の王国として扱われて、それらの王を、アラゴン王の称号を保持する一人の人物が兼任するというかたちで統治され、ハプスブルク家によるスペイン支配がはじまったのちも、こうした支配体制が基本的に継続していった。それに対し、インディアスの諸「王国」は、現在では「副王領」と呼ばれることが多く、スペイン語圏や欧米諸国の研究書でも virreinato, viceroyalty などと呼ばれている。しかし、ハプスブルク朝期のカスティーリャ語の文献で、virreinato という言葉は、副王制や副王の地位や任期を意味する言葉としては使われていても、副王の領国ないし管轄地域を指す言葉としては使われていない。インディアスにおいてもイタリアにおけるのと同様に、副王の住居はあくまで「王宮（palacio real）」であって「副王宮殿」とは呼ばれなかったし、副王に仕える人々はあくまで「国王役人（oficiales reales）」であって、副王役人などというものは存在しなかった(1)。であるならば、スペイン・ハプスブルク王権や当時のスペイン人が、イタリアの諸領国とインディアス諸王国を本質的に異なる性格の領土として認識していたのかどうか、疑わしくなってくる。

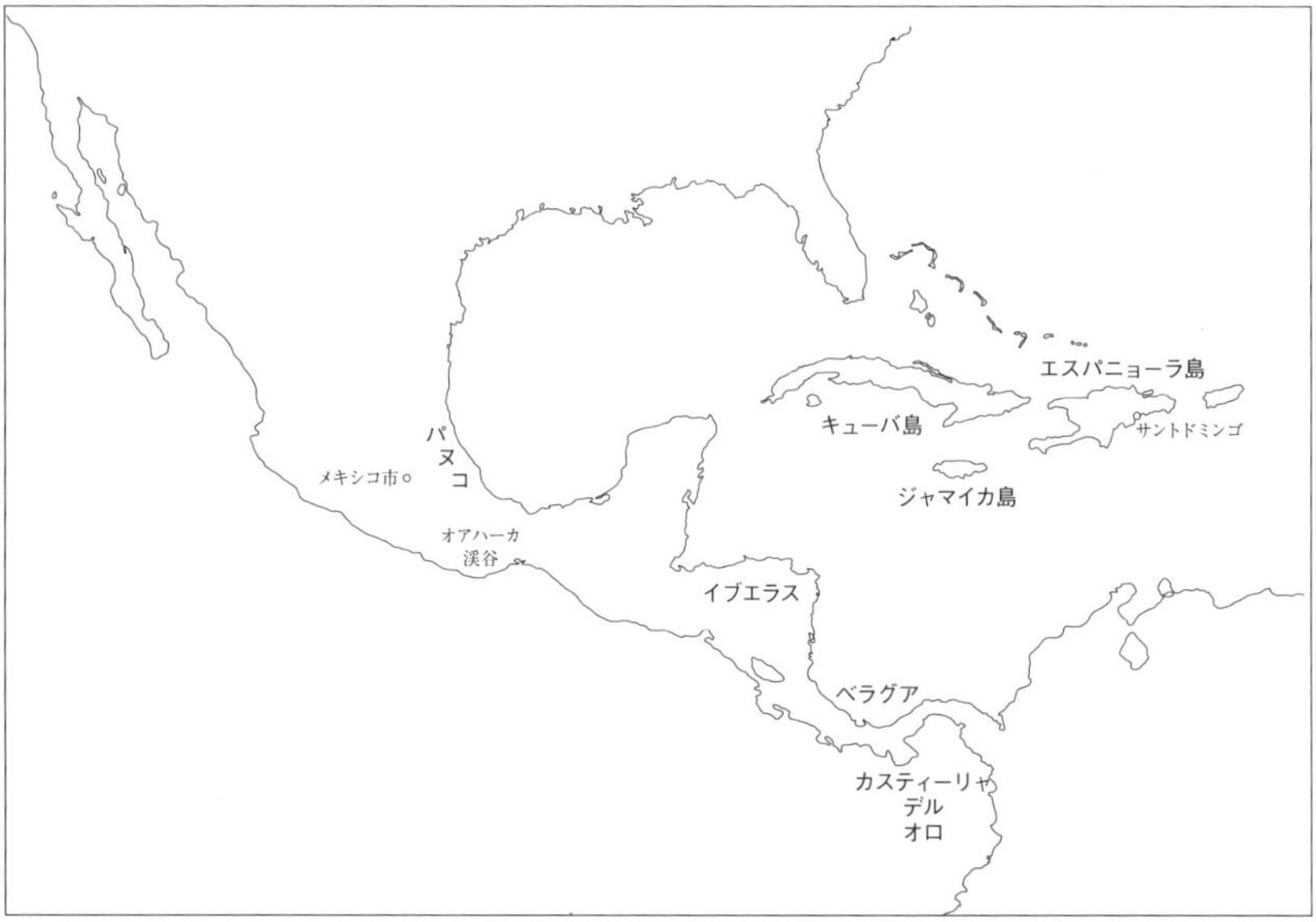

図 4-1 植民地時代初期の中米・カリブ海域

ハプスブルク朝下のイタリア諸領国とインディアスとをまったく性格の違う領土と見るような見方は、一九世紀中葉以降の欧米の歴史家たちが、自らの所属する国民国家を、歴史の必然的で最良の到達点とみなして、中世から近世を経て自らの生きた時代にいたるまでの自国や他国の領土で発生したさまざまな歴史的事象の中で、一致団結した「国民」共同体の公共善の実現のために合理的に編成されている（ということになっている）国家の形成へ向かっていく要素だけに着目して称揚していたことと関係している。

　近代スペインの歴史学においては、インディアスの副王制は、スペインがアメリカ大陸を支配していた帝国時代の栄光の象徴と見られた。近代的でダイナミックなカスティーリャ王国とレオン王国は、早くから完璧な融合を成し遂げ、イスラーム諸王国を完全に吸収して一体化したが、アメリカを征服したことであまりにも遠く離れた広大な領土を獲得してしまい、そうした土地を支配するためには、中央集権制に反するようにも見える副王制が実は有効だったというわけである。他方で、マドリード宮廷から比較的近距離にあるアラゴン連合王国の副王制は、これらの国々がそれぞれの伝統的な法制度に固執したがゆえにやむを得ず設置されたものであり、中世的な古臭い政治体制の残滓にすぎないとされた[2]。

独立して間もないイスパノアメリカの国々では、副王制も含めたスペイン支配時代のあらゆるものが、アメリカ史の自然な流れに闖入した異物として全否定された。解放者たちによって生まれた自分たちの新しい国々は輝かしいアステカやインカの直接の後継者であるということが前提になっているわけだが、そうした見方は、自らをローマ人や西ゴート人の直接の後継者とみなし、イスラーム・スペインを、スペイン史の自然な流れに闖入した異物として全否定するスペイン近世・近代人の歴史観と、興味深い符合を見せている。

アメリカ合衆国では、西漸運動や米墨戦争から米西戦争に至る時代に、自国の「裏庭」としていったラテンアメリカの歴史と文化に対する関心が大いに高まった。カリフォルニア大学バークレー校を中心に、副王制を含むラテンアメリカ行政史などについて、体系的な研究が行われたが、アメリカ国民全般の歴史認識の形成に広範な影響を与えたのは、そうしたアカデミズムの研究者の論文よりも、アマチュア歴史家H・H・バンクロフトの著作であり、彼の『メキシコ史』は、スペイン帝国、とりわけ副王制を米国人が理解する際の一つのかたちをつくったといわれている[3]。同書によると、スペイン領アメリカにおいては、国王が、土地の領有権や住民に対する支配権も含めたあらゆる政治権力を保持し、その大権を死守することに血道をあげ、自身と自身が寵愛する家来のためにあらゆる利益を引き出そうと固く決意していた。アメリカの副王は、こうした目的を達成するために、相互に監視させられつつ王に利用されていた様々な権力機関の一つに過ぎない。王は、自分の目的を達成するために、植民地の思想や事業に対し、暴政としか言いようのない統制を敷いた。しかし、スペイン人はそれを束縛と感じなかった。支配することが大好きでありながら、支配されることも好んだからである[4]。

しかし二〇世紀中葉のスペイン語圏の歴史家たちの中には、自国を正当化し称揚するための歴史観から解き放たれた視点で、スペイン領アメリカの副王制を研究する人々が出てきた。例えば、一九四〇年代のアルゼンチンでは、R・レベーネが、インディアスの住民は先住民も含めて完全にカスティーリャ王国民として扱われていたのであり、インディアスは植民地などではなかったと主張した(5)。

他方で、フランコ独裁時代のスペインの公式の歴史学は、C・ペレス・ブスタマンテに典型的に見られるように、スペイン帝国のアメリカ統治に関する一九世紀以来の見方をより先鋭化させていった(6)。これに対して、カタルーニャ出身のJ・ビセンス・ビーベスは、中世から近代にかけての政治制度に関わる歴史事象の中には、中央集権化や合理化では説明できないものが数多くあり、副王制もその一つであることを指摘した。「コロンブスの副王職の地中海圏における先例(7)」などの論文で彼が提案したのは、スペイン帝国を、中央集権的指向性を持つ国家としてではなく、連邦制的な指向を持つ国家として解釈することである。

メキシコの歴史家J・I・ルビオ・マニェは、一九五五年に出版された、ヌエバ・エスパーニャの副王制に関する大著の解題で、アングロアメリカ人の歴史家たちによる既存の研究の価値を認めつつ、副王制がラテンアメリカ固有の問題として分析されていることを、その欠陥として指摘している。彼は、ビセンス・ビベスの仕事をアメリカの副王制史の中に組み込み、副王制が地中海起源だというテーゼを取り入れて、ヨーロッパ史をアメリカ史と結びつけ、副王制は物理的にも文化的にも遠く離れた植民地だけに固有の制度ではないということを示したのである(8)。

スペインでもビセンス・ビーベスの仮説は強い影響力を持ち、法制史家J・ラリンデ・アバディアの『カタルーニャにおける副王制度』などにより、連邦制的な国家としてのスペイン帝国の政治システムの新たな解釈が示され始め、ついには公式の歴史学の言説を圧倒するようになった。こうした研究動向がJ・H・エリオットに、すでに『カタルーニャ人の反乱』（一九六三年）を著したころから影響を与えていたであろうことは想像に難くない。フランコ政権崩壊後のスペインでは、マルクス主義史学とアナール派史学が同時に隆盛を極めたが、一九九〇年代ごろからは、政治史・制度史の研究と社会史・文化史・心性史の研究をうまく結び付けた研究手法が、スペイン帝国研究にも導入され、アメリカの副王制や副王宮廷や行政機構などのテーマにおいても、数多くの研究成果が、現在に至るまで発表されてきた。本章では、こうした研究成果に基づいて、王権およびカスティーリャ王国の、新大陸諸「王国」との関係の成り立ちとその変容を、副王制を手がかりとして、旧大陸とりわけイタリアの諸領国との関係と比較しながら検討していきたい。

本章の叙述のスタイルは、イタリアとインディアスの副王制の成立に関する出来事や状況を、両地域を区別せずに、ほぼ時系列に沿って述べていくというものである。制度の設計に際しては、為政者やその助言者たちが、現行のあるいは過去の制度を、自国のみならず他国の制度も、状況に応じて参考にしながら、その場その場で最善と思えた選択をしていったというふうに捉えるのが適切であると考えるからである。統治機構や統治形態の様々な側面を共時的に比較するというスタイルを採らないのは、イタリアおよびアラゴン連合諸国の副王制が極めて多様だからである。

1　イタリアにおける副王制の誕生――シチリア王国とサルデーニャ王国

副王制の起源はシチリアにある。一四世紀末まで、アラゴン王家の分家筋に当たる王家がこの島を統治していたが、その最後の君主マリア女王とアラゴン王フアン一世の甥のマルティンが一三九二年に結婚して共治王となり、九六年には王の同名の父がアラゴン王に即位したが、シチリア女王と王は嗣子の無いままに相次いで早世し、アラゴン王マルティン一世が一四〇九年からシチリア王を兼ねることになったが彼もまた後継者の無いままに死去し、一四一二年のカスペ会議にて、女系の甥であるカスティーリャ王弟フェルナンドがアラゴン王として迎えられることとなった。その翌年にシチリア王国議会は、「主要で独立した、他に従属しない王として[9]」王太子アルフォンソがシチリア王に即位することを要求したのである。それを受けて、弟のファン王子が副王として派遣され、一六年に前者がアルフォンソ五世として即位すると後者は王太子となったためにアラゴン宮廷に呼び戻されて、カタルーニャ名門貴族カルドーナ伯の三男アントーニがリェイダ司教とともに副王として派遣された。シチリアの在地支配層は、自分たちの国はアラゴン王やアラゴン連合王国に征服されたわけではないのであり、「シチリアの晩祷」事件などの際に示した自発的な意志と正統な王位継承の結果としてアラゴン王（を兼任する人物）を君主として戴く独立国なのだという意識を強く持っていた。新来のトラスタマラ家の君主はそうした考え方に妥協せざるをえなかったのであり、その結果、ノルマン朝やシュタウフェン朝の伝統を引き継ぐ王朝の宮廷つまり王の家政と中央政府がほぼそのまま継承されることになった。

王が発する任命書において副王は「もう一人の余《アルテル・ノース》」つまり王の分身であるとされ、王としての大権を行使し、王として遇することが臣民に求められた。したがって、王弟などの王族が副王として派遣されることを地元民は強く望んだが、王の側から見れば、そうした王族は自分も王になる権利があると思っているがゆえに分離独立する志向があり、それゆえ王にとって危険な存在になりうる。こうした懸念は、シチリアにおいては、過去にすでに現実のものとなっている。アラゴン王ハイメ二世の弟フェデリーコは、シチリアで王の代理を務めていたが、同島をアンジュー家に返還するアナーニ協定（一二九五年）に反発してシチリア王即位を宣言し、彼の子孫が一四世紀末にいたるまでシチリア島を独立王国として統治したのである。その轍を踏まぬために、アルフォンソ五世以降のアラゴン王は、高位貴族を副王に任命するのを好んだ。彼らの多くは王の家政役人であるから、広い意味での王の親族であるというわけである。王族にせよ家政役人にせよ、副王は王以外の何者にも、いかなる官吏や統治機関にも服従することはなかったし、王に対する服従は家長ないし主君に対してものであり、決して国家の指導者に対する服従ではなかった[10]。

サルデーニャ王国にも副王制が一五世紀初頭から存在したが、その起源も実態も、シチリアのそれとは大きく異なる。一三世紀までのサルデーニャ島の社会は、中世ヨーロッパの封建社会とはまったく異なる、身分制も身分制議会も存在しない社会であり、現地では「裁判官」を意味する語で呼ばれてヨーロッパの他の地域の人々からは「王」ないし「君主」として認識される現地人支配者が四名いて、それぞれに「裁判区」ないし「王国」と呼ばれる支配地域を持っていた。一三世紀初頭にはピサとジェノヴァが海岸部に都市を建設して商業活動を展開したが、内陸部には彼らの支配は浸透せず、現地人は都市社会から排除されていた。このような島を教皇庁は、現地人の意向とはまったく無関係に、「コンスタンティヌスの定め」のみを根拠とする宗主権に基づいて、アナーニ協定により、シチリア返還と引換にアラゴン王に授封した。実効支配を確立しようとしたハイメ二世以降の歴代のアラゴン王は、現地人やイタリア系住民の激しい抵抗に遭ったが、カタルーニャ人を主力とする莫大な兵力を投入して抵抗を排除しながら支配地域を拡大していった。王は、重要都市のみを国王直轄領として、そのほかの土地は、従軍したカタルーニャ人等に授封し、現地人をその領民として、封建制をサルデーニャ社会に強制的に導入した。一三五五年には、貴族・聖職者・平民の三つの部会からなる身分制議会が開設されたが、平民の部会は国王直轄都市の代表だから、結局のところ、現地人はこの議会の中で代表されておらず、彼らはサルデーニャの政治社会から完全に排除されたのである。一四一〇年代後半頃から、サルデーニャ方面軍総司令官《カピタン・ヘネラル》と全島《ゴベルナドー》総督《ル・ヘネラル》を兼任する人物に「副王」の称号が与えられて業務監査（カタルーニャ語で purga de taula）を免除されるようになったが[11]、これはシチリアの「副王」との釣り合いが配慮されたものと思われる。しかしサルデーニャの副王は下級貴族が就任することが多く、給与・手当ても低く、その住居は「宮殿」と呼ぶにはほど遠く、その随員集団は「宮廷」と呼ぶにはほど遠かった。

サルデーニャ島のように、併合に際して、現地人を政治社会から排除しながらイベリア半島諸国の政治・社会構造を移植し、征服者・入植者だけで政治社会を形成するというやり方は、アラゴン連合において決して珍しいことではない。バレンシア王国とマジョルカ王国においても、イスラーム国家が完全に解体されてムスリム住民は政治社会から排除され、アラゴン王国やバルセローナ伯国の政治・社会構造が移植されて、両国からの入植者だけで政治社会が形成されていったことを思い起こすべきであろう。

2　中世後期スペイン諸王国の地方行政

一五世紀末の段階で、イベリア半島に副王制は存在しない。インディアスはカスティーリャ王国の領土だったのだからその副王制の起源はカスティーリャ王国にあるとする説は根強くあるが、政治体として統一されていたカスティーリャ王国に副王制は存在しえない。一二三〇年にレオン王国とカスティーリャ王国の同君連合として成立した国家ではあったが、連合成立後、議会は合同で召集されるようになり、アルフォンソ一〇世によって着手された法的な統一の事業も両国一体で行われた結果、一五世紀末の時点で両国間の法的な差異は存在しないと言ってよい。同君連合成立と前後していくつものターイファ諸国が併呑され、それぞれが「王国」と呼ばれ続けたが、政治体としてまったく尊重されなかったのも周知のとおりである。このような国家に副王制は不要である。

最高位の地方行政官はコレヒドール（国王代官）であったが、その人数は一五世紀末の段階で六四名にものぼり、王国内の随所でまだ聖界・俗界の諸侯の領地が広範に広がっていたことも考慮すると、一人のコレヒドールの管轄区域の面積は、大きなばらつきがあったにせよ、平均すると、現在の「郡《コマルカ》」よりも少し大きいという程度だったのではないかと推測できる。これに対して、国王裁判所として主に控訴審を担当する高等法院《チャンシリェリア》は、もともと王とともに全土を巡回していたが、一四八九年にはバリャドリーに固定され、九四年にはタホ川以南を管轄する高等法院がシウダー・レアルに新設されたため、行政と司法が未分化な時代にあって、それぞれの高等法院が、コレヒドールよりも上位の地方行政機関としての役割も果たすようになった。コレヒドールは国王直轄領で第一審を担当する司法官でもあったことから、高等法院よりも下位にあったのは明らかであり、カスティーリャ王国の地方行政は、法曹の合議体が一人機関に優越するシステムであると言える。

政治体として一体性が無ければ必ず副王制が存在するというわけでもなくて、アラゴン連合王国でも、現在スペイン国の領土となっている地域にあった国々には、副王は存在しなかった。一五世紀末時点のこれらの国々で、その一つ一つを国王の名代として統治する者は、国王総代理[12]などの名で呼ばれていた。イベリア半島東部諸国では、各国の中央行政を担う官吏の多くが、国王宮廷の一員として国王と共に様々な国を巡回しており、それぞれの首都に定住する国王総代理の周辺の官吏や随員の数は限られていて、王の威光が誇示され王への請願がかなえられる場所としての「宮廷」が個別に形成されていたとは言えないことが、[13]「副王」の名称が用いられないことの背景にあるものと思われる。個々の国では、国王の代理は当然一名であるが、国王裁判所も一箇所のみであり、往々にして前者は後者の長官を兼ねていたので、アラゴン連合王国の地方行政は、一人機関が法曹の合議体と対等であるかむしろ優越していたとも言える。[14]この点は、副王が存在していたシチリアやサルデーニャでも同じである。

3　カトリック両王期——コロンブスの副王職とナポリ王国

コロンブスが西廻りで「インディアス」に到達する計画の実行を開始するに際して、カトリック両王は、サンタ・フェの協約書において、「同人が大洋にて発見もしくは獲得するすべての島々における両陛下の副王にして総督に任じ給う」[15]と約束した。発見された土地におけるコロンブスの地位を規定した文書は、サンタ・フェの協約書（一四九二年四月一七日）の後にも、同じ年の四月三〇日の称号発令書や、帰航後の九三年五月二八日の認可状、その翌日に発行された第二回航海のための指示書などがあるが[16]、そのいずれにおいても、新たに発見される土地における「副王にして総督」なるものがいかなる地位ないし職務であるのかが明確でない。こうした曖昧さが、コロンブスの死後にその子孫が国王を相手取って訴訟を起こす原因となったし、現代の歴史家の論争の原因にもなった。

図 4-2 イサベル女王に航海計画を説明するコロンブスの銅像（マリアー・バンリウラ作、1892 年、グラナダ市イサベル・ラ・カトリカ広場）

曖昧になってしまった原因の一つは、「副王」の称号ないし官職は、国王夫妻が新たに発見される土地の統治のあり方の構想を立てたうえで設置しようとしたものではなく、コロンブスの側から要望して認可されたものだったからである。副王や総督どころかコレヒドールさえも務めたことがなく、大学で法学を学んだわけでもないコロンブスに、統治機構の構想を立てろというのは無理な話である。また、サンタ・フェの協約書の段階では、コロンブスがその「副王にして総督」となるはずの土地はまだ「発見」されていなかったし、そもそも「発見」がなければこの地位は意味がないのだから、その内容が曖昧だったのだとも考えられる。(17) 新たに征服された土地に設置する権力機関の権限や統治のための仕組みを定めるためには、統治対象の地域の文化や社会を把握する必要があり、有効な参照枠がほとんど無い状態ではそれは極めて難しい。

コロンブスの副王職の起源については、アラゴン連合王国起源を主張するビセンス・ビーベスと、カスティーリャ王国起源を主張するA・ガルシア・ガリョやペレス・ブスタマンテとの間に、二〇世紀中葉に論争が繰り広げられ、現在でも決着がついているとは言いがたいが、あまり意味のある論争だとは思えない。そもそも制度というものは、生物の個体ではないのだから、まるで親が誰なのかを特定するかのように、先例やモデルを特定することなどできるはずもない。コロンブスの副王職の成立の経緯に関する説明として最も説得的であると筆者が考えるのは、ラリンデ・アバディアの説である。

それによると、コロンブスが西廻りでインディアスに到達航海に出発する前に、成功の報酬としての官職を要求するにあたっては、カスティーリャ王国の支援を得ようとしてその国王夫妻と交渉しているのである以上、まずはカスティーリャ王国の制度を参照していたと考えるのが自然である。一方で、イタリア人の船乗りで西地中海をあちこち航海しているのだから、シチリア王国やサルデーニャ王国やマジョルカ王国やイベリア半島東海岸諸国の制度も知っていた可能性がある。他方で、王権の側は、新しく「発見」された土地には、アラゴン連合王国よりはカスティーリャ王国の制度を移植することを好んだはずである。後者のほうが、政治体として一体であるがゆえに、王権の自由な行使の余地が大きかったからである。しかしコロンブスがまず欲したものは、「カスティーリャ提督」と同等の地位としての「大洋の提督」の地位であった。中世のカスティーリャ王国における「提督」は、単なる海軍総司令官ではなく、海上（および港や河口）における国王の代理であって、その任命書には、こうした場所での提督の命令には国王の命令に服従するのと同じように服従しなければならないと、明確に定められていた。次にコロンブスは、自分が「発見」する陸地においても、「提督」と同等の権力を行使できるようにしたいと考えて「総督」の地位を得ようとした。しかし、カスティーリャ王国における「総督」は、完全な意味での国王の代理ではなかった。例えば、任期を終えると監察特使《フエス・デ・レシデンシア》による業務監査《レシデンシア》の対象になったし、総督による裁判は当事者が判決に不服であれば高等法院に控訴することができた。そこで、完全な意味での国王の代理としての地位は、アラゴン連合王国から引き出す必要が生じたのだが、君主代行が「副王」と呼ばれていたのは、サルデーニャ王国とシチリア王国である。これらのうちで、コロンブスの相続人らが王権を相手取って起こした訴訟に関する文書の中で、回復されるべき副王職と同等のものとして常に挙げられているのがシチリア王国であることを考慮すれば、コロンブスが求めた副王職のモデルとなったのはシチリアのそれである可能性が高い(18)。

ラリンデ・アバディアによると、サンタ・フェの協約書では副王職のモデルに関する言及が無いのに、一四九三年五月二八日の認可状では「我らのカスティーリャ王国とレオン王国の歴代のあるいは現任の副王や総督」と同等の地位を与えるという記述があるのは、その直前の同年五月四日にフェルナンド王とイサベル女王に宛てて発せられたアレクサンデル六世の教皇勅書で、コロンブスが発見した土地を含む、ヴェルデ岬沖諸島から西方一〇〇レグアの地点を通る経線よりも西方で新たに発見された島や陸地を、「汝ら、および汝らの相続人であるカスティーリャならびにレオンの国王に永久にわたり」授与するとされたためである(19)。両王としては、新たな領土に、その領土が帰属するとされた王国のものとは異なる統治制度を賦与することによって生じうる混乱を避けたかったし、何より、アラゴン連合王国の統治制度を避けたかったのである。カスティーリャ・レオン王国には正式には「副王」が存在しないことは両王もわかっていたはずだが、彼らが念頭においていたのはおそらく、ガリシアの「総督」であろうと思われる。ガリシアにおけるファナ王女（ラ・ベルトラネハ）の支持者の抵抗を鎮圧するために、一四八〇年一〇月にフェルナンド・デ・アクーニャが「総督」に任命されて派遣されたのだが、この「総督」には、カスティーリャ王国の他の「総督」とは違って、国王代理としての権限が臨時に与えられており、非公式に「副王」とも呼ばれていた。コロンブス家と王権との間の訴訟文書では、「ガリシアの総督」は、ナポリ副王やシチリア副王と並んで、回復されるべき副王職と同等のものとしてしばしば挙げられている。[20]

周知の通り、入植活動が進むにつれてコロンブスは統治能力が無いと判断されるようになり、一五〇〇年には副王位を剥奪されて、それを回復できぬまま〇六年に死去するが、その同じ年にフェルナンド王はナポリに入市し、征服したばかりのナポリ王国の統治体制の整備を始める。〇三年の征服直後は、征服軍を率いていた「大総帥《グラン・カピタン》」ゴンサーロ・フェルナンデス・デ・コルドバが副王として統治していたが、彼の統治能力に王は強い不信感を抱いていた。また、先行する王朝はあまりに不人気だったため、シチリア王国と同様にアラゴン王家の親類であったにもかかわらず、フェルナンドは自らがその継承者として立ち現れることを忌避した。その結果、シチリア型とサルデーニャ型の中間のような統治形態が採用されることになった。地元民とイベリア半島人の混成の合議体である「側副顧問会議《コンシリオ・コッラテラーレ》」が、王国の最高行政・司法機関として、副王を補佐ないし監視するために設置されたのである。「側副《コッラテラーレ》」の語は、この会議の権能が、聖王顧問会議《サクロ・レジオ・コンシリオ》や司法代官大法廷《グラン・コルテ・デッラ・ビカリア》といった王国の既存の司法・行政機関と一部重複していることに由来する。側副顧問会議が、王に代わってナポリ王国の上告審を審理し、ナポリ王の詔勅を発布し、国璽を保管することになったためである。他方で副王の家政役人はナポリ王国地元民《レンニコリ》に限られた。ただし、重要な儀式に際して副王の身辺を警護する一〇〇名ほどの警護人《コンティーノ》には、当初スペイン人のみが採用されたが、地元民がこれに採用されることを切望したため、一六世紀末には、半数まで地元民が採用されることとなった(21)。

他方で、コロンブスの息子のディエゴ・コロンは、父親の死後、サンタ・フェの協約書等にしたがって、父親に与えられたあらゆる肩書や官職を相続人として相続する権利があることを主張し始めたが、そうした主張が通り始めたのは、第二代アルバ公爵の姪のマリア・デ・トレードと結婚してからであり、アルバ公の支援により、一五〇八年に、ニコラス・デ・オバンドの後任のエスパニョーラ島総督の地位を獲得した。しかしこれは、父の権利を相続することが認められた結果ではなく、ディエゴに対する個別の恩典として任命されたというだけであった。その上、コロンブス以外の航海者たちが発見した土地の総督の地位は、その発見者たちに与えられていった。一一年五月には、ディエゴが王権に対して起こした訴訟に対する判決をカスティーリャ顧問会議が下したが、それにより、エスパニョーラ島とコロンブスが発見した他の島々における「副王にして総督」の地位が認められたものの、業務監査に服するべきことが定められ、彼が裁判で下した判決は上訴できるものとされた。同じ年に聴訴院がサント・ドミンゴに設置されたことにより、コロンブスが持っていたインディアスにおける最高裁判権は完全に失われた。法曹の合議体が複数の総督（＝一人機関）の上に立つという、地方行政のカスティーリャ・モデルが導入されたのである。こうした状況に直面してディエゴは再び訴訟を起こす(22)。

一五一四年にペドラリアス・ダビラがカスティーリャ・デル・オロ（パナマ地峡付近）の「国王総代理」に任命されているが、その任命書には、「かの地に住む者が皆、余に服従するのと同様に貴殿に服従し、貴殿を余自身であると認めることが、余の意思である」とあり、明らかに、総督よりも上の副王として権限が彼に与えられている。しかし王権は、係争中の「副王」の語を避けようとして、アラゴン連合イベリア諸国における同等の肩書きを用いたものと思われる(23)。

4　王朝の交代と副王制

ブルゴーニュ公シャルル二世がカスティーリャ・アラゴン王カルロス一世として即位したことにより、カスティーリャ王国でコムニダーデスの乱が、バレンシア王国でジャルマニーアの乱が起きたが、シチリア王国でも、カトリック王フェルナンドの死からわずか二か月後の一五一六年三月に騒擾が起きた。カタルーニャ貴族の副王ウク・ダ・ムンカーダは、王国の法に反して、王の死の報を受けても辞任せず、それを隠蔽したまま新王カルロス一世によって再任されるのを待とうとして、そのことがシチリアの人々に発覚したのである。議会はムンカーダの退任を要求し、先王の娘でカルロスの母であるカスティーリャ女王フアナこそがシチリアの法によれば正統な王位継承者であるとして、その名の下に摂政を開始すると宣言した。その根源的な意図は、王と王国臣民との間のコミュニケーションの回路としての副王の地位が濫用されたので、議会が副王にとって代わることで正常なコミュニケーションを回復しようというものである。カタルーニャ貴族出身でシチリア貴族の親類も多いナポリ副王ラモン・デ・カルドーナが調停に乗り出して、まだフランドルにいたカルロス一世の宮廷の合意の下、ナポリ貴族モンテレオーネ伯爵がシチリア副王として送り込まれることになった。しかしカルロスの宮廷は、シチリアで何が起きているのかよく理解できていなかった。(24) 新任の副王に反対する騒擾が再び起きたが、住民の間に秩序の回復を求める声が強まり、一七年には反乱は終息した。(25)

カスティーリャ・アラゴン王に即位した当初のカルロス一世は、幼時から仕えていたフランドル人の側近たちの強い影響下にあり、彼らは王がネーデルラントのためだけの君主であり続けてくれることを望み、イベリア半島諸国とそれに付属する「新世界」インディアスのことは、利権と資源と税収を得るための場所としか見ていなかったが、その一方で、カルロスの曽祖父シャルル豪胆《ル・テメレール》公のナンシーの戦いでの敗死とその後の領土の半減と国の存亡の危機の記憶を引きずって、フランスとの衝突を極度に恐れ、ヨーロッパでの覇権の展開には消極的だった。それに対して、カルロスの父方の祖父で先代皇帝のマクシミリアン一世は、皇帝権力の実質化の事業を自分の死後も長孫に継続させようとしており、その意向を汲む一派の中心人物が、ピエモンテ人法学者メルクリーノ・ガッティナーラであった。彼は、皇女マルグリットがサヴォイア公妃であった時代にその財産管理人として抜擢され、未亡人となった彼女が甥シャルル二世（後のカルロス一世）の摂政となるためにネーデルラントに戻った際に同行してネーデルラント宮廷に入り、ローマ帝国をモデルとしつつ、キリスト教精神に基づいた普遍帝国の実現へ向けて、主君を誘導しようとしていた。

カルロス一世の新たな領国のあちこちで、王や高官たちに対する不満が高まっていることを察知したガッティナーラは、一五二〇年の初めごろに宮廷がアラゴン連合王国を離れる前に書いた建白書で、バラバラで多様な領国を保持したカトリック王フェルナンドの統治方法に着目し、この地域に「副王や国王総代理」を置くことを提案している。君主が国王代理という複製を作りながら、あたかも個別の領国だけの君主であるかのようにふるまい、王朝が交代したことをできるだけ意識させないようにして、臣下に対して友好的な態度で接して忠誠心を勝ち取ろうというのである[26]。

しかし、ガッティナーラの勧告は無視された。一五二〇年五月にカルロス一世がアーヘンでの皇帝即位式に向けてア・コルーニャを出港した後、ユトレヒトのハドリアヌスがカスティーリャ王国の摂政に任命され、彼や、アラゴン連合諸国の副王――このころから、イベリア諸国の「国王総代理」も「副王」と呼ばれるようになる――には、ほとんど王に等しい権限が与えられ、各王国の王としての家政と中央政府の行政機構が与えられ、それらが王国の唯一の政治的中心地とされて、各王国の臣民が国王に接触する際は、必ず摂政ないし副王を通すべきものとされた。また、フランシュ＝コンテ人ジャン・ラルマンが、アラゴン連合王国総会計監督官に就任し、同連合王国全体（ただし、シチリア王国とナポリ王国は除く）の行政を掌握した。[27] 国王は皇帝即位と、ドイツやイタリアに勢力を拡大してフランスと敵対する帝国政策に余念がなく、イベリア半島にはあまり関心を持たず、そこに住むつもりもなかったので、統治の義務から解放されようとして、ブルゴーニュ公国出身の寵臣たちに広範な権限を与え、イベリア半島諸国の支配層には、君主とのコミュニケーションが遮断されたという印象を与えてしまった。一六年にシチリアで起きたことの教訓は生かされなかったのである。

カルロス一世がア・コルーニャから出港する直前の一五二〇年五月に、コロンブスの息子のディエゴ・コロンに対して、「副王にして総督」の肩書を認める旨の通知が出された。その管轄範囲は、エスパニョーラ島と、父親が発見したその他の島々と、父親の活動の結果として発見された島々に及ぶものとされ、父親の航海に際して作成された協約書類に規定されたあらゆる権限を行使できるものとされた。[28] 業務監査も免除された。新王朝は、アルバ公爵の決然とした支持に対する返礼の一つとして、その親族の地位を再確認し、また拡張したのである。[29]

しかし、コムニダーデスの乱とジャルマニーアの乱の勃発を受けて、王権は、君主代行に強大な権限を与えて統治を完全に委任するという方針を修正し始めた。一五二〇年一〇月には、アラゴン王国で、いったん副王に任命されたファン・デ・ラヌーサが貴族や諸都市の反発を受けて、任命が撤回された。皇帝カール五世となった王は二一年年頭にヴォルムスで帝国議会を召集してキリスト教普遍帝国の理念を開陳し、三月のヴォルムス勅書でマルティン・ルターに帝国アハト刑を宣告したが、その直後に、帝の幼時の養育係で寵臣のシエーヴル領主ギヨーム・ド・クロイが死去し、フランドル人側近らの影響力が弱まり始めた。スペインに再び向かう途中で生地ヘントに立ち寄ったカールは、二二年四月、母方祖父フェルナンドのアラゴン顧問会議規則（一四九四年）をほぼ再確認する趣旨の勅令を発したが、恩典の授与に関する権限を大法官府に移して司法に専念させるようにしたこと

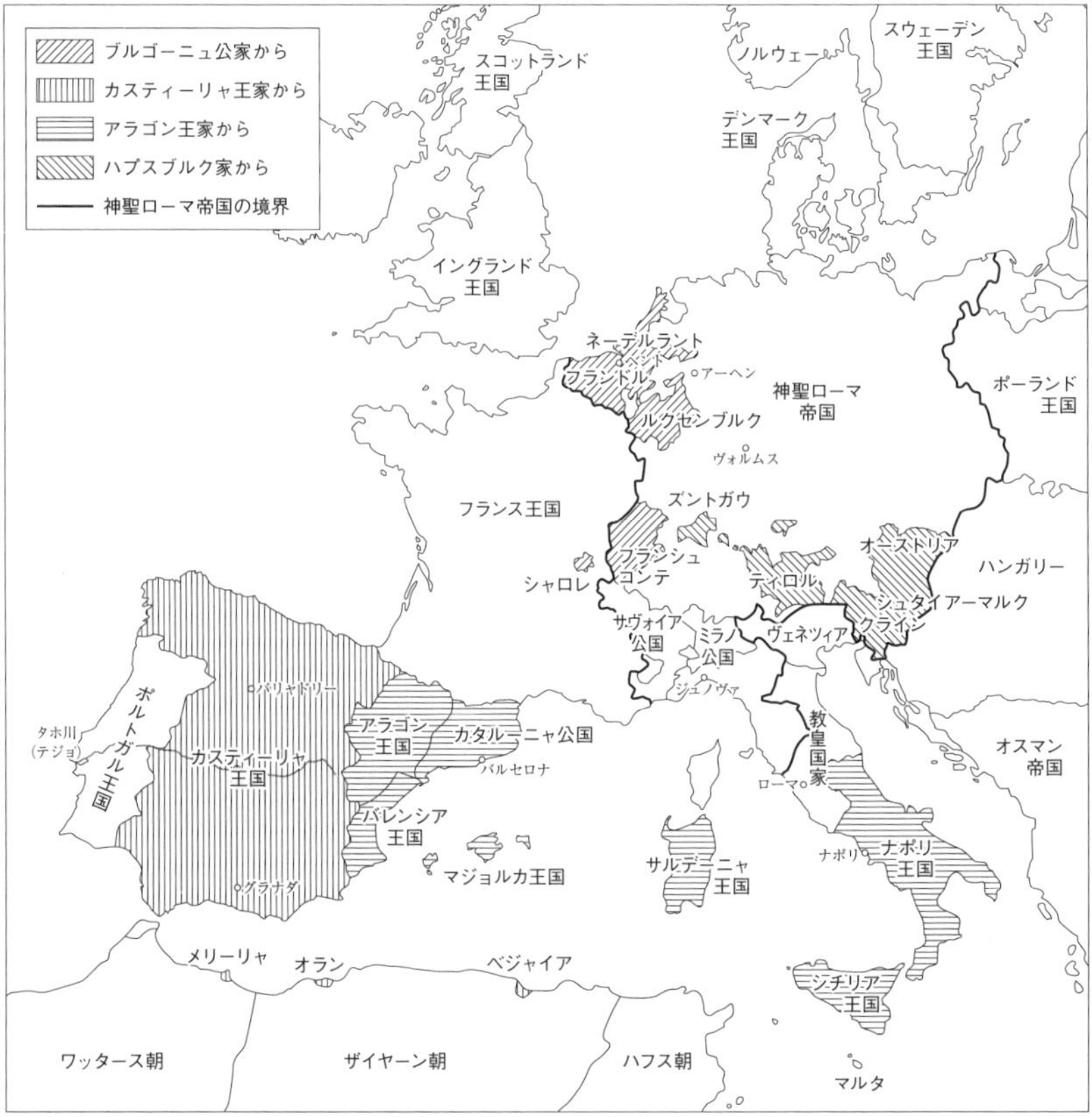

図 4-3　カール 5 世がヨーロッパで相続した領土

で、シエーヴルによって抜擢された顧問官たちは利権を奪われることになった(30)。

カール五世が二二年九月にカスティーリャ王国に戻ると、ディエゴ・コロンに宛てて書簡が送られ、エスパニョーラ島で読み上げるよう命じられた。その内容は、ディエゴが副王に本来与えられていない権限を行使し、聴訴院の権限を侵害しているというものであった。具体的には、「副王代理」「総督代理」といったポストを新設して自分の好みの人物をその地位に就けたり、王に代わって国王教会保護権を行使してインディアスの司教座聖堂参事会員を教皇に推挙したり、国王裁判所が第一審を担当することになっている訴訟（宮廷訴訟《カソ・デ・コルテ》）を扱ったりといったようなことである。副王が国王裁判所と対等なアラゴン・モデルを、ディエゴは父親よりも明確に意識的に、志向していたのではないかと推測される。翌二三年にディエゴはカスティーリャに召喚されて無期限に拘禁された。[31] キューバ総督ディエゴ・べラスケスが、命令に反して征服事業を遂行したエルナン・コルテスに対して起こした訴訟で、二二年の年央に、ガッティナーラが主宰する委員会がコルテス側の主張を認めていること[32]と併せて考えると、インディアスにおいても王権は、国王代行に強大な権力を与える方針を転換し始めたことがわかる。この委員会はまた、裁定を下したすぐ後で、コルテス宛に、征服された土地のよき統治についての詳細な訓令を送っていて、そこでは、インディオを人道的に扱い、キリスト教という真理を教えるべきである、なぜなら、彼らは福音を受け取る適性を備えているからであるとしている。[33]

皇帝の宮廷におけるフランドル人の側近とガッティナーラとの権力闘争は依然として続き、その下で国制改革は迷走を続けた。結局、ガッティナーラは改革を思うように進めることができず、皇帝の寵愛と信頼を十分に受けていないことに失望し、一五二七年春にはいったんイタリアに帰った。[34] ヌエバ・エスパーニャでは、エルナン・コルテスが、二四年に部下がイブエラス（現在のホンジュラス）で起こした反乱を鎮圧するために自ら大軍を率いて遠征し、メキシコ市を長く留守にしている間に、総督代理たちの間で紛争が生じ、勝利した一派がコルテスの財産を没収するなどの暴走をはじめ、二六年二月に市会は状況を報告する書簡を国王に送り、六月にコルテスが帰還すると情勢はいったん沈静化したが、国王宮廷ではコルテスの統治能力を疑問視する声が高まっていて、七月には監察特使が到着してコルテスは総督職を解かれる。[35]

しかし皇帝が危機に陥ったことで、ガッティナーラは宮廷抗争で勝利を収めることになる。フランドル人のナポリ副王シャルル・ド・ラノワは、イタリアにおける皇帝の事実上の代理人としてイタリア政策や外交を主導していたが、パヴィアの戦いで捕虜になったフランソワ一世が一五二六年三月の釈放後に再び皇帝への攻撃を開始するのを防ぐことに失敗し、翌年五月のローマの劫略の後、ローマに立てこもっていた皇帝軍の陣中でペストに罹って死んだ。そのことで宮廷におけるフランドル人の勢力は弱体化したのを見て取って、ガッティナーラは皇帝のもとに戻り、皇帝にほぼ全面的に頼られるようになるのである。劫略に対する国際的な非難が高まる中で、ガッティナーラと彼の秘書のアルフォンソ・デ・バルデスなどのスペインの知識人が巧妙な国際プロパガンダで皇帝を支えたことが、政策決定における彼らの影響力の増大につながった。[36] 皇帝とガッティナーラの間で長い非公式な会談を経て共有された政策の基本方針は、キリスト教世界に平和をもたらすという皇帝の本来の責務を果たすために、教皇によって皇帝が正式に戴冠を受けて、イタリアに定住し、プロテスタントの出現によって乱れているキリスト教世界の調和を回復することであった。[37]

そのために、イベリア半島の諸領国を長い間留守にすることが予想されたので、王の不在を埋め合わせるための適切な方法が検討された。カスティーリャ王国においては王妃イザベルが摂政となって摂政顧問会議が置かれたので、アラゴン連合王国においても連合全体を統治する摂政とその顧問会議を置くことが検討されたが、結局のところ、各王国の法制度が異なるのだから無駄であるという結論が出て、各王国の副王が王の不在を埋め合わせる役割を果たすことになる。[38] この議論の過程で、アラゴン連合諸国の副王による統治のあり方が熟議された。一五二九年七月、カールがバルセローナ港をジェノヴァへ向けて出航する直前に署名したとみられる「アラゴン顧問会議規程」では、副王はあくまで官職であって、従来言われていたような王の分身ではないとされ、したがって監督・監視の対象となることが定められた。これまで副王や国王代理が、まるで自身が王であるかのように振る舞うことで、君主と臣民の交流を妨げてきたため、それを是正する必要があるとされているわけで、治世開始当初のシチリアの反乱の教訓がようやく生かされているように見える。副王の任期は三年とされて、最後の年には業務監査が行われることが定められ、各王国の官職の任免権は国王にあり、副王による任命は王の追認を受けて初めて効力を持つことなどが明記された。[39] ただし、ナポリ副王だけは、これらの規程の例外とされた。「前記王国の卓越性と重要性により、またイタリア全体の安寧が依拠する場所であるがゆえに、副王にはより大きな権威と名声が必要である」というわけである。ガッティナーラはイタリアを皇帝権力の中心と考えていて、彼の構想の中では、イタリア本土の南半分という広大な領域を統治するナポリ副王はアラゴン王の代理ではなく皇帝の代理であったが、同時に、ナポリ王国は基本的に皇帝が直接統治するべきで、副王による統治は暫時的なものでなければならなかった。[40]

こうしたアラゴン連合王国の国制改革は、インディアスの統治機構再編と並行して、同じガッティナーラの主導で進められており、影響関係があったことは明らかである。一五二七年一二月には、ブルゴスにてメキシコに聴訴院を設置する王令が発せられ、翌年四月二〇日には、マドリードにてメキシコ聴訴院規則が発表され、それにはたとえば、総督による裁判の判決に不服な者はここに控訴できることが明記されていて、[41] ヌエバ・エスパーニャの混乱を、一人機関の上に立つ法曹合議体というカスティーリャ・モデルの導入で終息させようとする意図が窺える。二日後にガッティナーラは、エスパニョーラ島とヌエバ・エスパーニャの聴訴院の終身大法官《カンシリエール》となり、インディアス顧問会議の公印が彼に引き渡されて「インディアス大法官」の称号も帯びる。[42]

一五二八年の年頭に、インディアス顧問会議議長ロアイサはエルナン・コルテスに書簡を送り、スペインに来て皇帝に謁見することを勧め、恩典が授与されるよう仲介することを申し出た。おそらくコルテスがそれを快諾したため、同年四月五日付けで王は彼に一時帰国を命じた。しかしその同じ日に王は、メキシコ聴訴院に対して、任地に到着し次第、中断していたコルテスに対する業務監査を開始することを命じている。ヌエバ・エスパーニャにおけるコルテスの権力があまりにも強大だったため、彼の不在中でないとまともな業務監査ができないと考えられたのである。七月にコルテスはトレードで国王に謁見し、以後しばらく宮廷に随行するが、年末にはパヌコ総督ヌーニョ・デ・グスマンがメキシコ聴訴院長官に着任して、本格的な活動を開始する。翌年七月、王のバルセローナ出航直前に、コルテスは、「オアハーカ渓谷侯爵」の肩書きとともに、二二か村と計約二万三〇〇〇人の住民を領地・領民として領主裁判権つきで与えられた。しかし総督の地位が回復されることはなかった。王は、コンキスタドルたちの憧れの的であった封建領主の地位をコルテスに与えることでその功績に報いるとともに、インディアスにおける絶対王政の行政機構から完全に排除したのである。そして月末には、コルテスの執事がメキシコから書簡を送り、聴訴官たちがコルテスの友人や使用人を迫害し、彼がヌエバ・エスパーニャに所有する財産を没収していると知らせている。[43] コルテスを敵視する強欲なコンキスタドルが長官に任命され、聴訴官らが私利の追求に走った結果、混乱を収拾するための聴訴院は却って混乱を悪化させたのである。加えて、コルテス総督という重石が取れて、インディオに対するスペイン人の苛斂誅求が激しさを増していった。

ヌエバ・エスパーニャから送られてくる報告書をジェノヴァ滞在中に読んで事態を憂慮した皇帝は、問題解決のための措置を早急にとらねばならないと考えて、二九年八月に、カスティーリャ顧問会議とインディアス顧問会議のメンバー、および財務顧問会議のメンバー数名に、集まってヌエバ・エスパーニャの統治機構再編の問題を話し合うよう命じた。同年の一〇月と一一月に、実際に宮廷でこれらの人々が集まって話し合いが続けられ、メキシコ聴訴院の人員を長官も含めてすべて入れ替え、新たな長官には「分別があって慎重な貴紳で、できれば本国に資産を持っている者」を派遣し、同時にその人物に「あの諸地域のよき統治と重要問題に関する十分な権限を与え、そうした事柄について、何が適切であるのかを、聴訴官や陛下の役人たちと意見交換しながら、神と両陛下への奉仕のために適切であると思うことを、単独で決定し申し渡すことができるようにする」ことが議論された。[44] それはアラゴン連合モデルの副王に極めて近いが、一二月一〇日に提出された上申書《コンスルタ》では「矯正官《レフォルマドール》」の語が用いられている。中世後期の、主にマジョルカ王国で、困難な状況が発生した地域に国王から全権を委任されて臨時に派遣され問題解決に当たった官職の名称が用いられているが、ペドラリアス・ダビラへの「国王総代理」と同様に、コロンブス家と係争中の「副王」の語が敢えて避けられている可能性がある。他方で、上申書の文面を見る限り、「矯正官」なるものはあくまで、総督よりも上位の高級地方行政官であって、王の分身などではなさそうである。また、都市参事会員《レヒドール》ポストに空席が生じたときに矯正官が後任を任命できるようにすることが議論されているが、その場合も、「ある一定の期間内に陛下の批准を得るよう義務付けられるべきである」[45]とされていて、矯正官による恣意的な官吏採用を防ぐことで、恩典の授与を通じた王と臣民とのコミュニケーションが国王の代理を名乗る人物によって遮断されることがないよう、配慮がなされている。

このときに「矯正官」の候補として挙がったのは、カスティーリャ陸軍副総帥《マリスカル》ゴメス・デ・ベナビデスと、第二代モンデハル侯爵の弟のアントニオ・デ・メンドーサだったが、本人との交渉の結果、両名とも「あまりにも法外な要求をしているので、当初示していた意欲を持っていないように見える」[46]と判断された。そこでまずは聴訴院の改革のみが着手された。一五三〇年一月には、第二期メキシコ聴訴院の設置命令が出て、バスコ・デ・キローガのような理想に燃える清廉な法曹が聴訴官に任命され、長官には同じく法律家であるサント・ドミンゴ聴訴院長官セバスティアン・ラミレス・デ・フエンレアルが横滑りすることになった。しかしガッティナーラは、ボローニャでの教皇による皇帝戴冠式を終えてアウクスブルク帝国議会へ向かう途中、インスブルックで病死する。

5　帝国のスペイン化とインディアスの副王制の成立

アウクスブルク帝国議会が終わると、カールの宮廷は、イタリアにしばらく滞在するはずだった予定を変更して、スペインへと向かう。ガッティナーラ亡き後の宮廷では、彼の有力な取り巻きの一人だったカスティーリャ人の国王秘書官フランシスコ・デ・ロス・コボスとその取り巻きに権力が集中し始め、帝国はその重心をイタリアからスペインへ移していく。しかし王とそれぞれの領国の臣民との間のコミュニケーションを重視する政策が大きく転換されることはない。

第二期メキシコ聴訴院のメンバーは一五三一年に任地に到着して、着実に成果を挙げ始める。他方で、イタリア政策は、コボスとかねてから親しかったアルフォンソ・デ・バルデスとその弟のファンが中心となって担うことになるが、イタリア支配の要であるナポリ副王として彼らが選んだのが、第三代アルバ公爵の叔父に当たるペドロ・デ・トレードだった。皇帝のイタリアにおける覇権が安定してきたため、ナポリ副王はイタリア諸国との外交を担ったりイタリアに駐屯する皇帝の軍隊の総司令官の役割を果たしたりする必要がなくなり、ナポリ王国の内政に専念できるようになっていた。そこでトレードは、三二年に着任すると、在地支配層の中の親仏派（「アンジュー派」）から官職や財産や収入源を取り上げて、フランスとの戦争の間にハプスブルク家に忠誠を尽くした人々に分け与え、その結果、ナポリ王国の貴族と司法官は大きく入れ替わった。反対派の粛清でいわばフリーハンドを得た副王は、三六年までに大胆な改革を次々と実行に移していくが、中でも特筆すべきは、側副顧問会議などの上級司法・行政機関から、法律知識を持たない貴族を排

図 4-4　フランシスコ・デ・ロス・コボスの肖像（ヤン・ホッサールト作，1530-32 年頃、J・ポール・ゲティ美術館所蔵）

図 4-5 アントニオ・デ・メンドーサの肖像（作者不詳、メキシコ国立歴史博物館所蔵）

除して、各機関の構成員がスペイン人法曹とナポリ人法曹の均等な混成となるように配慮しつつ、司法や行政が常に法曹によって法に基づいて行われ、あらゆる身分の人々に法が厳格に平等に適用されるようになることを目指したことである。[47]

他方で、「アラゴン顧問会議規則」はロス・コボスの時代になって形骸化していく傾向にあったように思われる。アラゴン連合諸国の副王たちは、この規則が出て以降も、ハプスブルク朝期を通じて、査察を受けたり業務監査に服したりといったことは、結局一度も無かったのである。[48] アラゴン王国に典型的に見られるように、これらの国々では、国王役人に外国人が就任することに対する反発が強い。かといって、地元貴族を副王にすると、高位貴族ならば分離独立の恐れがあるし、下級貴族ならば地元民が反発する。結局、外国人の高位の宮廷貴族を副王に任命して、官吏ではなく「王の親族＝分身」として提示するのが、実は好都合であったのではないかと推測される。

この二人とほぼ同時期にヌエバ・エスパーニャ初代副王が任命された。一五二九年に「矯正官」の候補に挙がっていたアントニオ・デ・メンドーサである。第二期聴訴院が秩序回復に成功し、長官が健康上の理由で辞任を申し出るに及んで、満を持して副王制度が導入されたのである。[49] アントニオ・デ・メンドーサの父と兄はそれぞれ初代と第二代のモンデハル侯爵、第二代と第三代のテンディーリャ伯爵で、グラナダ王国（かつてのナスル朝の支配地域）軍総司令官を代々務め、当該地域の軍事と治安の総責任者であった。当人たちはこの地位を副王と同等だと言っていたが、「グラナダ王国」が独自の政治体を成していたわけではないので、客観的に見れば副王ではない。アントニオ本人はハンガリー王（皇弟フェルディナント）の宮廷に使節として派遣されていたことがあり、ある種の外交経験も積んでいた。ただし、メンドーサ一門の頭領はインファンタード公爵であり、モンデハル侯爵が大公になったのはフェリーペ五世の治世になってからである。さらに、アントニオ本人はモンデハル侯爵家の傍系であって、生涯いかなる爵位も持つことはなかった。しかしいずれにせよ、王の名代を務める資格は十分にあるとみなされていたものと思われる。

一五三五年七月にインディアス顧問会議から出た指示書には、彼が法律家でない以上、聴訴院の裁判では発言もできなければ評決に加わることもできないが、判決文には署名しなければならないこと、統治や行政に関しては、重要な事柄は聴訴官と相談することが望ましいが、彼が独自に決定を下せることが書かれていた。翌年四月の指示書には様々な事柄に関する指示が雑然と並べられていて、インディオを身体的・霊的に「救済」し、インディアスからの王室収入を増大させ、入植者の不満を解消してインディアス社会を安定させるという三兎を追っていたことが窺えるが、副王への積極的な指示はほとんどなく、「情報を集めて報告せよ、そうすれば適切な指示を与える」と繰り返すのみであり、当時の顧問会議に情報と経験が不足していたことは明白である。そのため、結局は副王個人の才覚と裁量が重要な意味を持つことになった。(50)

一五三六年六月には、顧問会議議長ガルシア・デ・ロアイサの仲介により、ディエゴ・コロンの未亡人マリア・デ・トレードが、息子ルイスにベラグア公爵・ジャマイカ侯爵の位およびパナマ地峡とジャマイカ島の領地が与えられることと引換に、コロンブスから相続したと称する肩書きや官職を――インディアス提督位を除いて――すべて放棄することに同意する。(51) 王権は、「発見」の功労者の子孫を、征服の功労者と同様に、封建領主として祭り上げることで近世国家の行政機構から排除することに成功し、コロンブス家の家産としての副王職は完全に消滅して、さしあたってメンドーサがインディアスでただ一人の副王となる。

　メンドーサ副王は、本国からの指示を杓子定規に適用することをせず、コンキスタドルとの社交を通じて信頼関係を構築しながら、交渉し妥協することにより、ヌエバ・エスパーニャで王の権威を確立し、社会を安定させていった。彼のやり方が端的に現れているのが、一五三八年のカール五世とフランソワ一世のエグ・モルトにおける和睦の報を受けてメキシコ市で催された祝宴の、ベルナル・ディアス・デル・カスティーリョによる描写である。


…とても盛大に行われた二つの饗宴の話をしよう。一つは［オアハーカ渓谷］侯爵がその邸宅で催したものであり、もう一つは副王が自分の邸宅となっている王宮で催したものであり、どちらも晩餐会だった。前者は侯爵が催し、そこでは副王が、名前の通ったあらゆる紳士やコンキスタドルたちや、あらゆるご婦人方、紳士やコンキスタドルの夫人やその他の貴婦人方とともに、晩餐を摂り、この上なく盛大に行われた。供されたものすべてを記憶を辿ってここで書こうとは思わない。長くなるからである。実におびただしく供されたと言えば十分だ。そして副王が催したもうひとつの晩餐会だが、その宴会は王宮の回廊で行われ、それらのうちのいくつかは果樹園や庭園になっており、上のほうではたくさんの木々が絡み合って果実も生っていて、…

　そして食卓の準備ができると、とても長い二つの上座ができていて、それぞれにその主役が座っていた。一方の上座には侯爵が、もう一方の上座には副王が座り、それぞれの上座に給仕長と小姓たちがついて、手厚い給仕がとても円滑に行われた。何が供されたのかを述べようと思う。ここにすべてを書き連ねていくわけではないが、思い出したことを述べよう。なぜなら私はあの二つの大宴会で晩餐を摂った者の一人だからだ。最初は、二通りか三通りの方法で作られたサラダだった。次に、子ヤギと、豚腿肉脂身のジェノヴァ風ロースト、その後で、鶉と鳩のパテ、次に雄鶏の肉垂と詰め物された雌鳥、次に鶏ささみのブラマンジェ、この後で鶏の黄身ソース煮込み、次に鶏ささみのシロップ漬け、次にこの土地の若鶏や山鶉と鶉のエスカベシュ、次いで掛かっていたテーブルクロスが二回取り去られて、きれいなものがナプキンとともに残された。次いであらゆる種類の鳥の肉や猟獣肉のパイが出てきた。これらは誰も食べなかった。それ以前に供されたものも、食べ残されたものが多かった。次いで魚肉のパイが供された。それも食べる人がいなかった。次いで羊肉の煮込み、そして牛肉と豚肉、そして蕪とキャベツそしてヒヨコマメが出てきた。またもや誰も食べなかった。そしてこれらのご馳走とご馳走の間に、さまざまな美味しい果物がテーブルの上に置かれ、次に地鶏を丸ごと煮込んだものが出てきて、その嘴と足には銀が被せてあった。この後は子鴨や雁の雛の丸焼きで、嘴には金がかぶせてあり、次に豚や鹿の頭や子牛の丸焼きで、どれも立派なものだったが、それと一緒に立派な声楽楽団がそれぞれの上座に付き、トランペット隊や、ハープ、ビウエラ、フルート、チャルメラ、ショームといった様々な楽器が演奏されて、中でも［ひときわ盛り上がったのは］、給仕長たちが、そこにいて晩餐を摂ったご婦人方——侯爵の晩餐会に出席した方々よりもはるかに多かった——に持ってきたカップを供したときで、グラスの多くは金が被せてあって、アローハが入っているものもあれば、ワインが入っているものや、水が入っているものや、カカオやクラレットが入っているものもあった。……(52)

ここで副王は、コルテスを立てつつも、メキシコ市の「王宮《カサ・レアル》」を拠点として富と威光を誇示し、コンキスタドルと本国から派遣された高級官吏から成る「宮廷」を自分の周囲に形成しつつあり、その中心つまり「王」としての地位を確立しつつあるように見える。イタリア諸国の副王がやっていることと同じであり、イタリアの在地貴族に相当するのが、コルテスを頂点とするコンキスタドルである。

おわりに

一五三〇年代後半から四〇年代にかけて、皇帝はナポリとヌエバ・エスパーニャとシチリアで、上級レベルの行政機関や高官に対する査察を行って副王を統制しようとするが、実施した者や証言した者たちによって、副王に対する個人的な恨みを晴らす手段に堕してしまい、いずれもうやむやな形で中止が命じられる。結局カール五世の治世には、それ以上の法制度改革は進まず、おのおのの領国の統治は副王の個人的な裁量や力量――在地支配層との交渉能力――に委ねられることになる。

少なくとも、ここまで見た範囲では、インディアスの副王制は、イタリア諸国の副王制と大きく異なっているようには見えない。確かに、シチリア、サルデーニャ、ナポリのいずれの副王制とも少しずつ異なっているが、その異なる度合いは、イタリア三王国の副王制が互いに異なるのと同程度に過ぎない。そして、これらの三王国は大なり小なり――サルデーニャ、ナポリ、シチリアの順に――植民地的であるとも言えるが、いずれもが植民地でないと言えるのであれば、インディアスが植民地であると言えるとも思えない。インディアスを人的・物的資源の収奪の対象とのみ見なすような政策を否定し、インディオも入植者も、イタリア諸国の住民と同様に、王が配慮し保護すべき臣民と見なすというのが、実際にうまくいったとはいえないものの、カール五世が下した結論である。したがって、当時の用語法と乖離してまで、ヌエバ・エスパーニャとペルーを「王国」と呼ばずに「副王領」と呼ばねばならない理由は見当たらないように思われる。

インディアスが植民地でなかったと断定するためには、まず「植民地」なるものの定義を明確にした上で、フェリーペ二世の改革やその後のハプスブルク朝支配はもちろんのこと、一八世紀のブルボン朝支配の時代――そのときにはイタリア三王国はスペイン王の支配を離れているから比較のしようが無いが――まで検討する必要がある。時代が下がるにつれてスペイン領アメリカが「植民地的」な性格を少しずつ強めていったことは、すでにある程度明らかになっている。さらには、近代植民地帝国、とりわけイギリス帝国やインド副王《ヴァイスロイ》との比較が必要になってくるだろう。しかし与えられた紙幅と時間の範囲内でこれ以上論じる力量が現在の筆者には無いので、「少なくともカール五世までの為政者は、インディアスを植民地として扱っていたかどうか疑わしい」ということをもって、本章の結びとする。

注

（1）Rivero Rodríguez, Manuel, *La edad de oro de los virreyes: El virreinato en la Monarquía Hispánica durante los siglos XVI y XVII*, Madrid: Akal, 2011, p. 18

（2）*Ibid.*, pp. 10-11.

（3）Delpar, Helen, *Looking South: The Evolution of Latin Americanist Scholarship in the United States, 1850-1975*, Tuscaloosa: University of Alabama Press, 2008, pp. 22-26.

（4）Bancroft, Hubert Howe, *The History of Mexico: vol III, 1600-1803*, San Francisco: A. L. Bancroft & Co., 1883, pp. 517-520.

（5）Levene, Ricardo, *Las Indias no eran colonias*, Buenos Aires: Corregidor, 1991, passim.

（6）Pérez Bustamante, Ciriaco, *Historia del imperio español*. Madrid: Atlas, 1951.

（7）Vicens Vives, Jaime, “Precedentes mediterráneos del virreinato colombino”, *Anuario de Estudios Americanos*, 5, 1948, pp. 571-614.

（8）Rubio Mañé, Juan Ignacio, *Introducción al estudio de los virreyes de Nueva España*, México: Universidad Nacional Autónoma de México, 1955, p. 1-13.

（9）“comu re princhipali et appartatu senza haviri dependencia de altra parte”, De Stefano, Frencesco, *Storia della Sicilia dall' XI al XIX secolo*, a cura di F. L. Oddo, Bari: Giuseppe Laterza & figli, 1977, p. 69.

（10）Rivero Rodríguez, *La edad de oro*…, pp. 41-42

（11）Lalinde Abadía, Jesús, "El régimen virreinato-senatorial en Indias", *Anuario de historia del derecho español*, 27, 1967, p. 86.

（12）王の名において発せられる任命書では「余の総代理」（ラテン語で locumtenens noster generalis）と呼ばれ、第三者として呼ぶときには単に「総代理」と呼ばれていたが、それだと文脈がはっきりしていない限り何の代理だかわかりにくくなるので、本章では便宜上「国王総代理」と訳しておくことにする。

（13）Rivero, Rodríguez, *La edad de oro*..., p.46.

（14）Lalinde Abadía, "El régimen...", p.25.

（15）青木康征『完訳　コロンブス航海誌』平凡社、一九九三年、五〇六頁。

（16）Bermúdez, Agustín, "La implantación del régimen virreinal en Indias", en *El gobierno de un mundo : virreinatos y audiencias en la América hispánica*, coord. de F. Barrios Pintado, Cuenca: Universidad de Castilla-La Mancha, 2004, pp. 253-254.

（17）*Ibid.*, p. 255.

（18）Lalinde Abadía, "El régimen...", pp. 35-39.

（19）教皇勅書の訳文は、青木前掲書、六九七頁。アラゴン連合王国に編入されるのでもなく、新たな王国が設立されるのでもなく、カスティーリャ・レオン王国（一三世紀後半以降は、本文中でも書いた通り政治体として一体化しているので、日本語ではただ単にカスティーリャ王国と呼ばれることが多い）に編入されたのは、教皇の意思というよりは両王の意思であることは、この教皇勅書が両王側の要請により発せられたという経緯や、教皇の出身家系であるボルジア家がアラゴン連合のバレンシア王国の貴族であることなどにより、明らかである。J・H・エリオットは、コロンブスが出港した港はカスティーリャ王国の一部であるアンダルシア地方にあり、直前に征服されたナスル朝の領土もカスティーリャ王国に編入されており、カナリア諸島もそうだったので、大西洋の島々がさらに征服された場合、自然と、カスティーリャ王国ないしアンダルシアの延長と考えられたのだとしている（Elliott, John H., *Empires of the Atlantic World: Britain and Spain in America 1492-1830*,

New Haven & London: Yale University Press, 2006, p. 120)。

(20) Lalinde Abadía, "El régimen...", pp. 37-44.

(21) Rivero Rodríguez, *La edad de oro...*, p. 145.

(22) Bermúdez, "La implantación..." pp. 268-271.

(23) Lalinde Abadía, "El régimen...", pp. 80-82.

(24) Rivero Rodríguez, *La edad de oro...*, pp. 51-55.

(25) *Ibid.*, pp. 55-59.

(26) Bornate, Carlo, "Historia vite et gestorum per dominum magnum cancellarium (Mercuniro Arborio di Gattinara)", en *Miscellanea di Storia Italiana, vol. 48*. Torino, 1915, pp. 414-423.

(27) Rivero Rodríguez, *La edad de oro...*, p. 69.

(28) Lalinde Abadía "El régimen..." pp. 60-61.

(29) Bermúdez, "La implantación...", pp. 268-271.

(30) Arrieta Alberdi, Jon, *El Consejo Supremo de la Corona de Aragón (1494-1707)*, Zaragoza: Institución "Fernando el Católico", 1994, pp. 98-105; Rivero Rodríguez, "Gattinara y la reformación del gobierno de la Corona de Aragón" en *La corte de Carlos V, vol. I.*, dir. por J. Martínez Millán, Madrid: Sociedad Estatal para la Conmemoración de los Centenarios de Felipe II y Carlos V, 2000, pp. 208-214.

(31) Bermúdez, "La implantación...", p. 272, Lalinde Abadía, "El régimen ..." pp. 63-64.

(32) Martínez, José Luis, *Hernán Cortés*, México: Fondo de Cultura Económica, 1992, pp. 358-383.

(33) Avonto, Luigi, "Documenti sulle Indie Nuove nell'Archivio di Mercurino Arborio di Gattinara, Gran Cancelliere di Carlo V." in *Mercurino Arborio di Gattinara, Gran Cancelliere di Carlo V: 450° anniversario della morte 1530-1580*, sotto la dir. di L. Avonto, Vercelli: Comitato Organizzatore delle Celebrazioni Commemorative del 450° Anniversario della Morte di Mercurino Arborio di Gattinara, 1982, p. 247.

(34) Rivero Rodríguez, *Gattinara: Carlos V y el sueño del imperio*, Madrid: Silex, 2005, p. 102.

（35）Martínez, *Hernán Cortés*, pp. 417-470: 増田義郎『アステカとインカ：黄金帝国の滅亡』小学館、二〇〇二年、一二二～一二四頁：山瀬暢二『アステカ帝国と征服者エルナン・コルテス——真実と虚構——（改訂版）』メタ・ブレーン、二〇〇五年、二四二～二四三頁。

（36）Martínez Millán, José y Rivero Rodríguez, Manuel, "Conceptos y cambio de precepción del imperio de Carlos V" en *La corte de Carlos V, vol. II,* dir. de J. Martínez Millán, Madrid: Sociedad Estatal para la Conmemoración de los Centenarios de Felipe II y Carlos V, 2000, pp. 20-35.

（37）Rivero Rodríquez, *La edad de oro*…, p. 77. Santa Cruz, Alonso de, *Crónica del emperador Carlos V*, tomo II, ed. de Ricardo Beltrán y Rózpide y Antonio Blázquez y Delgado-Aguilera, Madrid: Real Academia de la Historia, 1920, pp. 453-458.

（38）Rivero Rodrígnez, *La edad de oro*…, p. 79, Arrieta Alberdi, "Un concepto de Estado y de división de funciones en la Corona de Aragón en el siglo XVI" en *Estudios dedicados a la memoria del profesor L. M. Díez de Salazar Fernández, vol. 1: Estudios históricos-jurídicos*, ed. de M. R. Ayerbe Iribar, Bilbao: Universidad del País Vasco, 1992, pp. 385-417.

（39）Rivero Rodríguez, *La edad de oro*..., pp. 80-81; Idem, "La corte del emperador y el gobierno de la Corona de Aragón, en *La corte de Carlos V, vol. II*, dir. por J. Martínez Millán, Madrid: Sociedad Estatal para la Conmemoración de los Centenarios de Felipe II y Carlos V, 2000, pp. 49-52.

（40）Rivero Rodríguez, *La edad de oro*..., p. 86.

（41）Lalinde Abadía, "El regimen...", p. 86.

（42）León Pinelo, Antonio de, *El Gran Canciller de Indias*, ed. por G. Lohmann Villena, Sevilla: Escuela de Estudios Hispano-Americanos, 1953, pp. clvi-clviii y 160-162.

（43）Martínez, *Hernán Cortés*, pp. 492-533.

（44）"un cavallero cuerdo y de prudencia y que si fuere posible tuviese hazienda en estos reynos" "se le hagan los poderes bastantes para las cosas que tocaren a la buena governaçión y estado de aquellas provinçias ... en las quales comunicando dellas las que le pareçiere que conviene con los oydores y oficiales de su Magestad él por sí sólo pueda determinar y proveer lo que viere que conviene al seruicio de Dios y de sus Magestades" Archivo General de las Indias, Indiferente General 737, Consulta de 10-XII-1529. Rubio Mañé, *Introducción...*, p. 19. Schäfer, Ernesto, *El Consejo Real y Supremo de las Indias, II: La labor del Consejo de Indias en la administración colonial,* revisada y actualizada por M. A. González Manjarrés, Salamanca; Junta de Castilla y León y Marcial Pons, pp. 13-15.

(45) "sean obligados dentro de vn cierto térmyno a sacar confirmación de su Magestad" Archivo General de las Indias, Indiferente General 737, Consulta de 10-XII-1529.

(46) "han pedido cosas tan desaforadas que pareçe que no tienen la voluntad que al prencipio mostravan" Archivo General de las Indias, Indiferente General 737, Consulta de 10-XII-1529.

(47) Rivero Rodríguez, *La edad de oro...*, p. 87; Crews, Daniel A., "Juan de Valdes and the Comunero Revolt: An Essay on Spanish Civic Humanism", *The Sixteenth Century Journal*, vol. 22, n°. 2, 1991, p. 246.

(48) Rivero Rodriguez, *La edad de oro...*, p. 80.

(49) Schäfer, *op. cit.* II, pp. 16-17.

(50) *Ibid*, pp. 17-20.

(51) Bermúdez, "La implantación...", pp. 272-273.

(52) Díaz del Castillo, Bernal, *Historia verdadera de la conquista de la Nueva España, 7.ª ed., tomo 2,* ed. de J. Ramírez Cabañas, México: Porrúa, 1977, pp. 313-314. なお同書は、小林一宏氏による全訳（『メキシコ征服記』全三巻、岩波書店、一九八六〜八七年）があるが、当該引用部分は、本章の主張の根拠となる用語法や記述を訳文に鮮明に反映させるため、筆者が独自に訳出した。

第5章

スペイン「国家」の成立
――アラモス・デ・バリエントスの国家理性論――

竹下和亮

はじめに

わが国の西洋史研究においても、およそ一五、一六世紀から一八世紀までの期間を独自の性格をそなえた一つの時代とみなし、それを「近世（early modern）」と呼ぶことは、今や通例となっている。J・H・エリオットによれば、「近世」概念のこれほどの普及は、彼が一九六六年にケンブリッジ大学出版局に持ち込んだ企画「ケンブリッジ版近世史叢書（Cambridge Studies in Early Modern History）」の果たした役割が大きかった(1)。ただエリオットも述べているように、いかなる時代区分といえども本質的に不十分なところがあり、万人を満足させることは不可能である。よって常に、その有用性がチェックされなければならない。その点、時代区分としての「近世」は強い説得力を有している。一般的に、この概念の根底にあるのは近代二段階説とでも言うべき考え方であろう。大航海時代、以前ほど重視されなくなったが宗教改革やルネサンス、絶対王政による中央集権化の一定の進展などは、確かに近代という時代を新たに切り開いたのかもしれない。しかし、身分制の解体によって自由な個人が析出され、自由な労働者として産業社会を支えるようになるまでは、またはそのような個人が国民として形成されるまでは、私たちが今生きている時代という意味での「近代」とは言えないのではないか、という感覚がその背後にある。それが、私たちの時代とは異なる「近世」という時代区分にリアリティーを与えるのである。当然ながら、early modern を文字通り「初期近代」と訳してそれがあくまで近代の一部分であることを強調するか、日本史から「近世」という用語を借りて近代との対比を前面に押し出すかでニュアンスは異なってくる。ただいかなる訳語を採用するにせよ、この時代が、現代に直接つながるいわゆる「近代」にはない、独自の性格を有していたと同時に、その近代の出発点でもあっという二重性を忘れるべきではない。

本章は、この近世という時代の二重性を、分裂ではなく統一的な論理によって描くことを目的としている。そこで着目したのが、一六世紀後半から一七世紀にかけて、スペインのみならず、イタリア、フランス、イングランド、ドイツ、オランダなどヨーロッパの各国において、同時並行的に、ラテン語の Stato に由来する言葉が、これまでの res publica、civitas、regnum、corona などに代わり、「国家」を意味する語として登場したという事実である[2]。それは、ヨーロッパ全体の次元での社会の構造変革により、新たに Stato という言葉で表されるべき対象が各地で生じたことを物語っている。つまり経営機構にしてその対象たる「国家」の成立である。私たちが今生きている時代という意味での近代の国家は、ここに誕生したのだった。しかし、それは確かに「近代国家」ではあったが、その相貌は私たちが日々そのなかで生き、直面している「国家」とは非常に異なっていた。それは国家は国家でも、現代の国民国家とは異なり、君主もしくは君主の家門の下に家産たる複数の領国を結合させた同君連合国家、つまり王朝国家だったからである[3]。「近代国家」が王朝国家として始まったこと、ここに近世という時代の二重性が如実に現れていると言えるのではあるまいか。

こうした「国家」の成立にあたり、新たな語彙、言説の言語的、思想的な資源となったのが、マキアヴェッリやタキトゥスのテクスト、およびそれらの読解、論争全般であった。一般的にマキアヴェッリ主義、もしくは反マキアヴェッリ主義と呼ばれる国家理性の思想潮流がそれにあたる。その重要な画期が、ジョヴァンニ・ボテーロの『国家理性論』(一五八九年)の出版であったことは間違いない。このボテーロの研究により、人々は経営機構にしてその対象たる国家を統治する技術の体系に触れ、それが「国家理性」と呼ばれることを学んだのである[4]。つまり近代国家のイデオロギーである国家理性は、そもそも王朝国家の経験を滋養とし、そのなかでできあがったのだった。よって国家理性の王朝国家的側面をあぶり出すことは、近世社会の固有の特質の解明へとつながっていくのである。

以上のような観点に立って、本章では、タキトゥスの読解で名を馳せた人文主義者であり、スペイン・バロック期最大の政治思想家の一人であったバルタサール・アラモス・デ・バリエントス（一五五五〜一六三四）の国家理性論を論じる。バリエントスの議論を通して、スペインの国家理性論が王朝国家としてのスペインの直面する問題に対処するために、いかなる方法論を打ち立てたのか、またこれらの実践を通じて、経営機構にしてその対象たる近代「国家」がどのように構築されたのかを明らかにするのが、本章の課題である。この「国家」の構築という論点は見落とすことができない。バリエントスは、さまざまな問題の背後に「政治」と名づけうる領野を発見し、その理解のための方法の提示を通して、国家理性の認識の対象として「国家」そのものを輪郭づけ、構築していったからである。つまり、「国家理性」的思考は、それ以前に存在していた国家という概念と理性という概念が結びついて形成されたのではなく、ここで言う国家概念そのものが、国家理性の対象として、まずは構築されねばならなかった。こうした営みは、ボダンやロワゾーがコルポラシオンの概念を通して認識の対象たる社会を可視化し、それによって国家を構築したことに比すこともできるかもしれない(5)。よって本章で強調したいのは、「国家」の成立にさいして、当時の理論家たち、とくに今回はバリエントスという思想家が行った創造的な寄与である。ただ本章の目的は、スペインにおける国家理性の独自のあり様を描くことではなく、あくまでもヨーロッパ的経験としての国家理性をスペインという地点から眺めることである。

以下、第1節では、時代区分としての「近世」がはらむ問題を掘り下げて整理し、そのなかで国家理性論を再び位置づけ直す。第2節では、国家理性、とくにマキアヴェッリ主義が激しく批判されながらも形を変えて受け入れられていったことの意味、またそのタキトゥス主義との関係を明らかにすることで、王朝国家における国家理性論の特質を明らかにする。最後の第3節ではバリエントスの国家理性論を、とくに Razón と Estado という鍵概念の分析を通じて紹介する。この作業によって、王朝国家としての近世国家の固有の性質、その展開過程が明らかになるはずである。

1 近世史をめぐる問題

最初に議論の前提として、本章が対象とする近世（初期近代）が、それ以前の中世、およびそれに続く狭義の近代とどのような関係にあったのかを簡単に確認しておきたい。まずこの時代を、近代化という歴史のコースの一過程とする考え方がある。その場合、近世は、近代の本質的な部分を欠くがゆえ未熟な近代とみなされ、よってこの時代の社会構造や思想文化は、近代的な外観の下に中世的な世界を抱える過渡期の現象に過ぎなくなる。例えば、フランス絶対王政期の官僚制なども、一見すると近代国家の様相を呈しながら、それが売官制を基盤としている限り、未だ充分近代的とは言えない。成瀬治は、絶対主義の従来の説明原理である均衡論を批判した上で、この時代を絶対王政による中央集権政策によって近代的な国家体制がつくられつつも、身分制的な社会構造によってそれが制約される時代として描いた。(6) そのことを成瀬は聖書の言葉をもじって「ふるき皮袋にあたらしい酒」を入れると言っている。(7)「ふるき皮袋」たる中世的な社会と「あたらしい酒」である近代的な王権の政策の間には、歴史的な断絶が存在するのである。なおこの見方は、成瀬の思想史研究においても一貫している。成瀬によれば、ボダンの主権論も身分制的な構造という「ふるき皮袋」によって性格規定されるからである。このように成瀬にとって、絶対王政期は、確かに後期近代には還元不可能なその時代特有の文脈を有しており、国制も思想もそうした文脈、すなわち「社会」のなかで理解されている。しかし、その社会とはあくまでも「ふるき皮袋」に過ぎず、国王の治癒儀礼に熱狂する民衆の文化も含め、近代化の進展によっていずれ克服される運命にあった。

成瀬と同時期に、国制を社会構造との関連で捉えることの重要性を提唱していた二宮宏之は、その意味では成瀬の盟友と言うべき立場にあった。しかし、そこで想定された社会のイメージは決定的に異なっている。二宮にとって、社会とは人々がさまざまな人間関係を結ぶ場であり、二宮はその生活世界を、民俗学的な深みとともに理解しようとした。そして権力秩序としての国制は、このような社会に深く規定されながらも、同時にそれを操作することで初めて成立するのである。その意味では、まさに社会史的な国家像と言ってよい。そうした二宮の近世国家観を最もよく表しているのが、「フランス絶対王政の統治構造」という論文であろう。(8) この論文の主旨は、絶対王政が既存の社会を「社団」的に再編成することで成立し、この社団体制が解体されるとそれを基盤としていた国家そのものが崩壊することを論理的に示すことである。これはある種の思考実験の産物であり、歴史の論文としては極めて特殊であるが、いずれにせよ、この論文によって、王権による社会の社団的編成で現出した、近世に特有の一個の政治・社会構造が統一的に描かれることになった。この時期の国王権力は、社団を創設し、維持するだけの実力をもっているという点では以前よりも強く、そうした社団に依拠しなければ支配を貫徹できないという点ではそれ以降の時代より弱い。それが中世とも狭義の近代とも異なる近世の王権の特徴である。近世は、もはや中世と近代に引き裂かれてもおらず、過渡期でさえもない。「皮袋」と「酒」の間に歴史的な断絶はなくなったのである。

このように二宮は、ある意味では当時の政治体制が、限りある資源を最も効率的に配分するための合理的な装置であることを明らかにしたが、その点で非常に近い議論を展開したのが、「近世」概念の形成そのものにも大きな功績のあったエリオットの論文「複合君主政のヨーロッパ」である。(9) ただ二宮の場合は、近世の社団国家が「近代的国家体制の形成」の問題と捉えられていたのに対し、(10) エリオットの方は、近代との対比がより鮮明に打ち出されている。エリオットによれば、一見すると中央集権的なフランスも含め、近世の多くの国家は、複合君主国、つまり王朝国家であった。(11) これら複合君主国にあっては、それぞれの領国は王家の結婚や相続の成り行き次第で、結びついては離れ、また結びつくのであって、そこに王朝の紐帯をこえる政治体の統合原理はなかった。ルナンが明らかにしたように、そのような王朝国家の世界を、のちに別の統合原理を持ち込んで再編したのが国民国家である。その前段階にあたる複合君主国は、当時の経済状況や技術水準に見合った最適な資源配分の装置であり、歴史の定められたコースを走る未熟な国民国家などではない。現在のヨーロッパにおいて、例えばポルトガルがスペインとは別の国家を形成しながら、カタルーニャがスペインの一部をなしているのは、予め定められた歴史の必然でも何でもないのである。そこにエリオットの論文の最大の魅力がある。それは当時の人々の未来に向けた主体性を回復させ、近世を歴史の未決定性に開かれた空間にしたのだった。さらにエリオットの考えでは、このヨーロッパの複合性は過去の遺物ではなく、現代における地域主義運動や超国家的なヨーロッパ統合の根底に流れる傾向でもある。このような複合的なヨーロッパのイメージが、長らくスペインを研究対象としてきたエリオットによって提出されたのは偶然ではない。スペイン帝国の経験の観察を通して、ヨーロッパ近世の特質を明らかにしようとする本章にとって、エリオットの複合君主政論は、重要な参照軸となっている。しかしエリオットの議論が、近代国民国家に対する近世複合君主政国家の固有性、自律性を強調するあまり、王朝国家がまさに「近代的国家体制の形成」にあたってヨーロッパの多くの国家がとった形態であることを見えにくくしているのは問題であろう。

本章では、「はじめに」でも述べたように「近代国家」が王朝国家として始まった事実を手掛かりに、この「国家」そのものの構築に与った国家理性論に注目し、その王朝国家的側面を明らかにすることで、近世社会の固有の特質を探っていくのであるが、そこで確認しておきたいのが、国家理性の実践的性格である。国家理性は、神学、法学、スコラ哲学等の理論的な推論の産物ではない。それは、歴史、つまり過去や現在の国事にまつわる具体的な経験を軸に、それが道徳哲学と修辞学が交差する地点で、統治技術として形成された。つまり国家理性論者は、自らが解決すべきだとみなした具体的な時代の諸問題にしかとつなぎとめられており、そのなかで思索をめぐらせていたのである。つまり、政治と道徳の分離、社会工学的な国家設計という近代的な国家理性の実践がその維持と拡大に努めた対象こそ、これまで縷々《るる》述べてきた身分制的で社団的な社会構造であり、複合君主国の体制だった。その意味では、身分制的で複合的な近世国家は、国家理性と歩みをともにすると言ってよい。

国家理性が作り上げた「国家」には、人間社会の制度を作為によって生み出し、時期に応じて改変し、さらには撤廃することができるという信念とそれを実現する技術の観念が埋め込まれていた。であるからこそ、このような新たな「国家」に対する語りは、それが経営のための適切な手段や方法に焦点化される限り、従来の正しき統治と悪しき統治、もしくは統治の正常な形態と堕落した形態の区別に関する語りとは異なった言説を産み出していった。またそれに連動するかのように、Política という言葉もこの時期「正義にかなった共同体の統治技術」から「国家の維持と拡大の技術」へとその意味内容を変質させる。(12) それは、信仰や正義とは異なる、もしくは根本的に対立する範疇に属する「政治」の概念が抽出され、それ自体として思考や学問の対象となったことを示している。宗教戦争最中のフランスで、信仰の大義よりも国家の統一と存続を重視するとされた人々が悪しざまに「政治派《ポリティーク》」と呼ばれるようになったのもそのためである。通常の規則、もしくは私的な規則の通用しない、独自の内部規則をもった技術操作の対象としての「政治」空間、すなわち「国家」の誕生は、この「政治」という言葉の変容にも刻印されている。「はじめに」においても示唆したとおり、バリエントスもこのようにして「政治」を発見し、その語りを通じて、同時にその対象たる「国家」を構築していったのである。(13)

最後に、国家理性をめぐる従来のアプローチを簡単に整理し、そのなかで本章がどのような位置にあるのかを確認しておきたい。アプローチの違いは、おもに国家理性の歴史とマキアヴェッリ思想との関係をめぐる見解の違いとして現れる。まず第一のアプローチとしては、これを端的に近代の問題として捉える立場がある。その代表がマイネッケであり、その意味では、国家理性の本格的な研究は、近代が抱える課題にいかに立ち向かうかという問題意識のもとに始まったと言っても過言ではない。[14]『職業としての政治』におけるウェーバーの国家理性に対する関心もこれに近いだろう。こうしたアプローチの場合、国家理性は往々にしてマキアヴェッリの問題圏に属するものとされる。次に、国家理性の起源を中世の ratio status 概念に求める考え方で、その代表的な論者としてゲインズ・ポウトスを挙げることができる。[15]そこではマキアヴェッリが国家理性の展開にとってもっとも重要な人物であることは認めつつも、その理論を中世からの思想的展開のなかに位置づけることがより重視されている。近代国家の起源を中世に求める歴史研究はすべてこうした問題意識との関連で読むことができる。第三は、近世という時代の文脈を重視するアプローチである。これは国家理性の研究においては近年で最も活力のある傾向であり、生産性も高い。そこでは国家理性の理論的錬成においてイタリア戦争やフランス宗教戦争といった具体的な状況が果たした役割にさらに注目が集まっている。例えばマルセル・ゴーシェによれば、近代国家は宗教戦争をへたフランスの理論家の営み以前には考えることはできない。[16]しかし圧倒的な影響力を持っているのはフーコーの議論であろう。[17]マイネッケの巨大な研究の後には停滞していた国家理性の研究は、ある意味フーコーの刺激を受けて再度盛り上がりを見せるようになったと言うこともできる。フーコーにとって国家理性とは、マキアヴェッリというより、マキアヴェッリ後にそれに対するリアクションとして形成されるものである。そこで一六世紀から一七世紀にかけて大量に出回った反マキアヴェッリ主義のテクストが注目されるようになった。それにつれてイタリア以外ではあまり読まれることのなかったボテーロの再評価の機運も高まった。[18]さて本章の立場であるが、近世という文脈のなかで国家理性を再検討するという点では、この第三のアプローチに近い。しかし同時にマキアヴェッリ思想の持つ近代性を重視するという観点から、国家理性におけるマキアヴェッリの貢献を高く評価している。マキアヴェッリは確かに近代を形成する主要な論点、つまり国家理性上の問題を提起していた。しかし当時の社会は、それをそのまま受け取ることができなかった。そこで時代に合わせて、マキアヴェッリの国家理性が変奏されたのである。そこに近世社会の特質をうかがうことができる。

2　近世ヨーロッパにおける国家理性の展開

国家理性は、とりわけマキアヴェッリの記憶と結びついている。そのことをもっとも雄弁に語ったのは、先ほども触れたようにマイネッケの『近代史における国家理性の理念』であった。すなわち、マキアヴェッリによって政治と道徳が分離されたことで、道徳が個人の良心に預けられる一方、正義闘争から解放された政治権力は、純粋に合法的、技術的な次元で評価されるようになる。そのような政治権力の担い手として誕生するのが「Stato＝国家」に他ならない。したがって政治の根源的な非道徳性は、国家権力と自己を同一化せず、道徳を個人レベルで内面化する人間類型の出現と軌を一にしている[19]。だがこのようなかたちで国家理性が貫徹されるには、人々に宗教的寛容を命じ、ひいては宗教を諸々の社会的争点の一つに過ぎないものにするだけの強力な国家がなければならない。その意味では、政治が急激に凝集力を高める近世になって、まさに国家理性をめぐる議論が発生した時代に、宗教的寛容が主要な論点となったのは偶然ではあるまい。このあたりの事情、つまりこうした近代国家の原理を最も簡潔に表現しているのが、カントの『啓蒙とは何か』における啓蒙専制君主の言葉ではないだろうか。「好きなだけ、何ごとについてでも議論せよ、ただし服従せよ」。そしてまさにこの君主の発言は「公共の治安を守るために訓練された多数の兵士」によって支えられているのである[20]。近代法の成立も、この地点に見いだすことができる。法が正義の後ろ盾を失い、状況の移ろいのままにあるいは破棄され、あるいは新たに作られる根無し草のような状態になっても人々がそれを守り続けるのは、法の侵害者をことごとく罰する強力な国家とその国家に対する承認があってこそであろう。それが私たちの生きる近代である。

しかし近世は、まだそのような時代ではなかった。このプロセスはもちろん始まっていたが、法や国制は、道徳や正義との結びつきを完全には失っていなかった。例えば、制度上、中・近世を通じ、権力一般はそもそも裁判権力として現出していた。[21] 社会一般の法感覚においても、君主は立法者であるより、裁判によって正義を実現する王、すなわち裁きの王と観念され、[22] 王は大きな代償を払うことなしには諸団体の特権を廃止できなかった。[23] 近代を形成する主要な論点を提起していたマキアヴェッリのテクストが読まれたのはこのような文脈においてであった。だからこそ、そこに巨大な反マキアヴェッリ主義の潮流が生じたのである。

ブルクハルトがその著書『イタリア・ルネサンスの文化』を、当時イタリアに割拠した大小さまざまの専制君主の話から始めていることからもわかるように、まさにルネサンス期とは、国家が自然ではなく人間の作為的な工作の産物だということを、人々がその身をもって示した時代であった。当然ながら、マキアヴェッリはそうした時代の文脈のなかで思索したのである。しかし人々はマキアヴェッリの思想の重要さを感じ、その口吻に魅了されながらも、そのままでは自らのものとすることはできなかった。先ほども述べたように、この時代の法や国制が正義との結びつきを完全には失っていなかったからである。問題は、それでも他方、経営機構にしてその対象としての工作的な「国家」がすでに発生しつつあったことである。そこで、人々はマキアヴェッリの思想に反発しつつそれと格闘し、意識的、無意識的に種々の工夫を凝らしながら、ある一定の形式でそれを受容していった。つまりマキアヴェッリの思想を「悪しき国家理性」として非難する一方、道徳や正義との関連を失わない「国家」の理想像を「良き国家理性」として理論化していったのである。それが反マキアヴェッリ主義と言われるものの実態である。よって反マキアヴェッリ主義とは、マキアヴェッリの問題関心を全否定するような極端な場合を除けば、マキアヴェッリに対する何らかのリアクションの総体とみなすべきである。[24] その意味において、実質的な国家理性の歴史を形成するのは、反発や換骨奪胎を含むそのようなリアクションである。例えば「国家理性」という言葉を用いて初めて体系的にこの問題を論じたボテーロは、のちに見るようにマキアヴェッリ批判を通し、その主題を変奏することによって、つまり議論を「統治技術」に焦点化させることによって、国家理性の歩みを始動させたのだった。スペインにおけるマキアヴェッリズム研究においては、フェルナンデス・サンタマリーアの行った整理、すなわち、現実を倫理に従属させる倫理主義者、現実と倫理の調和を目指す理想主義者、両者の調和を目指すのではなく政治の相対的な自律空間を確保しようとする現実主義者（タキトゥス主義者）という三類型がよく知られている。(25) しかしその実、いわゆる倫理主義者、例えばマラバルによる定式化以来、(26) スペインにおける反マキアヴェッリ主義の嚆矢と見なされるようになったペドロ・デ・リバデネイラでさえ、「良き国家理性」というかたちでマキアヴェッリに由来する語彙や枠組みを使用している。つまり実体的な反マキアヴェッリ主義など存在しないと考えることも可能なのである。その場合、結局のところ反マキアヴッリ主義にとってマキアヴェッリとは、マキアヴェッリの語彙や枠組みを変奏する過程で、一つのレトリックとして打ち立てられた仮想敵に過ぎないということになろう。(27) 確かに、マキアヴェッリと国家理性の系譜の関係については、それぞれ断絶と連続の両方の側面が存在している。だがおそらくその正体は、近世ヨーロッパの社会構造、思想文化からして政治と道徳の分離がそのままでは受け入れられない状況にあって、マキアヴェッリの思想とは断絶を生じさせながらも、語彙や枠組みの変奏、あるいは一時的な後退といった試行錯誤を通じて、最終的には、法や国制が正義との連関を失う時代に帰着したのであろう。逆に言えば、このような格闘の跡を国家理性のテクストに読み込むことで、近世特有の時代状況が浮かび上がる可能性も出てくるのである。反マキアヴェッリ主義とは、言うなればマキアヴェッリ主義を受容するさいの近世的形態であり、それが国家理性の核心を形成している。

ここで、国家理性は世俗化とは異なるということは指摘しておかなければならない。この二つの概念は分けて考えるべきだ。王権神授説をみてもわかるように、絶対王政の展開によって、宗教的なものは消去されるのではなく再編成されるのであり、その意味で国家理性とは新たな「政治神学」の形成でもあった[28]。これに関連して二点、付言しておく。まず国家理性と王権神授説の違いであるが、国家理性では権力の正統性は問題にならない。王権神授説の場合、君主権力の根拠が神に直接由来すると説くことで君主権力を強化するが、神に由来するからこそ、却って神の法によって君主権力が拘束される側面も出てくる。だがそもそも権力の正統性を問題としない国家理性においては、このようなことは起こらない。そしてもし国家理性が君主権力を拘束することがあったとしたら、それはまったく別の形式で起こる。第二に、徹底的な反マキアヴェッリ主義者は言うまでもなく、ボテーロなどの政治的リアリズムをみすえた国家理性論者にあっても、君主にはキリスト教の信仰をはじめとする徳が期待されたことである。通常は国家理性の系譜に組み込まれないエラスムスのような思想家もそうであるが、当時の君主論のなかには、信仰そのものの価値だけでなく、紛うことなき心の底からの信仰が、統治に役立つと説かれることがあった。この信仰の技術的な有用性の認識は、国家理性へと一直線につながる[29]。こうした宗教の問題は、とくに政治と宗教を分離して近代国家への道を突き進んだフランスに対し、スペインが宗教に拘泥するあまり、政策が信仰に左右されていたかの如くに描かれてきたことからも、常に意識しておく必要がある。もちろん、そのような単純な見方をすることはできず、そのことはエリオットによってつとに指摘されていたところであった[30]。

国家理性の歴史、すなわち合法的、技術的な次元でのみ評価される合理的な経営機構にしてその対象たる近代「国家」形成の歴史にとって、マキアヴェッリおよびマキアヴェッリ批判が決定的に重要であったことは間違いない。しかしこの問題に関し、タキトゥスとタキトゥスの読解、論争全般の果たした役割もそれに劣るものではなかった。むしろマキアヴェッリ主義とタキトゥス主義は、国家理性の歴史にとって車の両輪のようなものである。

確かにタキトゥスは、マキアヴェッリの代替物として読まれた経緯がある。マキアヴェッリの著作が皇帝カール五世の命によってカスティーリャ語に翻訳されたことからもわかるように、スペインでは初めから、すべてがマキアヴェッリに敵対的だったわけではなかった。しかし対抗宗教改革の進展とともにそのような時代は急速に過ぎ去り、とくに一五五九年にマキアヴェッリの著作が禁書となったことで、その排斥の動きが高まった。こうしたなか、マキアヴェッリの思想が「悪しき国家理性」であるとして否定され、政治と道徳の敵対関係がマキアヴェッリほどあからさまではないタキトゥスの著作が、マキアヴェッリの代わりに広く読まれていったのである。(31) マキアヴェッリ批判の高まりに連動したタキトゥス・ブームはヨーロッパ的な現象であるが、スペインにおいても、アメリカ発見のような神の恩寵はもはや起こらないのではないか、自分たちの覇権はこのまま失われていくのではないかと悲観し始めた人々にとって、本来神に問いかけて解決すべき政治問題を人間的手段によって解決しうるという提言には、心震えるものがあった。その漠たる不安を言語化し、問題に対処する方法を教えてくれるのであれば、マキアヴェッリでもタキトゥスでもよかったのである。(32) その意味では、マキアヴェッリ主義が非難されるなら、タキトゥス主義も許されるべきではないと人々が考えたのも当然であろう。これらの人々にとっては、タキトゥスの著作は、マキアヴェッリの理論をそのまま実践したかのような悪徳の事例に満ちているからであり、タキトウスの思想も、マキアヴェッリの思想に劣らぬほどの「悪しき国家理性」だったからである。そのような例は、すでに著作『国家理性論』の冒頭においてマキアヴェッリとタキトゥスを並べて批判したボテーロに見いだすことができる。スペイン最大の反マキアヴェッリ主義者たるリバデネイラが同時に反タキトゥス主義者であったのもそのためである。ただこれらはすべて、当時マキアヴェッリとタキトゥスが一面で同一視されたことに起因する。そこから、タキトゥス主義とマキアヴェッリ主義の関係をめぐる思想史上の位置づけという難問も生じる。

しかし、タキトゥスはマキアヴェッリの代用品ではない。マキアヴェッリとタキトゥスでは、言わばその役割が異なるのである。マキアヴェッリがあばき出したのが政治の根源的な非道徳性だとすれば、タキトゥスが提供したのは、言うなれば統治技術だった。当時、スペイン「衰退」の原因を分析し、その解決策を提示する多くの献策家が誕生したが、タキトゥスの読解が開いた「統治技術」という巨大な言説空間は、こうした人々の政策提言を支える文脈となったとも言える。[33] つまり宗教や正義に依拠せずに、経営の単位としての「国家」の維持と拡大を目指して思索を行うためには、その原理が宗教や正義の干渉を受けることなく機能する自律的な空間が確保されなければならない。そうした空間を作り上げる上で大きく貢献したのが、まさにタキトゥス主義者の「統治技術」だったからである。そこに、近代国家形成におけるタキトゥス主義の固有の意味がある。確かにタキトゥス主義は、マキアヴェッリ主義と異なり、政治に宗教を従属させたり、それらを互いに敵対関係においたりすることなく、統治技術に集中したのだったが、このように政治の原理を宗教の原理から自律させる限りにおいて、タキトゥス主義はマキアヴェッリ主義とともに、政治と道徳の分離を促進し、社会工学的な国家観を育むことになった。それが、先ほど国家理性の歴史にとってその双方が車の両輪であったと言ったことの意味である。そしてタキトゥスの著作にそれが感じ取られたからこそ、当時タキトゥスはしばしばマキアヴェッリと同じように罪深いと感じられたのだった。

先にも触れたように、ボテーロはマキアヴェッリとタキトゥスの双方を非難しているが、実際のところ、彼は、緊急事態や必要に対応するために、非常手段を講じるというマキアヴェッリ的なテーマを捨て、ある意味、いわばその毒気を抜き去り、「国家理性」をして国家の利益を貫徹し、その衰退を防ぐための日常的な「統治技術」に解消せしめた人物である。[34] そして君主にはキリスト教的な王であると同時に、支配領国の性質を知悉した合理的な経営者であることを要求するのである。タキトゥス学者のバリエントスが、ボテーロの切り開いた国家理性の潮流に棹さし、もろもろの局面でその枠組みを使用することができたのは、ボテーロの国家理性が、そのタキトゥス批判にも関わらず、すでに実質的に統治技術に変質していたからだろう。ではバリエントスは、近世スペイン帝国という環境のなかで、どのような独自の統治技術を打ち立てたのであろうか。それをこれから見ていきたい。

3　アラモス・デ・バリエントスの国家理性論

バルタサール・アラモス・デ・バリエントスは、一五五五年にメディーナ・デル・カンポで生まれ、サラマンカ大学で法学を学んだ(35)。そして父親が、フェリーペ二世の秘書官ゴンサーロ・ペレスの友人であったため、息子のバルタサールが、父親の後を継いで同じくフェリーペ二世の秘書官となっていたアントニオ・ペレスのもとで働くようになった。それ以降のバリエントスの生涯は、ある意味ウルジー枢機卿やトマス・クロムウェルをも思わせるこの極めてルネサンス的な大政治家と、あらゆる点で強く結びついている。のちにアントニオ・ペレスは失脚し、一連の裁判にかけられたが、一五九〇年にはバリエントスもカスティーリャにおけるペレスをめぐる刑事裁判の一環として懲役刑に処せられた。しかし、一五九八年のフェリーペ二世の死にさいし、レルマ公爵の尽力によって出獄。その後レルマ公爵の庇護を受け、重用された。しかしバリエントスが政治家としての華々しい活躍を見せるのは、オリバーレス伯公爵の時代になってからである。バリエントスは伯公爵の庇護下に財務顧問会議やインディアス顧問会議のメンバーを務め、その経済政策や政治政策においても重要な役割を果たした。バリエントスの著作はアントニオ・ペレス名義をもつものも多いが、現在ではそれらの実際の執筆者がバリエントスであることが確認されている。代表作は獄中で執筆された『スペインのタキトゥス』である。タキトゥスの著作の翻訳、注釈、箴言からなるこの本は、タキトゥス主義のスペインへの本格的な導入としてはもっとも早い試みであることは間違いない。ただ同書は出版許可を受けながら、フェリーペ二世が承認を躊躇したため、長らく出版することができなかった。フェリーペは自分とアントニオ・ペレスとの関係が、ティベリウスと、ティベリウスによって処刑されたセイヤヌスになぞられえられるのを恐れたのだという。[36] 結局、同書はフェリーペ二世の死後、レルマ公爵の助力によって、一六一四年に出版された。

その他にもバリエントスの著作はいくつか存在するが、本章ではおもに『国王フェリーペ三世に捧げる、国務会議における正しく必要かつ有益なる準則大全』(以下『準則大全』)を取り上げ、バリエントスの国家理性の原理的な考察を行いたい。この著作は一五九〇年ごろに執筆され、のちに部分的な修正をへて『スペインのタキトゥス』所収のレルマ公爵への献辞として組み込まれた。[37] つまり、この『準則大全』はバリエントスのタキトゥス研究が『スペインのタキトゥス』として結実する以前の原初的な状態を示しているのであり、スペインにおけるタキトゥス主義の導入、すなわち、スペイン「国家」を経営の対象とする統治技術が、どのような問題関心のもと、どのように形成されたのかを知る上で格好のテクストなのである。だがこの著作の重要性はそれだけではない。そのタイトルからもうかがえるように、フェリーペ二世の治世下で不遇をかこったバリエントス(またある意味ではアントニオ・ペレス)は、次の王に対し、スペインの将来のみならず自らの将来をも託したのであった。そこに、フェリーペ二世以降の時代に期待し、早くも思いを馳せる当時の知識人や政治家たちの潜在的な願望や政治的な見解をかいま見ることも可能であろう。

バリエントスの国家理性の原理を探るということであれば、まずはバリエントスによる国家理性の定義を検討すべきである。だが残念ながら、これ以外の著作においても、その明確な定義がしめされた箇所はない。[38] そもそもバリエントスは国家理性という言葉をほとんど使用していない。しかし注目すべきは、『準則大全』が、過去の事例から領国を獲得、維持、拡大する法則を引き出し、もってフェリーペ三世の支配する帝国の衰退の原因を突き止めることを目指していることである。(39) 国家理性の定義を支配領国の建設、維持、拡大の手段に関する知識（notizia）に求めたボテーロに照らして考えれば、これをバリエントスの国家理性の定義であるとみなすこともできるかもしれない。もしくは少なくとも、バリエントスはボテーロによる国家理性の定義を踏まえた上で、そこで表明された課題意識を直接引き受けて議論を組み立てていると言うことはできる。その結果バリエントスのテクストには、スペインにおける国家理性の議論が往々にして焦点化する「衰退」の意識が明白にまとわりつくことになった。この国家理性の教え、つまり帝国を維持する技術は、バリエントスによって「支配と統治の学（la ciencia del gobierno y Estado）」や「統治の学にして理論（la ciencia y doctrina de Estado）」「統治の学（ciencia de Estado）」などと呼ばれており、それがこれまでも問題にしてきた国家理性における「統治技術」に相当するとみてよい。そこで以降、この統治の学、すなわちバリエントスの政治学を検討していくが、そのさいとくに鍵概念である razón に注目したい。これは razón de Estado を「国家理性」と訳したときの「理性」であるが、これまでのバリエントスの政治学に関する言及においても、razón は統治空間の合理化という一般的な受け取られ方をしてきたせいか、それ以外の読みの可能性が提起されたことはなかった。しかしこの語は、少なくともこの『準則大全』のなかでは、理性的な計算や計量、合理性といった意味では直接的には使用されていない。おそらくバリエントスの razón は、「理性」に止まらない複雑な意味場を形成している。したがってそれを読み解くことは、国家理性の歴史におけるバリエントスの政治学の原理、すなわち彼がスペインの直面する問題に対処するために打ち立てた方法論の一端を解明することになるであろう。なお、この学の対象として維持、拡大すべき政治体についてはこれまで便宜上「帝国」と訳してきたが、バリエントスはそれを同一の箇所で「陛下の国家の維持(conservación de su estado)」「陛下の君主国の維持(conservación de su monarquía)」「かくも巨大な帝国(conservación de un tan grande Imperio)」と三種類の言い方をしている。[40] この場合、「国家(Estado)」「君主国(Monarquía)」「帝国(Imperio)」は完全に互換的である。この問題に関してはまた後ほど言及する。なお、以下の引用文に付された強調はすべて筆者によるものである。

〈1〉[...] sacando de este autor unas reglas o conclusiones generales, fundadas en los sucesos que refiere y en las razones de ellos, que sean como principio de la ciencia del gobierno y Estado.[41]
タキトゥスが語っている出来事、及びそれらが起こった理由に基づいた一般的な規則や結論、すなわち支配と統治の学の原理たるべきものをこの著者から引き出し

〈2〉[...] hacer [...] algunos discursos y lecciones aplicando los sucesos y accidentes que refiere y las causas de ellos a los de nuestros tiempos.[42]
タキトゥスが語っている出来事や事件、またそれらの原因をこの時代の出来事や事件に適用することで、考察を深め、教えとする

通常、政治思想家としてのバリエントスの独創性は、そのタキトゥス主義によって、政治を科学のレベルに高めたことにあるとされる。[43] だがこうした言い方には、原因と結果を取り違えたような感がある。むしろ次のように言った方がよいのではなかろうか。すなわち、「政治」はこのような学問的な言説を通じて、つまり第1節でも触れたように、正義や道徳や倫理と対立しないまでも、それらからは独立した政治学の規則が排他的に適用される自律的な空間として現出するのである。なお現代では「国家」を意味するEstadoであるが、それが上記の

ように「支配と統治の学（la ciencia del gobierno y Estado）」という表現のなかで使用される場合、この Estado は gobierno と同じ意味を有するものと解釈し、「統治」と訳している。当時の文体論では、このように並列的な表記において並列された語句は同じ意味を表していることが多いからである。[44] とはいえ、この自律的な統治空間はすでに Estado として立ち現れ、その内部が政治学の言説によって満たされつつある。つまり経営機構にしてその対象としての Estado はすでに成立しており、もしそれをもって「国家」とするならば、これらの Estado を「国家」と訳すことも可能であろう。このように、もし「国家」（もしくは「統治空間」）がそれに関する学問的な語りに満たされることで成立するのであれば、その学の原理を問うことは、「国家」がいかにして成立するのかを知ることにつながる。

上の引用からもわかるように、統治空間の自律性の保証する政治学は、出来事と出来事が起こった理由（razones）から引き出された一般的な規則や結論をその原理としている。この理由（razones）とは端的に原因（causas）のことである。ここで重要なのは、バリエントスのテクストには、出来事や事件という言葉が頻出するが、それらは、こうした出来事や事件が起こった理由と一緒に理解してはじめて意味をなすということである。つまり過去の歴史から学ぶべきは、個別的な個々の出来事と事件ではなく因果関係そのものである。バリエントスもこう述べている。

〈3〉我々の行動のさいの賢慮を獲得するためには、歴史のなかで、単なる事件そのものではなく出来事の原因（民衆はそれを偶然や運命の産物だと考えている）を理解することが必要である。

そしてこの因果関係の束をできる限り集めて「一般的な規則や結論」を導き出し、それを現代の出来事に応用していく。ここに、バリエントスが自らの営みを「学問（ciencia）」と呼ぶ根拠がある。つまり、ただ過去の出来事を、むやみに現代の出来事に重ねたり、すべてを偶然や運命に帰したりするのではなく、その間に、言わば帰納的な方法によって、学者のみがなしうる、隠された一般的な規則を導くというプロセスが介在するのである。時代が進むにつれ、国家理性の議論がベーコン的な経験主義の特徴を色濃く帯び始めることはつとにマイネッケによって指摘されていた。バリエントスもその例に漏れないことは、その著作を一読して感じとることができるだろう。[45] 実際、バリエントスはボテーロなどと比べてもはるかに思弁性、理論性が少ない。さて、このように一般的な規則と化した razones であるが、それで終わりではない。今度はこの一般的な規則に照らして、現在の問題を解決する処方箋を提出するのである。[46] 現代のさまざまな問題に対処するには、支配者は、この一般的な規則を原理とする政治学を学ばなければならない。そのことを、バリエントスはこう述べている。この学と技術は「統治に携わる大臣や顧問官 (los ministros y consejeros de Estado)」たちにとって必要不可欠である、と。ここで二つ注意しておくべきことがある。

第一に、近世にとって政治学とは本来的に何であったかという問題である。現代の政治学であれば、例えば権力者の政治行動を扱うにしても、それにとどまらず、そうした行動によって引き起こされる作用の大きさ、民衆の生活に対する影響などをはかり、社会の全体の相貌を描こうとするだろう。しかし近世の政治学はそうではなく、あくまでも統治技術、つまり為政者のための文字通り秘術として存在していた。それは権力者の政治行動のための技術、民衆に対する一方的な働きかけの技術なのであり、民衆にはあずかり知らぬ知の体系だったのである。民衆の無知を前提とするこの技術こそ、当時「統治の秘術《アルカナ・インペリイ》」と呼ばれたものに他ならない。現代の政治学は、「統治の秘術」があらわになり、言わばその知が「民主化」されることで初めて成立すると言うこともできる。この統治の秘術性は、国家理性、とくに統治技術の師傅とも言うべきタキトゥスと深い関係があった。タキトゥスは特殊な眼鏡で「統治の秘術」を見ることができた人物とされ、歴史から政治行動の規則を導き出そうとする人々には特に注目されていたからである。そのため、この秘術が公になれば社会秩序が乱れると信じた人々もおり、それがタキトゥス受容の一定の歯止めともなっていたが、バリエントスはそれを突破したのだった。[47] バリエントスに政治学の「民主化」の意図などはまったくなかったであろうが、その文章から統治の秘術性をうかがわせるものは何もない。

第二に賢慮（prudencia）の問題である。上の引用からもうかがえるように、賢慮は歴史的事件における原因と結果の因果関係を知ることで獲得される能力であるが、バリエントスにとってはとくに、一般的な規則を適用するさい、それを杓子定規に当てはめるのではなく、その場の状況を賢明かつ慎重に見極め、個々の事例に応じて対処する能力のことである。バリエントスは「統治の学」のことを別に「偶有的出来事の学（ciencia de contingentes）」とも呼んでいる。つまり出来事の間には常に何かしらの因果関係があるためそれは単なる偶然ではないが、同じ出来事がすべて同じ因果関係で結ばれるわけではないという点でそこには偶有性が存在するのである。この知識の蓋然性が、バリエントスの構想する学問の基盤となっている。そもそも知識の蓋然性の認識は、人間に関する本質的で普遍的な規範の一律的な適用を退けるという意味では、国家理性に親和的である。例えば、ヘロニモ・デ・サバリョスは『国王と君侯および臣下の良き統治のための真の技術』（一六二三年）において、一般的な規則をそのまま病人に適用すれば間違った治療を行ってしまう、したがって君主も個別の事例に対しては慎重でなければならない、と説いている。[48] またリバデネイラも、その著書『ニッコロ・マキアヴェッリとポリティコ派の昨今の教えに抗し、キリスト者の君主が自らの諸国家を統治し、維持するために保持すべき信仰と徳に関する書』で、信仰とポリス的（政治的）賢慮（prudencia civil y política）を調和させるとしつつも、「この賢慮は真の賢慮であるべきであり、外面的賢慮であってはいけない。キリスト教的賢慮であるべきで、政治的賢慮であってはいけない」としている。[49] このように賢慮は国家理性にとって最も重要な概念の一つであるため、バリエントスの場合がそうであるが、それは国家理性そのものとしても観念されることさえあった。[50] razón の引用に戻ろう。

〈4〉[...] una resolución honesta y delectable bien puede ser que se pruebe y funde por razones y preceptos morales ; pero ser útil y conveniente [...][51]
正しく、心地よい解決法は、倫理的な規則や準則によって証明され、それらによって基礎づけられることがありうると同時に、有益で目的に合致したものでもありうる。

この箇所では、正しいことと有益なことの調和というキケロ的な語彙で、良き国家理性のあるべきかたちを語っている。ここで、razones は「準則（preceptos）」と置換可能なものになっていることは見過ごすことができない。つまり出来事の原因を意味するはずの razones が、そこから導き出された因果関係の一般な規則そのものを指し示しているのである。

〈5〉 Porque no sé yo qué otra razón puede valer en los discursos y resoluciones de Estado, sino la que se hace con los ejemplos de los casos pasados y con las reglas y proposiciones generales formadas por los antiguos o modernos por estos mismos sucesos.[52]
なぜなら、過去のケースの事例と、同じ出来事に関して古代人や現代人がつくった一般的な規則や提案とによって形成される思考方法以外に、統治に関わる事柄について熟慮し、問題を解決するのに有益たりうるものを私は知らないからである。

これは、先ほど触れた「統治に携わる大臣や顧問官（los ministros y consejeros de Estado）」が統治の学を学ぶべき理由が書かれた箇所である。本来、過去の事例と一般的な規則は帰納法的な関係にあり、razones はその両者を因果関係によってつなぐ役割を果たしていたはずだが、ここでの razón は、事例と規則からつくられるとされている。これまでの議論からすれば、大臣や顧問官が学ぶべき統治の学は一般的な規則を原理とするのであるから、この razón は、統治の学における推論の形式、つまり事例から規則が作られるプロセスの全体を指し示していると考えられる。だとすれば、この場合 razón は raciocinio（理性を用いて判断する能力、推論、またはその行為）に近い。

この問題を別のかたちで問い直してみたい。そもそも razón de Estado の razón とは何か。それは何ゆえ、「国家理性」と訳されなければならないのか。国家理性の中世からの連続性を重視するポウストによれば、この言葉は、形態上は ratio statuo に由来し、国家理性の意味内容を指示する他の言葉（ratio publicae utilitatis、ratio status、ratio civitatis）とともに共通の語彙場を形成していた。これら一連の語が意味するのは、国家の利益と安全を維持するための正しい理性の使用、理性的な計算、計量である。(53) なおポウストの理解では、こうした理性の使用、理性的な計算、計量としての razón は、とくに一二世紀の法学者の間では公共善、神の法、自然法の下にあったが、その後、政治的問題は人間的手段で解決しうるという新しい国家理性が生じたのだという。このように中世からの連続を重視する考え方に従えば、近世のいわゆる「国家理性」における、理性の使用、理性的な計算、計量という意味での razón は中世に遡る。しかしその実、近世になるとそれには止まらない局面が出てくる。先にも触れたように、ボテーロにとって、Ragione di Stato とは知識（notizia）のことであった。そこで参照したいのが、当時の文献から国家理性の定義を集めたフーコーによる整理である。フーコーによると、raison d'État における raison には客観的意味と主観的意味があった。客観的には、それは国家の一部分、都市、要塞など国家の全体性を維持するのに必要十分なものを指す。そして主観的には規則や技術を指す。そしてこうした規則や技術をもって国家理性の定義とする例は、国家理性のほとんどの理論家に見受けられると言う。なお、国家理性を規則や技術のことであると述べたパラッツォは、その他にも raison について、事物の本質全体、部分のすべての結合、結合の認識を可能にする能力、その認識の手段などと説明している。[54] バリエントスの場合が、まさにこれらの定義に合致する。これまで見てきたように、バリエントスの razón、razones には、出来事の原因、原因・結果の因果関係から導き出される規則、それが導き出される全体のプロセスによって形成される能力のすべて組み込まれていたからである。フーコーは、国家理性論者のこうした定義を、スコラ的で陳腐で形式的だとしているが、必ずしもそうではあるまい。バリエントスを見れば、razón がなぜ規則や技術を意味するのかがわかる。それは razón が出来事が起こった理由そのものを示しているからである。ある意味では、そのプロセスの全体が、タキトゥス主義の典型的な例をなしているとも言えるだろう。バリエントスをはじめ、タキトゥスを読み解きに努めた人文主義者にとって、タキトゥスは単に歴史的事例を提供しただけではなかった。タキトゥスは特殊な眼鏡で事物の因果関係、その因果関係からなる規則を、つまりは隠された「統治の秘術」を見ることができた人物であるから、読み手は翻訳や注釈を通じて、その秘術を読みとらなければならないのである。このようにバリエントスの場合、その思考の枠組み、学問的実践の基盤となったのはタキトゥス主義であったが、これまで述べてきたように、国家理性は、本質的に経験主義的なところがある。神学や、正しい統治のアプリオリな措定によって演繹的に権力形態の正邪を判断するのではなく、歴史を経験の集積とその検証の場とみなし、そこから統治技術を汲み出すことが、政治思想としての国家理性の核心だったからである。マキアヴェッリが『君主論』のなかで述べているように、あるべき政治ではなく、実際に行われている政治を知ることが破滅から身を救う道であり、国家理性の根本的なところでこうした思考形式は一貫している。そこに、政治思想の表現媒体としての歴史叙述という、マキアヴェッリをはじめとするイタリアの新たな動向を見てとることができる。それによって、歴史学そのものも変化した。つまり修辞学から経験の学への転換であり、タキトゥスが注目されたのも彼のそのような歴史への態度ゆえであった(55)。

興味深いのは、バリエントスにとって、個々の出来事から一般的な規則を引き出すことは、統治の学のみの原理ではないということである。彼には、人間社会と自然の両方に通底する壮大な学問観があった。バリエントスの考えでは、そもそも、あらゆる人間の個別的な諸関係から法や権利が発生する。これは人間社会の創設、法や権利の発生に神が介在しないという点ではまさにマキアヴェッリ的主題と言ってよい。そしてこれは、個別的な身体の異常から一般的な学問の原理を打ち立てたヒポクラテス（医学）、個別的な自然現象から未来を予測するプトレマイオス（天文学）においても同様なのである。これらすべての学問の基盤となるのが、賢慮や判断力であった。

ここで、Estado の問題に移りたい。バリエントスの著述には、Estado という言葉が頻出する。それがバリエントスの思想の核心にあったことも間違いない。しかし、Estado 自体が定義されたり、深く理論化されたりしたことはなかった。バリエントスにおける Estado は、およそ三種類の用法に分けることができる。

第一に一定の領域として観念された王の領国である。これは『準則大全』には出てこないが、別の著作、例えば、一五九八年に執筆された『陛下の諸王国と諸所領、および友好国と敵対国における現状に関して陛下に捧げる政治論、さらにそれらに対していかに振る舞い、節度をもって行動するかに関する提言』（以下『政治論』）には見ることができる(56)。この領国としての Estado は、さらに下位区分される。まずバリエントスは『政治論』の冒頭で王の領国を世襲地と征服地に分けているが、例えばこの「世襲地（Estados heredados）」である。次に特定の領国、すなわちフランドル、低地地方、ミラノ、ナポリ、シチリアを指す場合に、例えば「フランドルと低地地方の諸領国（Los Estados de Flandes y País Bajos）」などと言われる。

Estado の第二の用法は、これまで『準則大全』のなかで見てきたもので、「支配と統治の学（la ciencia del gobierno y Estado)」や「統治の学にして理論（la ciencia y doctrina de Estado)」「統治の学（ciencia de Estado)」などで、基本的に gobierno や administración など支配や行政を意味する言葉と一緒に使われることが多い。それに携わる人々が「統治に携わる大臣や顧問官（los ministros y consejeros de Estado)」であり、その個々の具体的な案件が「統治案件（las materias de Estado)」である。[57] これまでに見てきたようにこうした Estado の領域が、バリエントスの国家理性論の核心である。これらはすべて、正義や道徳からは独立した政治学の規則が適用される自律的で独立した統治空間を指し示しており、そのようなものとして、すでに Estado は成立している。その Estado の空間を学問的言説、具体的な解決策が導かれる諸準則で満たし、「国家」の構築への歩みを進めたという点ではバリエントスの功績には大きなものがあった。先にも触れたように、すでに経営機構にしてその対象たる「国家」は成立している。しかし、それが現代における「国家」とまったく同じものかと言えば、まだ完全にそうだとは言い難い。バリエントスの思想は、与件としての正しい統治が消滅したあと、維持と拡大の対象として「国家」を創造するその過程にあるのだ。これはボテーロにおいてもそうで、その著書 *La Ragion di Stato* は、『国家理性論』であるとともに『統治知識論』や『統治技術論』とでも訳すべき内容をもっている。しかしバリエントスの Estado にも、「国家」にさらに近い意味で用いられているのではないかと思わせる箇所もある。

〈6〉最初のもの［ヒポクラテスをはじめとする医者の諸規則］が人体の健康、その維持と治療に役立ち、第二のもの［プトレマイオスをはじめとする天文学者の諸規則］によって自然の出来事と人間の欲求傾向が予測されるように、私の、またタキトゥスの諸規則によって、より確実に、国家の病い（las enfermedades del gobierno y Estado)、奴隷から君主までのそのすべての四肢の病いを癒すことができる。健康が維持され、損傷が治療され、目下の状況から起こってしかるべき事態が予測されることができる。[58]

ここでのEstadoを「支配」や「支配領域」と訳さず「国家」としたのは、この場合Estadoが一個の有機体として観念されているからである。伝統的にres publicaによって仮託されてきた有機体的国家観念[59]が、ここでは確かにEstadoによって担われている。これは、それまでres publicaを満たしていた意味内容がEstadoにも移し替えられうることを示している。しかしやはり完全な国家とはみなしにくい。ここに「主権」の観念が欠けているからである。つまり、バリエントスのEstadoは最初から最後まで統治空間、つまり支配のおよぶ領域以外の何物でもないのである。razón de Estadoに関しては、ボテーロやバリエントスを見てもわかるように、Estadoがそうした意味で完全に「国家」を指示していなくとも、思想的、イデオロギー的に、また問題に対する解決策の提示にさいしても充分な役割を果たすことができた。しかし、それで主権国家が完成したわけではない。国家理性と主権は、ところどころで微妙に交錯しながら、互いに相対的に独立した歴史を持っている。その関係をスペインという文脈で明らかにするには、改めて別の作業が必要であろう。

バリエントスにおけるEstadoの第三の用法は、統治空間としてのEstadoが、「君主国（Monarquía）」や「帝国（Imperio）」と互換的に使用される場合である。Estadoは、それに対する「学」や支配や行政との関連で使用されるほか、維持と拡大の具体的な空間の意味でも用いられる。この維持と拡大の対象を意味するときは、それは「君主国」や「帝国」と互換的になる〔「陛下の国家の維持（conservación de su estado）」「陛下の君主国の維持（conservación de su monarquía）」「かくも巨大な帝国の維持（conservación de un tan grande Imperio）」〕。

〈7〉[...] es cierto que un instrumento formado de muchas cuerdas es fácil cosa destemplarse, y el instrumento de la monarquía [...] es necesario que se ordene y temple con mucho cuidado y con la unión y correspondencia que conviene entre sus miembros y todas las partes de que está compuesto.[60]

多くのぜんまい仕掛けで出来ている機械は壊れやすくなっております。帝国という機械も、ことのほか慎重な配慮によって、また帝国の構成国とそれを複合的に作り上げている全部分のあいだの適切な統合と対応関係によって秩序化され、強化されることが必要です。

これが、スペインにおけるEstadoの一側面である。確かに一側面ではあるが、厳密に言えば、このようにスペインを構成する諸国の総体が問題になるときには、Estadoではなく、「君主国」や「帝国」が使用される（しかし「君主国」や「帝国」の維持と拡大のための学問はla ciencia de Estadoである）。そしてこれは『政治論』においてであるが、このような複合君主国が問題になるとき、先にも述べたようにEstadoはそれを構成する各領国を指す。その場合、その領国は一般的な意味か、フランドル、低地地方、イタリア、またインディアスに使用されるのみで、カスティーリャやアラゴンには適用されない。ちなみに「スペイン（España）」という言葉も用いられるが、それはポルトガルとナバーラを含むイベリア半島の諸国家の集合体のことである。「スペイン」は、カスティーリャと並んで「君主国の頭《かしら》」とも呼ばれる。ここから帝国の全体が有機体的国家観を備えていること、スペインとカスティーリャが同心円的に捉えられていることがわかる。ここで「君主国」と「帝国」についても確認しておきたい。少なくとも『準則大全』においては、「陛下の君主国」や「陛下の所有する帝国（el Imperio que posee V. A.）」は「ローマ帝国（Imperio Romano）」とのアナロジーで捉えられている。そして注目すべきことに、このアナロジーは支配領域の巨大さとその複合性に求められている。例えば、バリエントスはローマ帝国について「極めて多様な民族と等級に属する人々から複合的に作り上げられている（compuesto de tan gran diferentes naciones y calidades de gente）」ことを確認したうえでフェリーペ三世の帝国について言及しているのである。バリエントスは、このような複合的な統治空間に対する認識を支えにして、具体的な提言を行っていったのであった。[61]

最後に『政治論』にしたがって、ある「統治案件」に対するバリエントスの提言を一つ紹介しておきたい。それによって、彼が「統治の学」を用いて王朝国家の問題をいかに解決しようとしたか、その具体的なイメージを描くことができるだろう。『政治論』の冒頭で、バリエントスはスペイン帝国《モナルキア・エスパニョーラ》を構成する諸王国を世襲地（カスティーリャの諸王国、アラゴンの諸王国、フランドルの諸領国と低地地方の諸領国、西インド）と征服地（ポルトガル王国および東インド、ナバーラ王国、ミラノ、ナポリ、シチリアなどの諸領国）に分類している。これが、彼の最も基本的な帝国の全体像である。さらに、各地域の住民が富の多寡、職能や身分によって分類される。このように分類された地域と住民が、気候や風土、生産力など様々な要因を介しつつ、カール・シュミットを思わせる敵・味方の分類によって分析されていくのである。敵は、さらに内部の住民単位で「公然の敵」と「潜在的な敵」に分類される。同じ操作は外国に対しても行われる。領国の分類は、ボテーロの『国家理性論』の冒頭でも行われており、これはある意味マキアヴェッリの『君主論』以来の伝統とも言えるのだが、驚くべきは、バリエントスが信仰の種類や正しき統治と悪しき統治の差異にまったく拘泥することなく、スペイン帝国の利益の在りどころを見据えながら、徹底した地政学的な関心を見事なほど貫いていることである。これは静態的で客観的なボテーロの分類と完全に異なっている。また友と敵の理論は、自らの外交官としての実践を主要な着想源としていたマキアヴェッリにも見受けられない。ここでシュミットの名前を出したのは他でもない、正義や道徳によって敵と味方を分けるのではなく、各国の利害関心にしたがい、その場その場で敵が設定されることがシュミットの言う主権国家体制の前提だからである。変化する状況に応じて敵と味方がと入れ替わるからこそ、敵は殲滅するものではなくなり、国際法と国際関係の世界がうまれるのである。(62)

さて、世襲地に属するフランドル、つまりより正確にはスペイン領ネーデルラントは反乱の地であった。(63) バリエントスによれば、住民のなかでも反乱者は当然ながら公然の敵であり、残りの住民は潜在的な敵である。よって問題は潜在的な敵をいかに味方につけるかということになる。そこでバリエントスの出した策が、フェリーペ二世の娘であるイサベル・クララ・エウヘニアと神聖ローマ皇帝マクシミリアン二世の息子アルブレヒト大公を結婚させ、夫婦にフランドルを譲渡するというものであった。その目的は、同族であるハプスブルク家の王朝をフランドルに創設することにある。結婚式にはイサベルも参加し、現地で執り行うこと、夫妻は現地に居住することなど、バリエントスの提案は微に入り細に穿っている。このようにして、わずかなコストで住民の友誼を勝ち取り、複合君主政にとって最大の問題とも言える王の不在を解消しようとした。別の王朝を立てることで、財政的にフランドルが分離されるので出費も抑えることができる。さらに都合のよいことに、バリエントスの考えでは、あくまでも常にフランドルはスペイン王支配下の諸領域の一つであるから、スペイン王室に継承者が途絶えたときには、そこから新王を迎えることができる。さらには、スペイン王に対する他国の恐怖や猜疑心を取り除くことができる。

バリエントスが最も重視していたのは住民の「感情」である。では住民の「感情」の所在を把握するためには、どのようにすればよいのか。そこにタキトゥスの提供する過去の事例があった(64)。そしてバリエントスの見るところフランドル住民の願いは自ら君主を選ぶことにあったから、以上のような提案に至ったのである。バリエントスのフランドル論は、複合君主政下における住民と君主のあるべき関係を提示していると考えることもできる(65)。いずれにせよ、バリエントスのこうした問題の解決策が教えてくれるのは、バリエントスにとって、帝国のさまざまな部分を結合させるのは、倫理や信仰の共有ではなく、利益と感情の共有だという点である。君主に寛容や慈愛を促し、一般的に正しいとされる行為にいたらせるのは、君主の徳性でも神法、自然法、王国基本法でもなく、はなはだプラグマティックな住民の友誼の調達の技術、すなわち国家理性であり、王朝国家はこの種の国家理性を通じてその一体性が維持されるのであった。

おわりに

バルタサール・アラモス・デ・バリエントスは、スペイン・バロック期における極めて重要な政治思想家でありながら、その重要性に比して言及されることはさほど多くない(66)。しかし、その研究は大きな可能性に満ちている。タキトゥスの注釈や翻訳という古典的な人文学の実践と、実際の政策提言やその政治活動の交点で生まれたバリエントスの政治思想からは、近世ヨーロッパ王朝国家体制の仕組み、すなわち、いかなる諸力がこの構築物を作り、支えているのか、いかなる変化によってそれが崩壊するのかを知る貴重な手がかりをうることができる。エリオットも言うように、バリエントスこそ、ジョヴァンニ・ボテーロ、トンマーゾ・カンパネッラなどと並び「複合君主国をいかに維持していくかという問題と格闘」した思想家だったからである(67)。ここでエリオットが挙げている三人がいずれも著名な国家理性論者であるのは、複合君主政にとって国家理性が果たす本質的な役割を示しているとも言える。「国家」のあるべき姿ではなく、実際にある姿を観察しようとした国家理性論者が、その維持と拡大の対象とした「国家」こそ、当時の王朝国家だったからである。彼らは、少なくともその意図としては、実際の王朝国家の姿をとらえ、その問題を分析し、解決しようとしたのだった。そしてその徹底した国益の追求によってもたらされたのが、地政学的関心をベースにした冷徹な国際関係の認識に他ならない。先ほどバリエントスの「国家」には「主権」の概念が欠けていると言ったが、その代わりに、彼には地政学的分析に裏づけられた現実主義的な国際感覚と国益追求の意志がある。それも主権国家体制を成立させるための不可欠な要素であったに違いない。バリエントスによって導かれるこうした議論もまた、複合君主政論の射程の大きさを示している。

最後に、バリエントスの国家理性論をスペイン史の展開のなかで位置づけるさいの論点を挙げておきたい。すなわち、バリエントスの国家理性論は、王権の政策やイデオロギーとどのような関係をもっているのか、という点である。バリエントスの生涯は明らかにフェリーペ二世（在位一五五六～一五九八）とは敵対的であり、彼はフェリーペ三世（在位一五九八～一六二一）とフェリーペ四世（在位一六二一～一六六五）の時代になって重用された。そこに、王権の政策やイデオロギーの転換を見ることはできるのだろうか。フェリーペ二世は、国益の追求と神の摂理の間にいかなる矛盾も感じなかった人物である。王の合理的な「戦略」には、あざなえる縄のように常に終末論的なメシアニズムがまとわりついていたのであり、ジェフリー・パーカーによると、結局、この双方が相まって帝国の防衛ラインを拡大したせいで、その経済的資源は有効に活用されなかった。妥協を知らぬフェリーペ二世の外交は、ネーデルラントをはじめとして帝国のあちこちで、本来は避け得たかもしれない反発を起こしていた(68)。フェリーペ二世の国家理性は、ある意味ではリバデネイラに似たところがある。例えば、リバデネイラは、ネーデルラントとの戦争は異端撲滅の戦いであり、戦争を放棄することは異端との戦いをやめるにも等しいと考えていた。よってこの場合、戦争の継続こそ「真の国家理性」である。リバデネイラはネーデルラントの放棄というプラグマティックな政策の発生を恐れたのだったが、先に見たように、この政策を可能なものとして提言したのがまさにバリエントスであった(69)。バリエントスは、フェリーペ二世の政策によって、帝国の内外が「敵」だらけがであることに気づいていたのである。では、フェリーペ二世とそれ以降の時代の差異を、国家理性が信仰に従属していた時代から、オリバーレス流の現実主義的で自律的な「政治」空間が確保された時代、すなわちより「国家」的な時代への移行であると整理することは可能だろうか。もしそうであるなら、バリエントスの人生そのものが、スペイン近世史における王権イデオロギーの一大変容を一身に体現していることになる。

残念ながらこの問いにはまだ答えることができない。しかし、次のことは確認しておきたい。それは、バリエントスの議論がそのときどきの王権の政策と合致したり、王権がその国家理性論に共鳴したりすることが確かにあったとしても、バリエントスの国家理性論は、もしくはいかなる国家理性論者のテクストも、王権イデオロギーそのものではない、ということである。国家理性論と絶対主義的な王権とは密接な関係にあるが、それぞれ独自の展開過程を持っている。両者の関係は、具体的な個々のテクストの読解でつないでいくしかないのである。バリエントスは次のように述べていた。

私の、またタキトゥスの諸規則によって、より確実に、国家の病い、奴隷から君主までのそのすべての四肢の病いを癒すことができる。

バリエントスの眼差しは王の眼差しそのものではない。というのも、彼がその利益を貫徹しようとしているのは、究極的には、君主ではなく「国家」だからである。国家理性は、君主を頭としてそのうちに含みながら、正義や道徳から独立し、その利益を貫徹する「国家」を生み出した。そして将来的には君主もいずれ、この「国家（Estado）」の固有の論理に翻弄され、絡みとられていくことになる。

注

（1）Elliott, John Huxtable, *History in the Making*, New Haven and London : Yale University Press, pp. 59-60（立石博高、竹下和亮訳『歴史ができるまで』岩波書店、二〇一七年、六〇〜六一頁）。

（2）アーノルト・オスカー・マイヤー、平城照介訳「Staat［国家］という言葉の歴史に寄せて」（F・ハルトゥング、R・フィーアハウスほか、成瀬治編訳『伝統社会と近代国家』岩波書店、一九八二年所収）。なお Stato の意味内容の変遷については、イェリネックをはじめとするドイツ公法学以来の多くの文献が存在する。最も引用されることの多い古典的な研究として、H.C.Dowdall, 'The word "State"', *Law Quarterly Review*, 1923, No 39。

（3）国民国家の理論家であるエルネスト・ルナンは、一八八二年にソルボンヌで行った講演「国民とは何か」のなかで、国民国家の前段階をなす王朝国家について述べている。国民をめぐるルナンの講演の目的は「王朝の原理（principe dynastique）」によって形成された集合体は、王朝消滅後に終焉を迎えるのではなく、国民の権利によって存続することを説いた上で、新たな政治体としての国民国家をいかに作り上げるかを説くことにあった。Ernest Renan, Qu'est-ce qu'une Nation?, in Raoul Girardet (éd.) Ernest Renan, *Qu' est-ce qu' une nation ? et autres écrits politiques*, Imprimerie nationale, 1996〔鵜飼哲訳「国民とは何か」（エルネスト・ルナンほか、鵜飼哲ほか訳『国民とは何か』インスクリプト、一九九七年所収）〕。

（4）Botero, Giovanni, *La ragion di Stato*, ed. Continisio, Chiara, Roma: Donzelli editore, 2009（石黒盛久訳『国家理性論』風行社、二〇一五年）。この書物は、おそらくフェリーペ二世の指示により、アントニオ・エレーラ・デ・トルデシーリャスによって一五九三年にカスティーリャ語に翻訳された。同書はその後の宮廷で広く読まれた。Kagan, Richard. L. (traducido por P. Sánchez León), *Los Cronistas y la Corona*, Madrid: Marcel Pons Historia, 2010, pp. 183-184

（5）Bourdieu, Pierre, "De la maison du roi à la raison d'État : Un modèle de la genèse du champ bureaucratique", *Actes de la recherche en sciences sociales*. vol. 118, juin, 1997〔「国王の家から国家理性へ」（P・ブルデュー、L・ヴァルカンほか、水島和則訳『国家の神秘』藤原書店、二〇〇九年所収）〕.

（6）成瀬治『絶対主義国家と身分制社会』山川出版社、一九八八年。成瀬治『近代ヨーロッパへの道』講談社、二〇一一年。

（7）成瀬治『大世界史13　朕は国家なり』文藝春秋、一九八六年、一一頁。

（8）二宮宏之「フランス絶対王政の統治構造」（二宮宏之『フランス　アンシアン・レジーム論』岩波書店、二〇〇七年所収）。

（9）Elliott, John Huxtable, "A Europe of composite monarchies", *Past and Present*, 137, 1992〔内村俊太訳「複合君主政のヨーロッパ」（古谷大輔、近藤和彦編『礫岩のようなヨーロッパ』山川出版社、二〇一六年所収）〕。

（10）先述の二宮論文は、一九七七年に東北大学で開催された日本西洋史学会第二七回大会「近代国家の形成をめぐる諸問題」における報告が元になっている。よって論文中に出てくる「近代的国家体制の形成」という文言もある程度まではこの大会の論題名を意識したことによるものであろう。

（11）エリオットの同論文がフランスも複合君主国の一つとみなしていることは、このような視点がフランス史の側からはあまり出てこないという意味でも非常に重要である。なおフランスのスペイン史家ジャン＝フレデリック・ショブはこの論文に言及しつつ、フランスにも地方三部会が存続した地域とそうでない地域が存在するが、それでもスペイン内部の制度的、法的、象徴的な差異には比ぶべくもないとして、両国を複合君主国として同列を論じることには懐疑的である。Schaub, Jean-Frédéric, *La France espagnole,* Paris: Seuil, 2003, p. 12。いずれにせよ、フランスにおいて複合君主政論がフランス史の文脈で本格的に検討された形成はない。複合君主政論と社団的編成論の接合の解明の試みに至っては、ほぼ皆無といってよく、ここに可能性を秘めた研究の領野が手つかずのまま広がっている。

（12）　Gil Pujol, Xavier, “La razón de estado en la España de la Contrarreforma : usos y razones de la política”, in eds. Rus Rufino, Salvador y otros, *La razón de estado en la España moderna,* Valencia: Real Sociedad Económoca de Amigos del País, 2000, p. 43.

（13）　フーコーによれば、国家理性とは、一七世紀に合理的に経営すべき抽象的実体として誕生した国家に関する一般的観念である。そして、その際に資源としての住民を国家に関与させる特殊技術がポリス（行政）である。近世にこうした「国家」が誕生したとき、ギリシア哲学由来の概念が多く使用された。しかし住民の国家への関与はギリシアの国家社会に特有の倫理共同体の形式では達成できず、そのために特殊技術としてのポリスが要請されるのである。Luther H. Martin, Huck Gutman, Patrick H. Hutton, *Technologies of the Self : A Seminar with Michel Foucault,* Amherst: University of Massachusetts Press, 1988（田村俶、雲和子訳『自己のテクノロジー』岩波書店、二〇〇四年）。領邦君主レベルにおける経営体としての国家の誕生により、公共善の実現をめざすポリツァイ（行政）が展開することについては、村上淳一『近代法の形成』岩波書店、一九七九年。

（14）　マイネッケ、菊盛英夫・生松敬三訳『近代史における国家理性の理念』みすず書房、一九六〇年。この第一のアプローチに属するマキアヴェッリ研究で最近のものとしては、Viroli, Maurizio, *From Politics to Reason of State,* Cambridge: Cambridge University Press, 1992.

（15）　Post, Gaines, “*Ratio publicae utilitatis, ratio status* et « raison d’Etat » : 1100-1300 ” in Lazzeri, Christian et Reynié, Dominique (eds.), *Le pouvoir de la raison d’état,* Paris: PUF, 1992. ポウストの論文の初出は一九六一年。中世からの連続性を重視する研究で最近のものとしては、Senellart, Michel, *Machiavélisme et raison d’Etat,* Paris: PUF, 1989. がある。

（16）　Gauchet, Marcel, “L’État au miroir de la rasion d’État: la France et la Chrétienté”, in Zarka, Yve Charles（ed.）*Raison et déraison d'État*, Paris: PUF, 1994. 他にも、Fragonard, Marie-Madeleine, "L'établissement de la raison d'état et la Saint-Barthélemy", *Les Cahiers du Centre de Recherches Historiques*, No20, 1998.

(17) Foucault, Michel, *Sécurité, Territoire, Population,* Paris: Seuil/Gallimard, 2004（高桑和巳訳『安全・領土・人口』筑摩書房、二〇〇七年）。

(18) 例えば、Descendre, Romain, *L'état du monde,* Genève: Droz, 2009.

(19) なおヨーロッパにおけるこのような政治と道徳の分離、社会工学的な国家観の発生を日本の前近代に見出そうとしたのが、丸山眞男の江戸思想史研究の出発点である。丸山眞男『日本政治思想史研究』東京大学出版会、一九五二年。またこの問題についてはハーバマス「古典的政治学」（細谷貞雄訳『理論と実践』未来社、一九七五年）も参照。

(20) カント、中山元訳『永遠平和のために／啓蒙とは何か 他三編』光文社、二五頁。当然ながら、啓蒙主義における理性とマキアヴェッリズムが本来有していた複雑な関係は忘れるべきではない。Alatri, Paolo, "Ragione e ragion di Stato", *Studi storici, Rivista trimestriale dell'Istituto Gramsci,* no 3, 1973.

(21) 世良晃志郎「封建社会の法思想」『法哲学講座』有斐閣、一九五七年。

(22) 二宮宏之「王の儀礼」（二宮宏之『フランス　アンシアン・レジーム論』岩波書店、二〇〇七年所収）。

(23) フリッツ・ケルン『中世の法と国制』世良晃志郎訳、創文社、一九六八年。

(24) Gauchet, Marcel, *op. cit.*, p. 193.

(25) Fernández-Santamaría, José Antonio, *Reason of State and Statecraft in Spanish Political Thought, 1595-1640,* Boston: University Press of America, 1983. スペインにおける国家理性については、ほかにもアルバラデホの簡潔な整理を参照することができる。Fernández-Albaladejo, Pablo, "Entre la razón católica y la razón de estado : senderos de *la Raison politique* en la monarquía española", *Transitions*, 5, 2009. またスペインにおける国家理性の主要なテクストのアンソロジーに付された編者の序文も有益である。Peña Echeverría, Javier, "Estudio Preliminar", *La razón de Estado en España : Siglos XVI-XVII (Antología de textos)*, Peña Echeverría, Javier y otros（eds.）, Madrid: Tecnos, 1998.

(26) Maravall, José Antonio, *Teoría del Estado en España en el Siglo XVII,* Madrid: Centro de Estudios Constitucionales, 1997, pp. 363-408.

（27）Keith David, Howard, "The Anti-Machiavellians of Spanish Baroque : A Reassessment", *A Journal for the Study of the Literary Artifact in Theory*, 5, 2012. 厳密に言えば、先ほどのフェルナンデス・サンタマリーアを始めとするスペインの反マキアヴェッリ主義の系譜の整理は、バロック期のスペインの思想家は個々の点ではマキアヴェッリを非難しても全体としてはそれを受け入れていたというホセ・アントニオ・マラバルのテーゼ（Maravall, *op. cit.*）を、過度に一般的であるとして批判するなかから生まれたものである。よってこのキース・デーヴィッドの提言は、先祖返りのようにマキアヴェッリ主義の一般化を目指したものではなく、あくまでもマキアヴェッリの語彙と枠組みがいかに変奏されているかを個々のケースに従って検討することの重要性を説いたものである。

（28）Gauchet, *op. cit.*

（29）これは、読み方次第でボテーロの先駆けをも思わせるもエラスムスの君主論の特徴の一つにすぎない。エラスムスの『キリスト者君主の教育』は、一五一六年、のちに神聖ローマ皇帝となる若きスペイン王カルロス一世に献じられた。同書はほぼ同時期に出たマキアヴェッリの君主論と対比的に捉えられることも多いが、その実、反マキアヴェッリ主義的なマキアヴェッリ主義を基盤とする国家理性の系譜において始原的な場所に位置づけることも可能である。例えば、Palacio Rada, Jaime, "Las ideas políticas en la Educación del príncipe cristiano de Erasmo de Rotterdam", *Revista de Filosofía*, No 66, 2010-3, pp. 31-32. は、エラスムスの君主論の影響下にスペインで書かれた君主論の著者として、本章で取り上げるバルタサール・アラモス・デ・バリエントスのほか、ペドロ・デ・リバデネイラ、フアン・デ・サンタ・マリア、サアベドラ・ファハルドといった人々を挙げている。まさにスペインにおける国家理性の系譜そのものである。なお、エラスムスのみならず、君主の徳への期待は容易に国家理性に滑り込む可能性がある。統治契約主義などの理論で具体的に君主権力を拘束する契機が失われるからである。Echeverría, "Estudio Preliminar", *op. cit.*, pp. xxxiv-xxxvi.

（30）Elliott, John Huxtable, *Richelieu and Olivares*, London: Cambridge University Press, 1984（エリオット、藤田一成訳『リシュリューとオリバーレス』岩波書店、一九八八年）。なおこの種の対立図式は当時から存在していた。フランスが国家理性とイタリアを結びつけたのに対し、スペインはイタリアに加えてフランスも悪しき国家理性を体現すると考えていた。フランスの思想家たちは、そのようなスペイン側の表象をまさに国家理性的な隠蔽工作とみなしたが、それに対し、スペインの側では、国益の計算と神の法を調和させるべく理論をますます洗練させていくのである。Méchoulan, Henry,"La raison d'État dans la pensée espagnole au siècle d'Or, 1550-1650", *Raison et déraison d'État*. in Zarka, Yve Charles (eds.), *op. cit.* このことは、国家理性が神学、法学、哲学上の論理的推論ではなく、実践や経験を素材に形成されていたことの今一つの証左となる。フランスにとってのサン・バルテルミーの虐殺、スペインのにとって衰退のテーマなど、国家理性の言説は、各々の集合的記憶をトポスを軸に構造化する神話体系として捉えることもできるだろう。Catteeuw, Laurie, "Réalisme et mythologie de la Rasion d'État", *Revue de synthèse*, t.130,6e série, No 2, 2009, p. 230. 国家理性の比較をするときにはこれもポイントの一つになる。

（31） Badillo O'Farrell, Pablo, "Retorno al tacitismo y la razón de estado", in Badillo O'Farrell, Pablo, y Pastor Pérez, Micuel A (ed.), *Tácito y tacitismo en España*, Barcelona: Anthropos, p. 81. Maravall, José Antonio, "La corriente doctrinal del tacitismo político en España", *Estudios de Historia del Pensamiento Español*, Madrid: Ediciones Cultura Hispánica, 2001, p. 71.

（32） Méchoulan, Henry, "Tacit et Machiavel révélateurs des inquiétudes de la pensée politique espagnole du Siècle d'or", in *Théologie et droit dans la science politique de l'État moderne. Actes de la table ronde de Rome*, Rome: École Française de Rome, 1991, p. 296.

（33） 国家理性に対する先述の三つの態度、すなわち倫理主義者、理想主義者、タキトゥス流の現実主義者のなかに献策家を位置づければ、第三の現実主義者たちのうち、とくに国家理性の理論的な構築よりも実際の政策提言に力点をおいた人々ということになる。Cantario, Elana, "Tratadistas político-morales de los siglos XVI y XVII", *El Basilisco*, No 21, 1996.

（34） Zarka, Yves Charles, "Raison d'Etat et figure du prince chez Botero", in Zarka, Yve Charles (ed.), *op. cit.*, pp. 107-109. ボテーロは信仰や正義を重視したが、だからと言ってマキアヴェッリ以前に戻ったわけではない。当時、経営機構にしてその対象たる国家がかたちを成しつつあるなか、それまでの政治と宗教の関係、政府と民衆の関係は大きく変動せざるをえなかったはずだが、彼は自らの言葉でこの変化を整序し、マキアヴェッリの読み替えによってのちの人々の思考の枠組みを作り上げたのである。そこにボテーロの偉大さがある。マイネッケは、ボテーロをマキアヴェッリに比べれば「凡庸な頭脳の持ち主」であるとして非常に冷淡に扱っているが、それはマイネッケがマキアヴェッリの問題圏で国家理性の系譜をたどったからである。マイネッケ、前掲書、九〇頁。ただ、ボテーロにおける自律的な統治空間の形成を、マキアヴェッリからの逸脱ではなく、直接マキアヴェッリに求める見解も存在する。確かに、統治を「技術（arte）」と捉えたのはマキアヴェッリの功績であった。Bonnet, Stéphane, “Botero machiavélien ou l’invention de la raison d’État”, *Les études philosophiques*, No 66, 2003.

（35）バリエントスの生没年には諸説あり、どれも確定的ではない。以下、その生涯については、Fernández-Santamaría, José Antonio, *op. cit.*, p. 194. また、Charles Davis, “Baltasar Álamos de Barrientos and The Nature of Spanish Tacitism, ” in ed. Nigel, Griffin, *Culture and Society in Habsburg Spain*, London: Tamesis, 2001, pp. 57-59.

（36）Ordóñez Agulla, Salvador, “Gayo Cornelio Tácito. Tácito español, ilustrado con aforismos por Don Baltasar Álamos de Barrientos -- En Madrid, por Luis Sa[n]chez a su costa, y de Iuan Ha[n]frey, 1614”, *La antigüedad en el Fondo Antiguo de la Biblioteca de la Universidad de Sevilla*, 399, 2012.

（37）Pérez, Antonio, *Suma de preceptos justos, necesarios y provechosos en Consejo de Estado, al Rey Felipe III siendo Príncipe. Aforismos sacados de la Historia de Publio Cornelio Tácito*, Mardid: Anthoropos, 1991. このテクストは、その一部が『スペインのタキトゥス』に組み込まれて世に出たことを除けば一九九一年の校訂版が出るまでそれ自体として刊行されたことはなかった。一九九一年版のもとになったテクストはパレンシア大聖堂図書館所蔵の『政治論と国家理性』というタイトルで製本された手稿群の一つ。著者名はアントニオ・ペレス。他にマドリードの国立図書館に、こちらもアントニオ・ペレスの名前で所蔵される手稿がある。現在知られている手稿はこの二つのみである。文章の異同は校訂版で指摘されている。校訂版編者によれば、この著作の実際の執筆者はバリエントスであるが、手稿がアントニオ・ペレスの名を冠していること、またそこで表明されている見解が両者の緊密な交流の中から生まれたものであることから、校訂版においてもアントニオ・ペレスの名義を使用するとしている。先述のスペインの国家理性のアンソロジー、Peña Echeverría, y otros (eds.), *op. cit.* にもバリエントスの『準則大全』の一部が収められているが、そこではアントニオ・ペレスではなく実際の執筆者であるバリエントスの名前が使用されている。「国家」の成立という点から言えば、バリエントスの政治思想をアントニオ・ペレスと交差させ、バリエントス＝アントニオ・ペレスの問題圏で再検討する必要もある。ペレス自身、Estado に関しての多くの言及があるだけでなく、そもそも政治家としてのペレスの政治手法が、「国家」の形成に大きな影響を与えた可能性があるからである。そこでは、思想や提言と実際の政治が、より躍動的に共鳴し合う姿を見ることができるかもしれない。バリエントスに関する本格的な関心は、マラニョンのアントニオ・ペレス研究（Gregorio, Marañon, *Antonio Pérez*, Madrid: Espasa

Calpe, 1947）を嚆矢とすると言っても過言ではない。そのためバリエントスの研究は、ペレスに対してその個性を浮き彫りにする方向で進んできたが、バリエントスのテクストを扱うさいには、ペレスとの差異と類似の両方を見据えるバランス感覚が常に求められる。

（38）García Pérez, Constantino y Morales, Antonio Alvarez, “Crisis del Aristotelismo y Razón de Estado en España,” *Historia y Comucicación Social*, No 1, 1996, p.161 によれば、その理由はバリエントスがこの言葉を完全に自分のものにしていたからである。だが問題は、どのようなかたちで自分のものとしていたかということであろう。

（39）Pérez, *op. cit.*, p. 11, p. 21.

（40）*Ibid.*, p. 39.

（41）*Ibid.*, p. 11.

（42）*Ibid.*, p. 10.

（43）例えば、Santos López, Modesto, “Estudio Introductorio”, in Álamos de Barrientos, Baltasar, ***Discurso político al rey Felipe III al comienzo de su reinado***, Madrid: Anthropos, 1990, p. xxii.

（44）最古のカスティーリャ語辞典であるコバルビアスの辞書（*Tesoro de la lengua castellana o española*, 1611）は、“estado を「王国の維持と名声と拡大をめざした、王の自己の統治と王国の統治という意味でも使用される（En otra manera se toma por el gobierno de la persona Real, y de su Reyno, para su conservación, reputación, y aumento）」と定義している。すなわち、estado とは「統治（gobierno）」のことである。一般的に「状態」「身分」から出発し、「地位」や「名声」「宮廷」などの意味を経て、「統治」や「支配」「国家」へと至る Stato の語義変化の歴史において、「統治」という意味は「国家」という意味に至る一つ前の段階をなしている。すなわち、当時の Estado には「統治」とも「国家」ともつかぬ、その両者が混然一体となった意味が込められていたのであり、本章の意図はまさにそうした状態から「国家」が立ち上がる地点を捉えることにあった。アーノルト・オスカー・マイヤー、平城照介訳、前掲論文。

（45）バロック期スペインの経験主義的な政治思想については、Maravall, José Antonio, “Empirismo y pensamiento político (una cuestión de orígenes)”, *Estudios de Historia del Pensamiento Español, op. cit.*

（46）Pérez, *op. cit.*, p. 13.

(47) Fernández-Santamaría, *op. cit.*, pp. 191-194.

(48) Maravall, "Empirismo y pensamiento político (una cuestión de orígenes)", *op. cit.*, p. 31.

(49) Rivadeneira, Pedro de, *Tratado de la religión y virtudes...*, in Peña Echeverría, ed., *op. cit.*, p. 14. まず prudencia civil y política の civil y política は、ギリシア語の「ポリス」をラテン語に翻訳したさいに当てられた伝統的な訳語であろう。このポリスに関する賢慮とはリバデネイラにおける統治技術のことである。それに善悪を割り振ることによって、キリスト教の枠内で相対的に自律した政治学の空間を確保することを目指したと考えられる。その果たす役割は、悪しき国家理性と良き国家理性の対立とまったく同じである。

(50) Santos López, Modesto, "Estudio Introductorio", in Pérez, *op. cit.*, p. xiii.

(51) Pérez, *op. cit.*, p. 40.

(52) *Ibid.*, p. 15.

(53) Post, Gaines, *op.cit.*

(54) Foucault, Michel, *Sécurité, Territoire, Population*, *op. cit.*, pp. 262-263（高桑和巳訳、前掲書、三一八〜三一九頁）.

(55) Maravall, "La corriente doctrinal del tacitismo político en España", *op. cit.*, p. 80.

(56) Álamos de Barrientos, Baltasar, *op. cit.* 著作の正式のタイトルは *Discurso político al Rey nuestro señor del estado que tienen sus reinos y señoríos y los de amigos y enemigos con algunos advertencias sobre el modo de proceder y gobernarse con los unos y con los otros*. この著作は、一九世紀にアントニオ・ペレスの名義で『統治の技術』というタイトルを付してフランスで初めて出版された。しかしそれ以前に、すでに手稿本の形式で広く回覧されていたらしい。

(57) Pérez, Antonio, *op. cit.*, p. 21.

(58) Pérez, Antonio, *op. cit.*, p. 20. バリエントスにおいては、国家と身体の結びつきは単なる比喩ではなく、諸学問に通底する原理の同一性に基づいている。それにより、統治の学の学問としての確実性もより堅固になる。

(59) Michel Senellart, *op. cit.*, p. 21.

(60) Pérez, *op. cit.*, p. 22.

(61) ここでも便宜上、「君主国」「帝国」と訳してきたが、Estado 同様、それらは単に統治の学が適用される国家理性の統治空間、支配のおよぶ領域、支配権のことであることは忘れるべきではない。先ほど「陛下の所有する帝国（el Imperio que posee V. A)」と訳した箇所は、「かくも強力で豊かな諸国民に対する陛下の支配権（el Imperio que posee V. A., sobre tan poderosas y ricas naciones)」と訳すこともできる。*Ibid.*, pp. 22-23. そもそも一六世紀のイタリアの政治思想においては、stato と imperio、またさらに dominio は互換可能な概念であり、「帝国」「君主国」「国家」などという訳し分けも便宜的なものである。Descendre, Romain, "Stato, imperio, domino. Sur l'unité des notions d'État et d'empire au XVIe siècle", *Astérion*, 10, 2012.

（62） シュミットの先駆者としてのバリエントスについては、Santos López, Modesto, "Estudio Introductorio", *op. cit.*, p. xlvi. また、Maschke, Günter, "«Amigo y enemigo» : Kautilya y Álamos de Barrientos, anticipadores del criterio schmittiano", *Empresas Politicas*, No 4, 2004.

（63） Álamos de Barrientos, *op. cit.*. pp. 32-41.

（64） Fernández-Santamaría, *op. cit.*, p. 196.

（65） 次の論文は、住民と君主の間で合意や協力行われるためには近世特有の「情緒的紐帯」という政治様式が必要であるという観点から、バリエントスのフランドル論をそうした文脈のなかで読み解こうとしている。Llanes, Iván Sánchez, "Álamos de Barrientos y el poqué de Flandes : Necesidades políticas, vinculaciones afectivas", *Ab Initio*, No 4, 2011.

（66） Fernández-Santamaría, *op. cit.*, p. 194.

（67） Elliott, John Huxtable, "A Europe of composite monarchies", *op.cit.*, p. 62（内村俊太訳「複合君主政のヨーロッパ」六六頁）。エリオットによれば、そこでは問題の解決策として、貴族同士の国を越えた結婚や官職の公平な分配などが提示された。

（68） Parker, Geoffrey, "David o Goliat: Felipe II y su mundo en la décaca de 1580", in Kagan, Richard y Parker, Gefferey (eds), *España, Europa y en el mundo Atlántico,* Madrid: Marcel Pons, 2002. また Parker, Geoffrey, *The Grand Strategy of Philip II*, New Haven and London: Yale University Press, p. 200, pp. 108-109.

（69） Centenero de Arce, Domingo, "Entre la teoría y la práctica de las razones de estado católica", *Res publica : revista de filosofía política,* No 19, 2008, p. 270.

第6章

スペイン帝国と帝都マドリード

――「カトリック君主政」の表徴として――

立石博高

はじめに

すでに本書第1章で紹介されているように、ヨーロッパ近世において諸王国・諸領邦にまたがる統治は、J・H・エリオットによって「複合君主政（Composite Monarchy）」と定義されている。エリオットによれば、かなめとなる王国が別の王国や領邦を獲得する場合には、「従属的な」合同と、「等しく重要なもの同士の」合同があったことを、一七世紀スペインの法学者ファン・デ・ソロルサノ・イ・ペレイラの論拠にもとづいて指摘している[1]。もちろん合同の形態はこの二つに整序的に分けられるものではなく、さまざまな中間形態があったことは、ヨーロッパ諸国の「複合君主政」を概観したM・グロエルの研究が指摘するとおりである[2]。

いずれにしろ、こうした「複合君主政」を一つの王権が維持するためには、諸王国・諸領邦のそれぞれの法や特権、制度や慣習を保全するだけではなく、王権への忠誠と崇敬の念を勝ち取る必要があった。H・G・ケーニヒスバーガが指摘したように、ヨーロッパ近世の国家権力は脆弱であり、大きな領域全体から忠誠を勝ち取るような制度、とくに共和政体を構築することは不可能で、「君主」という具体的存在があってこそ人びとの忠誠を望むことができたのであった[3]。

しかも「複合君主政」の存続には、君主すなわち国王の家系の連続性と正統性が保障されていなければならなかった。R・ボニーが詳細に論じたように、ヨーロッパ近世に覇権を誇った諸国家は、王朝の正統性を唱えることのできた「王朝国家（Dynastic State）」だったのである[4]。そうした意味では、複合国家ないし複合王政として論じられる近世国家を厳密に規定するならば、一つの王朝による複数の王国や領邦の支配として、王朝的統治原理（dynasticism）に支えられた「複合王朝国家（Composite Dynastic State）」と呼ぶべきであると考える[5]。ちなみに、「スペイン君主国」の優位性を主張した同時代人のG・ロペス・マデーラは、「過去のすべての王国の始まりは暴力と武力を伴ったが、スペイン君主国だけは正統性をもって始まった。その領土のほとんどが王位継承によって受け継がれたものなのである」と述べていた（傍点は筆者）[6]。これは、マキアヴェッリ『君主論』に対抗して著した『国家理性について』（一五八九年出版）によって政治思想上大きな影響を与えたジョヴァンニ・ボテーロの唱えるところでもあった[7]。

　ところで諸王国・諸領邦を統合するスペイン・ハプスブルク王家の領土は、「スペイン君主国（Monarquía Hispánica あるいは Monarquía de España）」、さらには「カトリック君主国（Monarquía Católica）」とも呼ばれていたことに注目したい。諸王国・諸領邦を統治するスペイン君主国の君主は、一五世紀末以後、さまざまな場面で「スペイン国王（Rey de España あるいは Rey de las Españas）」と呼ばれるようになるが、公式文書のような法的に正式な場では、歴史的経過のなかで集積した諸王国・諸領邦のそれぞれの国王という肩書を堅持していた[8]。一方、カスティーリャ王国とアラゴン連合王国の同君連合を実現したイサベルとフェルナンドが時の教皇から頂いた「カトリック王（Rey Católico）」という称号はスペイン・ハプスブルク王家の歴代国王に継承されて、やがて同王朝の治める領土は、「スペイン君主国」であると同時に「カトリック君主国」と呼称されたのである[9]。

　このスペイン君主国の「高き建物」の政治的正統性が「宗教」と「神を褒め称え奉仕することへの熱意」にあると高らかに宣言したのが、フアン・デ・サラサール師であるが[10]、冒頭に触れたソロルサノもまた、スペインとインディアスに君臨する国王フェリーペ四世が「信仰（Fides）」と「宗教（Religio）」に支えられていることを明示的に訴えている[11]（図1）。まさにスペインという「複合王朝国家」が、「カトリック」という宗教と不可分の関係にあったことが浮かび上がるのである。

　ところでこのような「スペイン君主国」＝「カトリック君主国」の帝都となったのが、イベリア半島の中

図１　ソロルサノ『インディアス法について』の表紙絵

央部に位置する都市マドリードであった[12]。ここで帝都と呼ぶのは、一六〇一年から一六〇六年にかけてのバリャドリー市への一時的遷都を除いて[13]、一五六一年以後、カスティーリャ王国の宮廷が恒常的に置かれた宮廷都市となっただけでなく、同時にスペイン君主国、すなわち「太陽の沈むことなき帝国」スペイン全体を君臨する王権の宮廷都市ともなったからである。もちろん君主国を構成する諸王国にはそれぞれの首都があったが（例えばアラゴン王国はサラゴーサ、カタルーニャ公国はバルセローナ）、本章第1節で述べるように、帝国全体の統治を司るさまざまな制度・組織がマドリードに据えられたのであった。一六一七年に王国年代記作者に指名されたG・ゴンサレス・ダビラは次のように言う。マドリード市は「世界の国王がこれまでにもったなかで最も広大な帝国の頭」（傍点は筆者）であり、そこでは「平和が取り決められたり戦争の決定が下されたりし、他国の君主や国王の大使たちの声が聴かれ、大司教、司教、顧問会議議長、顧問会議顧問官、副王、大使、平和と戦争の使節が選ばれている[14]」。

以下、本章ではスペイン帝国の帝都となったマドリード市に、「スペイン君主国」＝「カトリック君主国」を統治するためにどのような制度・組織が設けられたかを概観し、諸王国・諸領邦の統治のかなめとしての帝都機能を検証したい（第1節）。しかし制度・組織の整備によって広大な領土を占める諸王国の忠誠を勝ち取るには、王権は脆弱すぎた。そこで、ハプスブルク王朝の歴代国王は、帝都で繰り広げられる儀礼を重視し、さまざまな式典や行事を通じて王権のイメージを高めようとした。とりわけカトリック信仰と教会の擁護者というイメージの定着に腐心したことは言うまでもない。こうして「マドリードだけが宮廷である（Sólo Madrid es Corte）」という言葉が重みをもつことになった。[15] マドリード市は、歴史家によって「式典の国王都市（ciudad regia ceremonial）」、「魔術的都市（ciudad mágica）」とも呼ばれる様相を呈し、カトリック教会および宗教的儀礼と密接な関係を有したのである。[16]

一九九二年の論文で複合君主政の議論に大きく貢献したJ・H・エリオットは、早くも一九七七年の論文で複合君主政を支える国王イメージについて刺激的な問題提起をおこなっていた。そのなかでエリオットは、「隠れた国王」と「顕れる国王」の二つの権威高揚のあり方を対比させて、前者をスペイン国王に、後者をフランス国王に重ね合わせたのであった。[17] もちろん同時代の外国人の首都来訪者（大使や旅行者）の証言から、王宮のアルカサル宮内部での宮廷儀礼の複雑さと荘厳さが国王の「不可視性」を高めていたことは否定できないが、[18] 身体そのものには奇跡性を帯びないスペイン国王は、カトリック信仰の篤さをとりわけ民衆に対して顕示する必要があったと考えられる。注意したいのは、国王の居住する「宮廷」と、それが全体の一隅を占める「宮廷都市」の空間とは、王権にとって象徴的意味が異なることである。国王の宗教的実践は、民衆からの眼差しをつねに念頭においていた。[19] とくに、決められた宗教行事のなかでもコルプス・クリスティ（キリストの聖体祭）は、対抗宗教改革のなかで「聖体」のもった教義的重要性からしても、きわめて重要な式典であった（第2節）。

さらに、マドリード市という都市空間を利用して国王の宗教性を充分に顕示しえたのは、北西端のアルカサル宮からマヨール広場を横切り、アトーチャ通りを進んで南東端のアトーチャ門を超えてさらに直進してアトーチャの聖母（Nuestra Señora de Atocha）修道院に至る聖母参拝のための往復のルートであった。歴代の国王は、王族の健康祈願や戦勝の感謝の表明といった際には、アトーチャの聖母をその崇敬の対象とした。この参拝行事は、王権と民衆の接点を築くものとして巧みに挙行されたのであった（第3節）。

国王が自らの信仰の篤さを表明するのは、これらに留まらなかった。先述のソロルサノは、フェリーペ四世の息子バルタサール・カルロスの帝王学のために編んだ寓意画集『国王＝政治寓意画』（一六五三年刊行）で、複合君主政体を治める君主の正統性を喧伝しようとし、「ヴィアティクム」崇敬を題材にして、国王の信仰の篤さとハプスブルク王朝の継続性とを強調している。[20] 王朝的伝統の正統性と宗教的帰依の顕示の二重の意味をもったこの宗教実践の広がりについては、節を変えてみることにしたい（第4節）。

本章の最後には、フェリーペ四世の寵臣オリバーレスの主導のもとに建設されたブエン・レティーロ宮と庭園が帯びた象徴性について検討したい（第5節）。宮廷画家ベラスケスとの関係でブエン・レティーロ宮の「諸王国の間」については、別稿で論じたが、ここではさらに複合王朝国家という側面と、カトリック君主国という側面の二重性を表徴する建物群と空間として、この宮殿全体の「スペイン君主国」にとっての意味を探ることにしたい。以上、帝都の諸相についての具体的な検討を通じて、スペイン帝国にとっての帝都マドリードの政治的象徴的意義を浮かび上がらせることが、本章の課題となる。

1　諸王国統治のかなめとしての帝都

中世においてレコンキスタ（イスラーム勢力に対する国土の再征服）を進めて領土を拡大していったカスティーリャ王国は、集積される領邦の統治とイスラームへの対抗の必要から、ひとつの決まった都市に宮廷を据えることはできず、時宜に応じて各地を遍歴せざるを得ず、宮廷所在地はバリャドリー市であったり、トレード市であったり、セビーリャ市であったりした。これは、比較的早くからレコンキスタを終結させて一定の領域的纏まりを獲得したアラゴン王国（首都はサラゴーサ）やカタルーニャ公国（首都はバルセローナ）とは大きく異なっていた。カトリック両王の領土を継承し、さらに神聖ローマ帝国の皇帝カール五世となったカルロス一世（カスティーリャ国王として）は、ヨーロッパ中に散らばる領国・領邦を自ら遍歴して「遍歴の国王」とも称されたように、広大な版図を治めるには一つの都市に宮廷を据えることができなかった。ちなみにカルロス一世の在位中（一五一六年～一五五六年）のスペイン滞在は合わせて一七年であった[21]。

神聖ローマ帝国の領土の継承に失敗したとはいえ、カルロス一世の息子フェリーペ二世は、「太陽の沈むことなき帝国」と豪語される広大な版図を統治するために、「遍歴の国王」に徹するか、「定住の国王」として帝都を定めて統治機構を整備するかのどちらかを選択せざるを得なかった。すでに宮廷機能を維持するための多くの人員の移動に困難を極めていたフェリーペは、一五六一年、中世以来たびたび宮廷の置かれていたトレード市から、北におよそ七〇キロのマドリード市に宮廷を移動させることにした。当初は、常設の宮廷都市になることは既定事実ではなかったものの（事実、一六〇一年から一六〇六年にかけてはバリャドリー市に遷都している[22]）、一六世紀後半から一七世紀前半にかけてマドリード市は帝都へと変容し、もはやさらなる遷都は考えられなくなった。

スペイン中央部の伝統的都市で常設的宮廷都市の地位の可能性をもっていたのは、バリャドリー市とトレード市であったが、それぞれに「帝都」となるには難を抱えていた。一五世紀末にはカスティーリャ王国の高等法院の設置もあったバリャドリー市には、同王国の伝統的利害と結びついた貴族館が蝟集していて、国王が貴族層の掣肘から自由になりにくかった。他方、トレード市には中世レコンキスタ以来の伝統としてあまりにも多くの教会や修道院が密集し、首座大司教がおおきな権限を有しており、カトリック王を標榜する国王が高位聖職者からの干渉を免れるのは難しかった。とりわけ教会裁判権と世俗裁判権の軋轢がたびたび生じており、財政的困難から聖職者の収入にも一定の制限を加えようとしていた王権にとってトレード市で自律性を保とうとするのは甚だ不都合であった。[23]

　これに対してマドリード市では、カスティーリャ中央部の有力地方都市の一つとして王国議会が何度か開催されており、中世盛期の要塞の増改築によってアルカサル宮という質素だが堅固な宮殿が建っていた。一五六一年ころに人口は二万人弱とトレード市の半分にも満たなかったが、以後、政治・経済活動の中心になるなかで、教会や貴族館を含めて帝都に見合った建物・施設、人口増加に伴う家屋を建築するに十分なスペースを有していたのである。事実、マドリード市は、人口の推計をみると、首都となった一五六一年の二万人から一〇年後の一五七一年には四万二千人に、一五九七年には九万人へと急増し、一六五九年には一四万二千人に達している。[24]

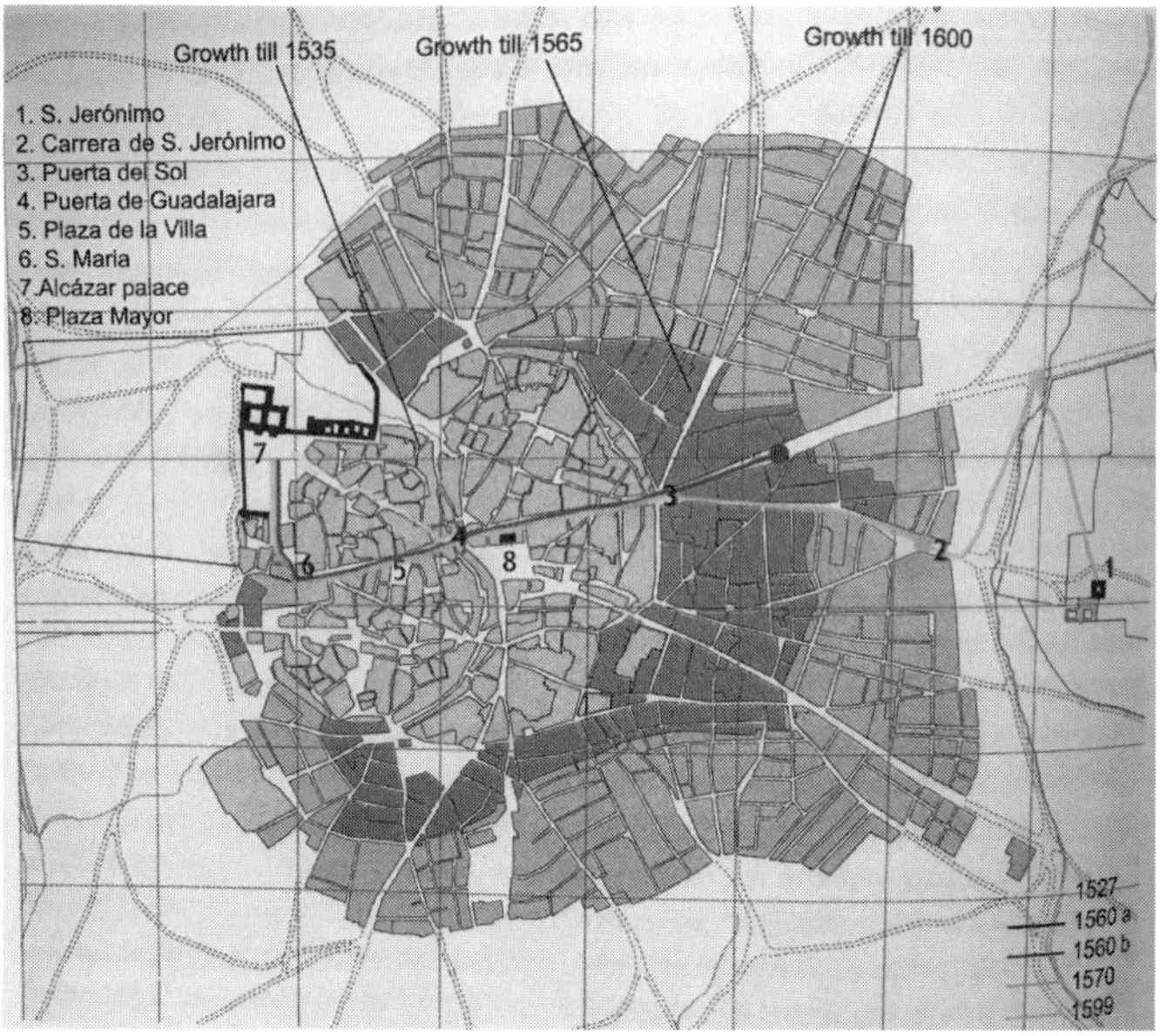

図２　D. サンチェス・カノ作成の地図

市壁に囲まれた都市の領域も漸次拡大を示し、領域の拡大に合わせてたびたび新たな市壁が設けられている。[25]中世都市マドリードは帝都マドリードになることによって、一六世紀後半から一七世紀にかけておおきな成長を遂げている。[26]サンチェス・カノの作図（図２）に見られるように、西端の王宮（アルカサル宮）（図中７）とサンタ・

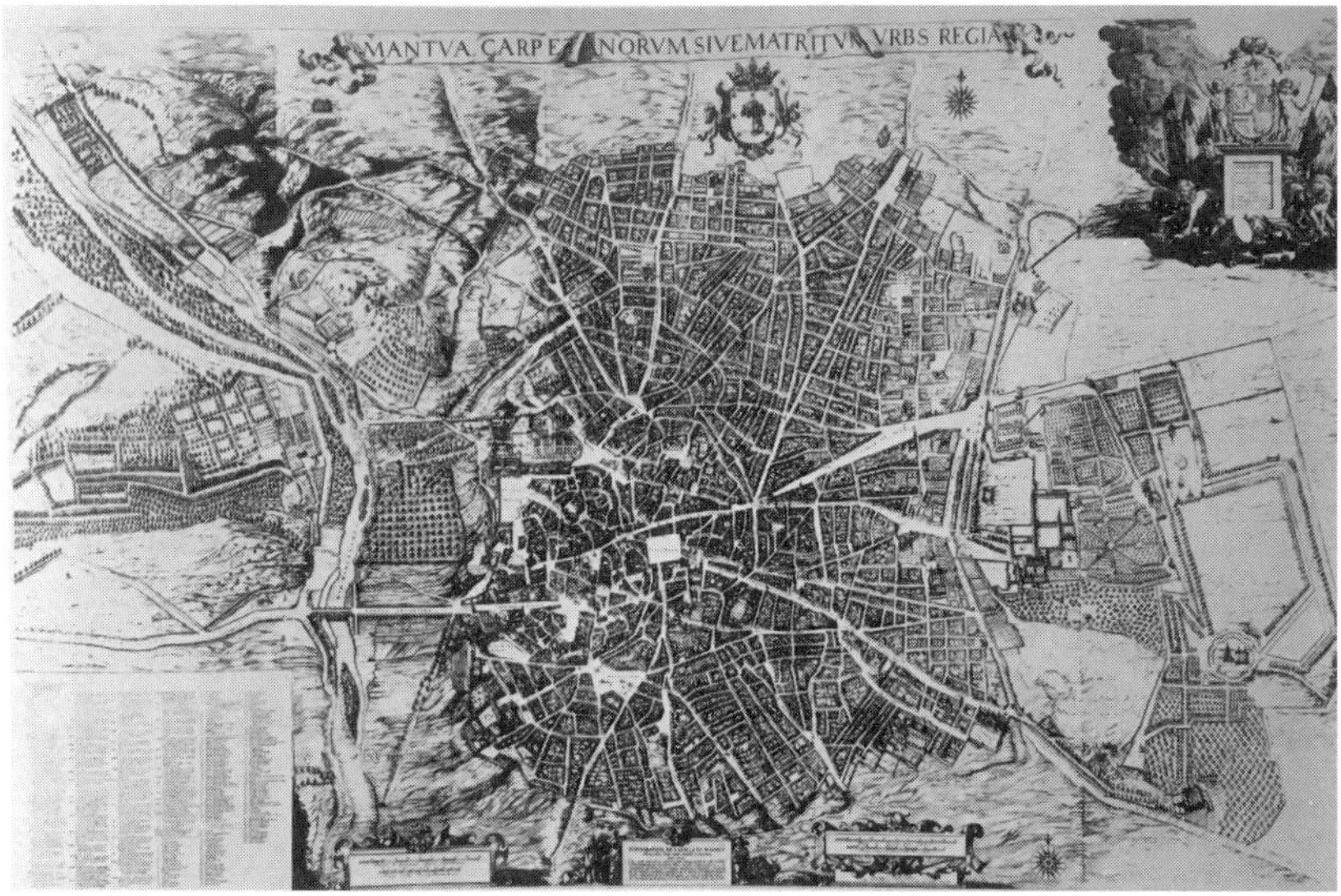

図3　1656年のテシェイラの図

マリア主教会《イグレシア・マヨール》[27]（6）を起点にほぼ円状に拡大していったマドリード市であるが、東に延びるマヨール通りのグアダラハーラ門（4）を越えたあたりは一六世紀に入っても郊外（アラバル）であった。しかし同世紀を通じて郊外広場が商業活動の中心となり、やがて一六一九年には市の中心広場であるマヨール広場（8）として整備される。さらに外側に設けられた太陽の門（3）から東にはサン・ヘロニモ通り（2）が整備されて、南北に走る現在のプラド通りに沿った市壁までこの通りは伸びている。さらに東に進むとヒエロニムス会のサン・ヘロニモ修道院（1）に到達する。[28] この修道院は一五世紀末にカトリック両王が建設を命じた修道院で、マドリードに宮廷が置かれる際には王族の宿泊所になった重要な施設であった。なお、一七世紀にブエン・レティーロ宮が建設されるのはこの修道院に隣接した北側の一画である（本章第4節を参照）。

こうして一七世紀半ばにはテシェイラの地図に見られるような威風堂々とした王都（Urbs Regia）となるが[29]（図3）、パリやロンドンといったヨーロッパの宮廷都市とは異なって、マドリード市の発展は、もっぱらスペイン君主国＝カトリック君主国という近世複合国の政体維持のための「行政都市」としてのそれであった。したがって一六世紀末におよそ九万人に達したマドリード市の人口は、バリャドリー市に首都が移転すると半減し、一六〇五年には二万六千人にまで落ち込んだのであった。[30] 商業活動はもっぱら行政に関わる人々の日常生活の消費のためであり、カトリック君主国の首都であることを反映して教会・修道院は市内で圧倒的な存在を誇っていた。こうした寄生的都市の性格は一七世紀後半になっても変わらず、フランスから大使としてマドリードに着任したヴィラール侯爵（marquis de Villars）の『一六七九年から一六八一年にかけてのスペイン宮廷に関する覚書』は、如実にこのことを物語っている。[31] 少し長くなるが、引用したい（p. 702）。

マドリードは人口が非常に多いが、ほとんど商工業活動に携わる人（ブルジョワジー）は存在しない。国王の館、宮廷人、数多くの顧問会議と裁判所、それらに依拠する人々、男性と女性のそれぞれの夥しい数の修道院、これらが都市の大部分を構成しているのだ。これら以外には必需の品々のための労働者とわずかの商人がいるだけだ。この町には規模の割には世界でも稀なほど（王侯貴族が乗るための）多くの馬車があり、冬になるとそこに見られる汚さのために、マドリードのぬかるみはひどい状態になる。そして夏になると埃が耐えがたい状態になる。ここでは町をきれいにするための公衆衛生は少しも守られていない。汚物を取り払うだけの水が川にはなく、汚物は一年中通りに留まっている。そうした汚染から生じる伝染が引き起こす結果を防いでいるのは、空気のおかげに過ぎない。したがって、空気と水だけがマドリードが持っているわずかに二つの利点である。人々の活動に依拠するものは、ここではまったく雑然としている。生活に必要な品々は、ラバや馬車に積まれて遠くからやってくるので、費用はかかるし量はわずかだ。市に入る際にかかる税額は途方もなく、官僚たちの独占はあらゆるところに及んでいる。そして貨幣に信用が置かれず、品不足のために、もっとも値段の高いヨーロッパの町と比べても二倍以上の物価になっている。

こうしてマドリードは人為的な「行政都市」となったのだが、それは単にカスティーリャ王国の首都であるだけでなく、スペイン帝国の帝都となったことを意味していた。そして帝国統治のかなめが、機能別（財務、宗教騎士団、異端審問など）と領域別（カスティーリャ、アラゴン、イタリア、フランドルなど）に設置された諸顧問会議（Consejos）にあったことはF・バーリオスらの研究が指摘するところだが[32]、これらの行政機関もまた、一五六一年に宮廷が構えられることとなったマドリードに移転したのであった。同年五月八日に出された王勅には、以下のようにリストが掲げられて、宮廷に関わる人びとのトレードからマドリードへの速やかな移動を促している。

- 国王の館の執事が署名した台帳に含まれる国王の館の役人や召使
- 女王の館の役人
- 王子ドン・カルロスの館の侍従と召使
- 王女フアナの館の侍従と召使
- 国王弟ドン・フアン・デ・アウストリアの館の侍従と召使
- 国王の甥パルマ公
- 教皇大使
- 国王の叔父たる神聖ローマ皇帝の大使
- 各国の大使（フランス、ポルトガル、イングランド、ヴェネツィア、ジェノヴァ、フィレンツェ、マントヴァ、フェラーラ、ウルビーノ、ルッカ、サヴォイア）
- 国務会議
- カスティーリャ顧問会議
- インディアス顧問会議

- 異端審問顧問会議
- アラゴン顧問会議
- イタリア顧問会議
- 宗教騎士団顧問会議
- 財務局
- 会計局
- 宮廷判事、警吏、地方高等法院、監獄
- 王室経理官
- 十字軍特別税会計局
- 宗教騎士団会計局
- 王室警護検察官
- 礼拝堂付司祭
- 国璽尚書

そして王勅にはこれらの他にもさまざまな役職者が連なっている。[33]

こうして一五六一年以後、マドリードは、国王がつねに滞在する宮廷都市となり、[34]国王と王族の暮らしを支える狭義の宮廷の機能が整備されただけではなく、[35]スペイン君主国を構成する諸王国・諸領国にとっての「共通かつ普遍的な祖国（patira común y universal）」となったのである。[36]同時代のカブレーラ・デ・コルドバの証言は、これを裏打ちする。すなわち、「カトリック王［フェリーペ二世］は、トレード市の居住が不可能であると判断して、マドリードにその宮廷を置くという、父君である皇帝［カール五世］の抱いた希望を実行に移して、名だたるアルカサル宮を快適で健康的な建物に変え、どこからでも上がれるようにした。そしてマドリードをその君主国の王の居住場所および統治の場所とすることにした。ちなみにマドリードは君主国のちょうど中央に位置している」[37]。

ところで、一七世紀フェリーペ四世の治世に寵臣としてオリバーレス伯公爵が、一六二四年の国王への進言書「大覚え書（Gran Memorial）」で述べたように、「スペインを構成する諸王国がカスティーリャの形式と法に則って治められる」べく中央集権化を強引に進めようとして諸王国の反発を招き、スペイン君主国に大きな危機をもたらしたことは周知の事実だが[38]、複合君主政体の維持にとってなにが必要かの現実的な判断もしていたことを忘れてはならない。一六二四年の同進言書では同時に、「たとえ一つではあっても、国王陛下のその身体のうちにはさまざまな王の表徴（diversas representaciones de rey）が集中している。というのもこの王冠に併合されたさまざまな諸王国の王であるからである」とも指摘していたのである[39]。さらに、諸王国からなるスペイン君主国が言語の異なるさまざまな国民（nación）を包摂している現実をまえに、帝国統治の担い手となる貴族の子息はカスティーリャ語（スペイン語）に加えて、ポルトガル語、リムーザン語（当時、カタルーニャ語はこのように呼ばれた）、ラテン語、イタリア語、そしてフランス語を修得することが肝要とされたのであった[40]。

こうして帝都マドリードは、諸王国・領国を包摂した複合君主政体を表徴していたといえるが、同時に、こうした複合君主政体のかなめである国王そのものの顕在と、それと密接に絡んで国王の権威を最大限に支える「信仰」、つまりカトリック教会の広範囲にわたる顕在もまた、帝都にとって基本的な要素であった[41]。次節以後、教会と絡んでの帝都における国王の顕れ方を、祭典などの具体的事例に即して検討するが、本節の最後に、いかに教会の物理的存在が帝都の重要部分を占めていたかを指摘したい。なぜならマドリードは、別名「カトリック君主国」と呼ばれた君主政体の帝都であり、「カトリック宮廷（Corte Católica）」としてその宗教的表徴でもあった

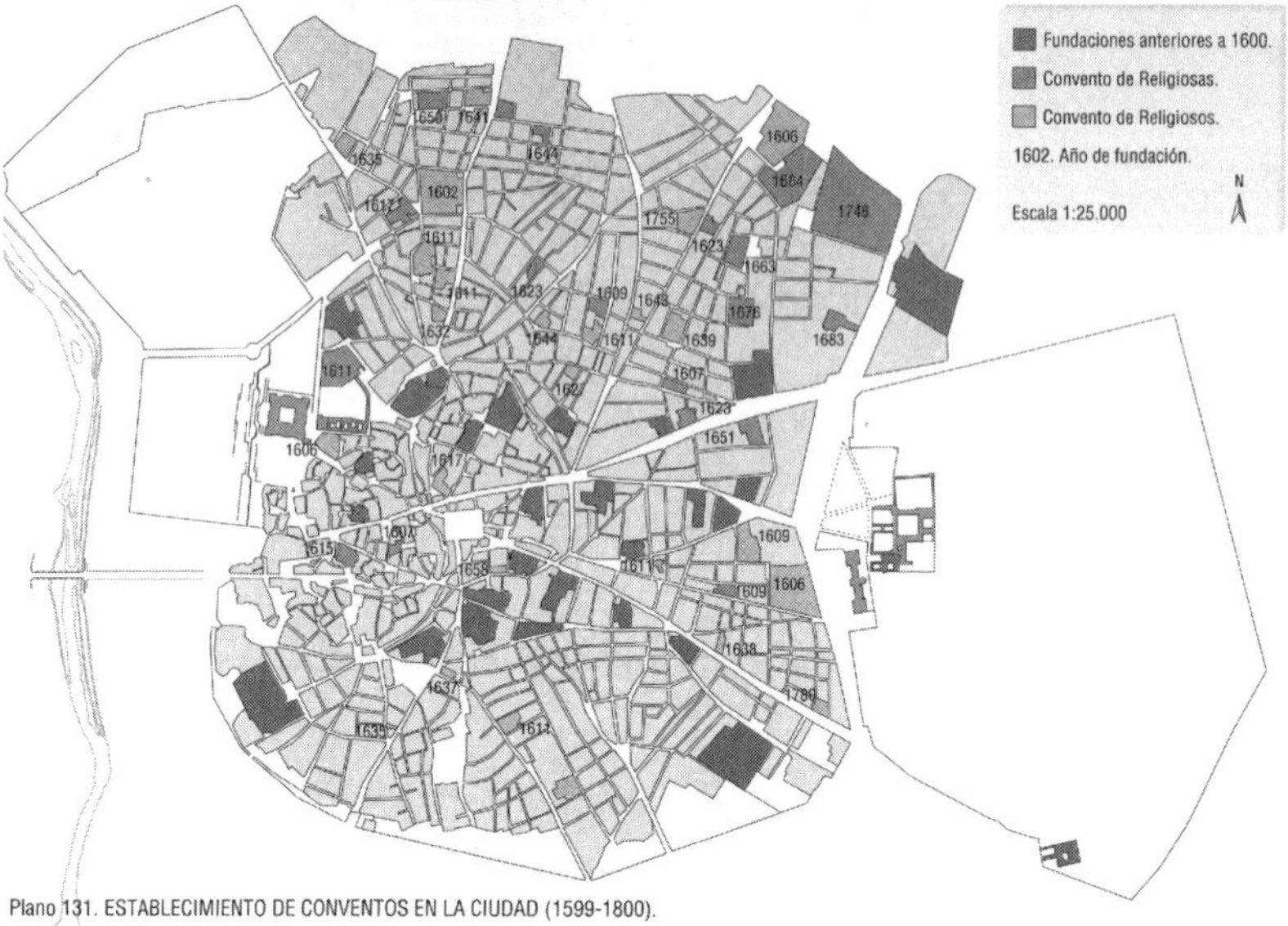

図４　市内にあった夥しい数の修道院。*Atlas Histórico de la ciudad de Madrid* の作図、p. 316

からである。[42]

近世マドリードを訪れる旅行者が目を見張るのは、夥しい数の教会であった。もっともそれは教区教会以外のさまざまな宗教施設であった。中世都市の規模のうちに一四の教区が存在したが、都市の膨張とともに新たな教区は設けられず、七割以上の信者が居住するかつての郊外区域には周縁教区の延長として六つの小教区がつくられたにすぎず、併せても二〇が俗間聖職者の営む教会であった。これに対して修道院は、中世盛期には市壁内には設立を許されず、市壁外にわずか三つであったものが、一六世紀半ば以後に都市域の拡大とともに急増し、一七世紀半ばには七三もの修道院を擁するに至っている（図４）。この他にも三一の祈祷場、礼拝堂、隠者礼拝堂（エルミータ）があり、聖職者が営む施療院が一五、神学校（コレヒオ）が七を数えていた。

一六世紀末から一六一七年にかけて男女聖職者の数は、二五〇〇人から三五四三人へと四割以上の増加を見るが、俗間聖職者の増加は二五パーセントに過ぎず、修道聖職者の増加が七〇パーセントに上っていた。こうした修道聖職者の増加は、新たな修道院設置の動きを反映したものだが、それらの多くは帝都に集う王侯貴族の庇護のもとに設けられていた。というのも、J・M・ロペス・ガルシアが指摘するように、「これらの宗教施設の庇護者であることによって、その持ち主は神聖とのもっとも近い紐帯を築いて、その社会的威信を増しただけではなく、宗教組織との不可分の絆を設けたことで、彼の子孫たちには修道請願の機会が与えられ、家門として独自の霊廟をもつことになった」からである。[43]

2　宮廷と劇場都市

マドリード市が帝都として機能するためには、帝国統治の建物や施設が配置されるだけでは不十分であった。さまざまな儀典を伴う式典・行事を繰り広げることで、帝都＝「カトリック宮廷都市」に君臨する国王が、帝国のかなめたるカトリック王（Rey católico）であることを人々の前に顕在化する必要があった。[44]そして近世マドリードは、ピーター・バークの言葉を借りると、「主要な通りや広場が壮観な政治＝宗教の表象の舞台となる《劇場都市》」となったのである。[45]

王家の出来事と絡んでの式典は、王位の継承、新たな王妃の到来、王子や王女の誕生、軍事的勝利といった際に、つねに高位聖職者の関わりのもとにおこなわれ、教会の支えのもとに栄える王権というイメージが可視化された。[46]たとえばフェリーペ二世の王妃となるハプスブルク家のアンナ、アナ・デ・アウストリアを、一五七〇年に帝都に迎え入れた式典では、これまでの特権を享受する都市自治体への入市式典とは異なって、都市特権遵守の誓約などの要素は取り除かれて、儀式の意味はもっぱら宗教と帝国の称揚へと導かれていた。この様子を記録

した同時代人ファン・ロペス・デ・オヨスは、特別につくられた三つの即席の凱旋門について次のように語っている。(47)

サン・ヘロニモ通りの東からの入り口に設けられた凱旋門には、これまでの国王たちの肖像が描かれていた。ハプスブルク家としては、創始者たるルドルフに加えて、ルター派に勝利するカール五世と、トルコに勝利するその弟フェルディナントが描かれていた。スペインの歴代の国王には、ドン・ペラーヨ、聖王フェルナンド三世、そしてカトリック王フェルナンドが、それぞれに武勇と宗教的敬虔さを表徴する光景とともに描かれていた。さらに全体の中央にはスペインを寓意する女性が描かれ、その手には十字架が握られていた。太陽の門広場に設けられた第二の凱旋門には、ゴート人風に着飾ったスペインを寓意する女性と、新大陸を表象する寓意画が飾られていた。さらにマヨール通りの第三の凱旋門には、玉座にあって笏を手にするフェリーペ二世が中央に描かれ、宗教と慈悲を表す寓意に満ち溢れていた。つまり「(フェリーペ二世の)正義の笏と君主政治は至高の極みにあって、すべての世界で勝利する」と唱えられたのであった。(48)

ところで、これまでは国王や王妃が重要な都市に入城する際には、都市参事会員の求めに応じて都市特権の遵守を誓約したり、大聖堂に入場する際に教会特権の遵守を誓約したりすることが一般的であった。しかし一五七〇年のアナ・デ・アウストリアの帝都への入城にあたってはそうした誓約がなされなかったことに注目したい。帝都における王権の卓越さが際立つことになる最初の事例となったのである。(49)

さて、こうした特別の式典の他に、帝都マドリードでは、君主を称揚しその信仰の篤さを誇示するために、一年を通じてさまざまな祭事がくりひろげられていた。教会暦全般と絡んだ宗教行事には、四旬節に入る前の謝肉祭(カーニバル)、キリストの死と復活を崇める聖週間の宗教行列、聖体を祝う聖体祭(Corpus Christi)、聖ヨハネの祭り、さらにはサン・アントン、サン・ブラス、サント・アンヘル、サン・イシドロの各巡礼祭り(ロメリーア)

があり、教区、修道院、信徒会などの独自の祭りがこれに加わっていた(50)。

なかでも重要であったのは、聖体の祝日ないし聖体祭(Corpus Christi)である。ミサにおける聖別でパンとぶどう酒がキリストの体と血に変わるという全実体変化(transsubstantiatio)は、ローマカトリック教会の根本教義であり、聖体の宗教行列にはこれを崇敬するためにすべての諸階層が集わなければならなかった。T・F・ルイスが指摘するように、この宗教行列は「全実体変化を否定するプロテスタントに対抗するカトリック(そしてスペイン)の応答であり、すべての社会諸階層による信仰の政治的再確認であった」(51)。したがって、「聖体の秘跡」を祝するこの祭りには、カトリックを国是とするスペイン君主国の主だった社団が参列することになっており、この行列の構成配置は諸社団(国王を頂点とする王権の統治機構、カトリック教会、都市自治体など)の権力関係、つまり帝都の権力秩序を表象していたのである。以下、M・J・リオ・バレードの研究を参考にしながら、この祭事に顕れる複合君主政体のあり方を分析したい(52)。

コルプス・クリスティの宗教行列は一三世紀半ばころに始まったとされるが、聖体がキリスト教徒共同体の一体性の象徴として捉えられるように、祝祭を担うそれぞれの都市の社会的秩序を反映する、つまり「都市社会の理想的イメージ」を投射する行列が組織されていった(53)。行列の中心に位置づけられたのは聖体を収めた聖体顕示台(クストディア)で、この顕示台への近接如何によって都市内部の社団の名誉と特権の序列が定められていた。さらに対抗宗教改革とトリエント公会議の動きを経て、とくにスペイン各地で祝われた聖体祭は、カトリック君主国の威信と繁栄を表徴するものとして、政治的・宗教的な勝利を露骨に表明する行事となった(54)。

さて、帝都となったマドリードの聖体祭は、中世からの伝統を残しつつも、複合君主政体の権力関係を反映した行列とならざるを得なかった。フェリーペ二世はエル・エスコリアル宮殿兼修道院での宗教行事を重視したが、続くフェリーペ三世、フェリーペ四世の時代には、国王自らが聖体顕示の行列に加わることが頻繁に見られ、行

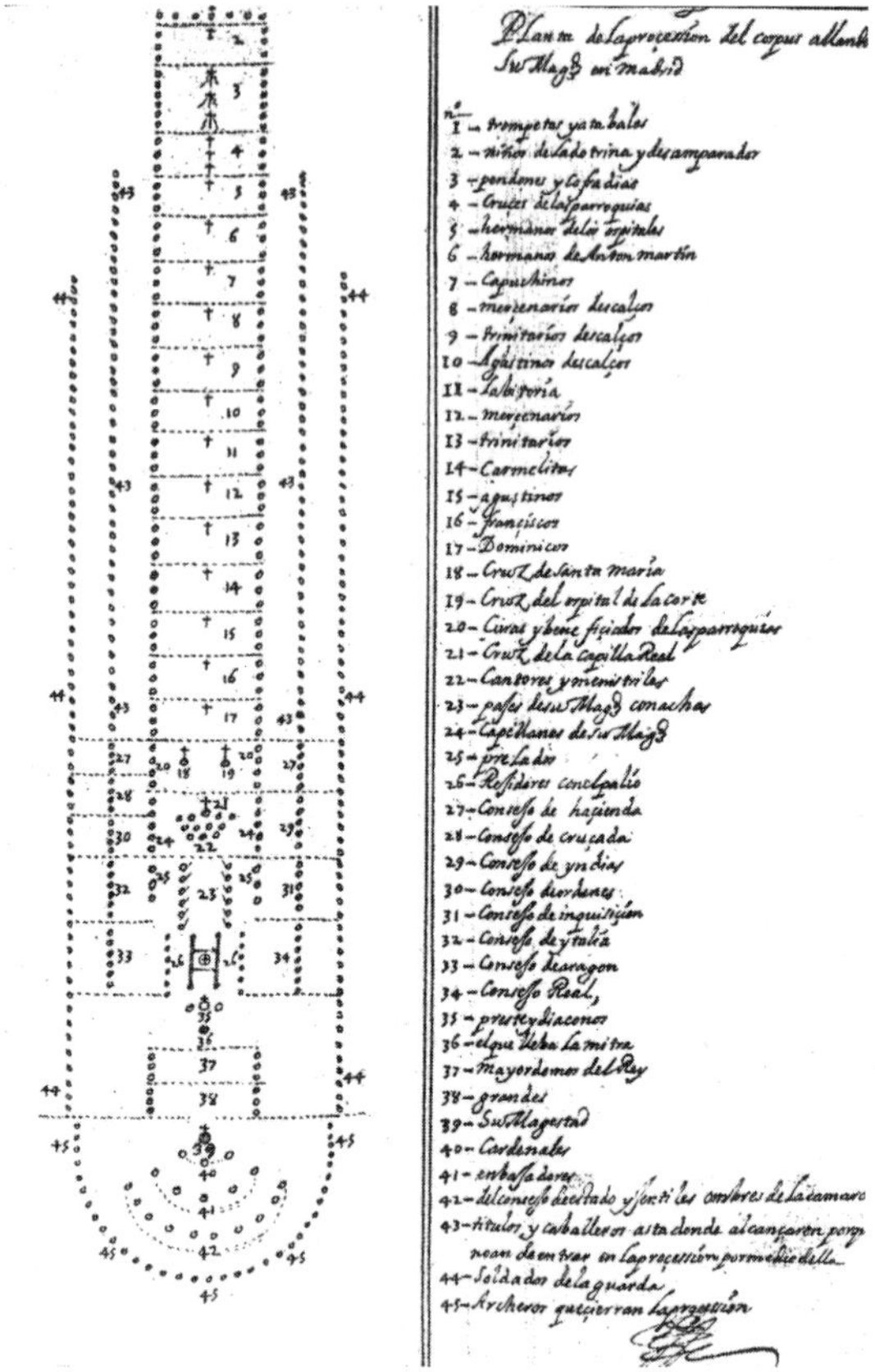

図５　Planta de la procesión del Corpus (Etiquetas Generales)

列の構成のあり方は、一七世紀半ばに「国王従者たちが、その職務権限の利用・行使において、および国王・王族が出席するさまざまな行事において遵守すべき全般的儀礼（etiquetas generales）」の中で細かく定められることになった[55]。これに基づいて作られた行列平面図を見てみよう（図５）[56]。①から㊺までナンバリングされている役職は以下のとおりである。

①トランペットとティンパニー
②貧者の子ども、捨て子
③旗と信徒会
④諸教区の十字架
⑤施療院の修道士
⑥アントン・マルティンの修道士

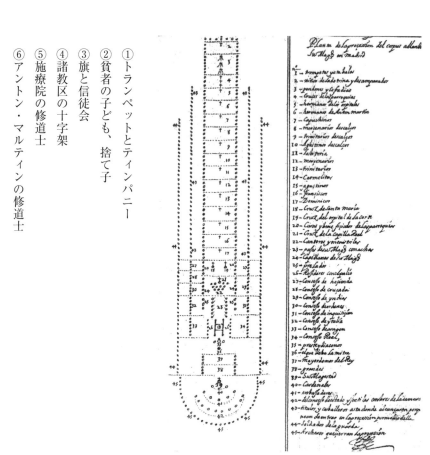

⑦カプチン会士
⑧跣足メルセス会士
⑨跣足三位一体会士
⑩跣足アウグスティヌス会士
⑪ビクトリア会士
⑫メルセス会士
⑬三位一体会士
⑭カルメル会士
⑮アウグスティヌス会士
⑯フランシスコ会士
⑰ドミニコ会士
⑱サンタ・マリア主教会の十字架
⑲宮廷施療院の十字架
⑳諸教区の聖職者と受禄聖職者
㉑王室礼拝堂の十字架
㉒歌い手と楽器奏者
㉓大ろうそくを手にした陛下の近習
㉔陛下の礼拝堂付司祭
㉕高位聖職者

㉖聖体顕示台のための移動天蓋を支える市参事会員
㉗財務顧問会議
㉘十字軍特別税顧問会議
㉙インディアス顧問会議
㉚宗教騎士団顧問会議
㉛異端審問顧問会議
㉜イタリア顧問会議
㉝アラゴン顧問会議
㉞カスティーリャ顧問会議
㉟司祭と助祭
㊱司教冠をかぶった高位聖職者
㊲国王執事
㊳大貴族《グランデス》
㊴国王陛下
㊵枢機卿
㊶大使
㊷国務会議員と侍従
㊸行列にスペースがある限りの有爵貴族と騎士
㊹警護兵士

㊺宗教行列最後尾の射手

もともとマドリード市の聖体祭の行列には国王・宮廷は関与していなかったわけであるから、帝都になってから行列構成がどのように変わったかは、王権と帝都の権力秩序を考えるうえで興味深い。最初のブロックをなしているのが①から⑳にあたる部分で、他の諸都市と同様に、都市の主要な教会組織・慈善組織（孤児院、信徒会、教区教会、修道院）によって代表されている。マドリード市の場合、すでに述べたように一六世紀末から夥しい数の修道院が設立されており、それを反映してさまざまな会派の修道士が参列している。このブロックの最後には他の諸都市であればカテドラルないし主教会の代表が参列するが、マドリード市の場合は諸教区の聖職者と受禄聖職者（⑳）に囲まれるかたちで二つの十字架が配置されている。平面図左の⑱は、マドリード市の中世都市の伝統を引き継いだ主教会《イグレシア・マヨール》たる、アルカサル宮近くのサンタ・マリア主教会の十字架であるが、[57] これに並列して右の⑲には、宮廷施療院の十字架が配置されている。宮廷施療院は、まさに首都であるがゆえの制度であって、一六〇二年のバリャドリードへの首都移転にあたってはこれもマドリード市を離れているのである。

平面図の次のブロックは、宮廷が所在することに由来する組織から構成されている。すなわち王室礼拝堂の十字架（㉑）が掲げられ、陛下の礼拝堂付司祭（㉔）が両脇を固めていて、この後に聖体顕示台が続くが、歌い手と楽器奏者（㉒）と大ろうそくを手にした陛下の近習（㉓）が音楽と灯りによる華やかさを添え、この両脇に高位聖職者の一群（㉕）が配置されている。この後に、移動天蓋を上に掲げた、聖体祭のかなめである聖体顕示台が続く。移動天蓋を支えるのは、中世都市の伝統を継承して市参事会員たちである。さらにこの一群を囲むかたちで左右には、国王諸顧問会議の顧問たちが配列されているが、聖体顕示台に近い顧問会議ほど、そして左右では右の方が序列が高いことを反映して、財務顧問会議（㉗）、十字軍特別税顧問会議（㉘）、宗教騎士団顧問会議（㉚）、インディアス顧問会議（㉙）、イタリア顧問会議（㉜）、異端審問顧問会議（㉛）、最後の移動天蓋の位置の左右に、アラゴン顧問会議（33）、カスティーリャ顧問会議（34）が来ている。そしてブロックの最後には、司祭と助祭（35）、司教冠をかぶった高位聖職者（36）が位置する。

この聖体祭行列の最後のブロックは基本的に、国王と国王家族の宮廷に仕える者たちの一群である。国王執事（37）を先頭に、廷臣たる大貴族《グランデス》（38）の後は国王陛下（39）が位置し、枢機卿（40）、そして各国から帝都に着任している大使（41）が続き、国務会議員と侍従（42）によって締め括られ、行列最後尾には射手（45）が配置されている。またこの宗教行列を左右から防御するかたちで、行列にスペースがある限りの有爵貴族と騎士（43）が加わり、さらに左右の外側には警護兵士（44）が配備されている。

こうしてマドリード市の聖体祭の宗教行列は、カトリック教会と同盟した狭義の宮廷と帝都の権力と権威の秩序をみごとに表徴していたのであった。したがってまた、事情によって序列の変動がある場合、社団のあいだの対抗と軋轢がさまざまに生じたのであった。たとえば一六四二年に国王が帝都を離れていた時には、カスティーリャ王国の統治に関わる、カスティーリャ、宗教騎士団、財務の三つの顧問会議だけが宗教行列に加わっており、複合君主政体の特色を表徴する出来事となった(58)。

聖体祭の行列ルートの変更にも注目したい。中世都市以来の聖体祭では、自治と裁きの象徴であった市庁舎前を通過することは基本であった。ところがマドリードを常設の宮廷に定めた王権は、宮廷代官法廷（Sala de Alcaldes）を設置して、この町の司法権力を握ることになったために、教会と王権の代表からなる聖体祭には、このことに相応しいルートが求められたのである。そこで一七世紀半ば以後は、宮廷代官による裁きの場である宮廷監獄（Cárcel de Corte）の前を通過するように大きくルートが変わったのであった(59)。こうして帝都となったマドリードの聖体祭は、付随するカーニバル的要素の行列（巨人の人形、張り子の大頭の仮装、悪魔やモーロ人の仮装、等々）と合わせて、宗教と王権を讃える盛大な祭りとなった。これにはマドリード市の人々の半分が直接に行列に加わり、もう半分が通りや窓から聖体の顕示を崇めていると言われるまでであった。[60]

3　都市空間とアトーチャの聖母の崇敬

帝都のなかで王権は、伝統的な宗教行事に関わるだけでなく、国王権威が宗教的権威に支えられていることをより積極的に提示した。マドリード市という劇場的な都市空間のなかで、歴代の国王の宗教性を顕示しえたのは、とりわけアトーチャの聖母修道院への聖母参拝であった。聖母マリアのお取り成し《インテルセシオン》による祈願成就を期待した聖母崇敬は、近世に入ってカスティーリャの各地で盛んになるが、[61] マドリード市の場合は、市壁外の南東に位置するアトーチャの聖母への参拝とエクスボート（祈願成就の感謝を表す奉納物）の奉納がもっとも人気を集めることになった[62]（図６）。奇跡譚としてのアトーチャの聖母はレコンキスタの初期にさかのぼる。[63] 一〇八三年にマドリード市がレオン王アルフォンソ六世によって取り戻されると、次第に崇敬を集めるようになった。現在、アトーチャの聖母大寺院（一九世紀後半に大寺院《バシリカ》となる）に納められている聖母像は一三～一四世紀につくられたものと推定される。一三世紀以後には、ペストや旱魃に際して神へのお取り成しを願って聖母像が崇められた。[64]

図６　アトーチャの聖母像。1623 年出版の González Dávila の扉絵

しかし、一六世紀になるとアトーチャの聖母崇敬

の役割は、こうした住民や自治体による祈願から国王とその家族による祈願へと比重を移していくことになった[65]。カルロス一世の聴罪司祭であったファン・ウルタード・デ・メンドーサ師によって荒れ果てていた隠者礼拝堂が立派な礼拝堂に建て替えられた。そしてこの礼拝堂の管理のために、トレードの聖レオカディア聖堂参事会員の家屋であったものをドミニコ会士の修道院に改修させたのであった（一五二三年七月の教皇ハドリアヌス六世の許可による）。これを受けてカルロス一世は、一五二五年三月に、「皇帝陛下は宮廷の貴族やその他大勢の者たちに付き添われてアトーチャ礼拝堂に感謝の祈りをささげに赴いている」[66]。これは、同年二月のパヴィアの戦いでのフランス軍に対する皇帝軍の勝利への感謝の祈りであった。

続くフェリーペ二世は、一五七一年にレパントの海戦での勝利を感謝するためにアトーチャの聖母に参詣したのに加えて、アトーチャの聖母を教会から引き出して市内を巡幸させることで、神への祈りによって健康の回復や戦争勝利を願う祈祷（ロガティーバ）行列を組織させている。一五六二年に息子カルロスの健康回復を願った祈祷行列がおこなわれたが、セペーダ師の証言によればこれは「七二〇年頃に据えられてから聖母が住処を離れた」最初の出来事であった[67]。さらに一五八八年、無敵艦隊によるイングランド攻撃の勝利の祈祷においては、王宮（アルカサル宮）に近いサンタ・マリア主教会《イグレシア・マヨール》に集う九日間の祈祷行列に合わせて、「陛下の艦隊の成功に神へのお取り成し」を行なってもらうよう、アトーチャの聖母像をこの教会に移すことを命じたのである[68]。

こうしてアトーチャの聖母への崇敬は、ローカルな場での一般的な聖母崇敬からカトリック君主国の国王がその宗教性を民衆の前にひろく顕す公的行事へと変容していった。リオ・バレードの指摘によれば、「ローカルな信仰の宮廷による横領（アプロプリアシオン）」がおこなわれた典型的事例である[69]。一六〇二年にはアトーチャの聖母を祭る礼拝堂は国王庇護権《パトロナート・レヒオ》の下に置かれることになり、一七世紀に入ると帝国威信の動揺を打ち消すかのように、王族の健康や誕生などに加えて、さまざまな戦争の勝利を祈願する（ロガティーバ）、あるいは祈願成就の感謝（アクシオン・デ・グラシアス）ための儀式、つまりアトーチャの聖母修道院への参拝行為やアトーチャの聖母像の市内巡幸が頻繁に行なわれるようになった。フラード・サンチェスらの共同研究によれば、こうしたアトーチャの聖母崇敬の儀式は、一五二五年から一八〇二年にかけて史料的に確認できるだけでも一〇〇回以上を数えており、王や王族のマドリード市への入市式が二〇数回にとどまったのと比べると、いかに君主によるアトーチャをめぐる儀式が重要視されたかがわかる。[70] 一六世紀と比べて、マドリード市が帝都の地位を不動のものにした一七世紀には、こうした儀式がさらに急増している。一五二五年から一六二一年にかけてはアトーチャの聖母にかかわる儀式は一一回、つまり九年ごとの儀式であったのに対して、一六二二年から一八〇二年にかけては少なくとも二年に一度は催されている。

一六三〇年代、フェリーペ四世の寵臣オリバーレス伯公爵が実質的に王国統治を担っていた時期に、国王によるアトーチャの聖母への参詣、あるいは聖母像のアルカサル宮やデスカルサス・レアレス修道院への市内巡幸は、一年を待たずに繰り広げられている。三十年戦争のさなか、聖母のお取り成しを通じた神のご加護による軍事的勝利が、帝都の民衆のまえで大々的に祝われなければならなかったからである。たとえば、一六三四年にはネルトリンゲンの勝利が、一六三五年にはシュネンクの勝利が、一六三六年にはドーレの勝利が帝都に伝わると、国王と随行団が、首都を横断する形でアルカサル宮からアトーチャの聖母修道院への祈願成就の参詣を行なっていた。[71]

国王の宮殿であったマドリード市西端のアルカサル宮から、南東端のアトーチャ門に至るルートには、スペイン君主国＝カトリック君主国の権力と帝都マドリードの権力を代表する主要な建物が配置されていたことに注目したい。フラード・サンチェスらの作成した地図を見てみよう[72]（図7）。①王宮　②サンタ・マリア主教会　③ウセーダ館（のちの諸顧問会議庁舎）　④市庁舎　⑤サン・サルバドール教会　⑥マヨール広場（一六一九年に完成）

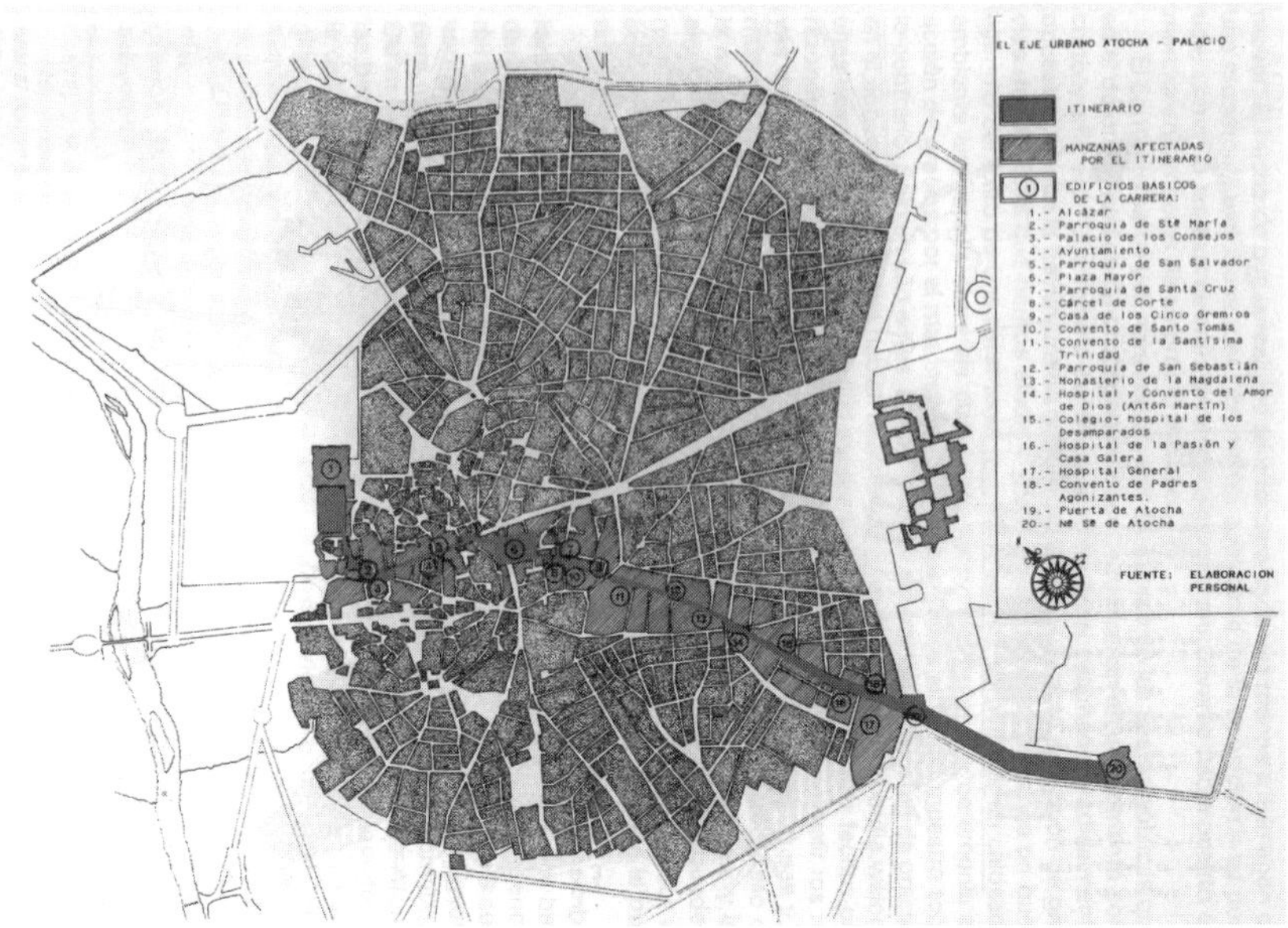

図7　アルカサル宮とアトーチャの聖母修道院の参詣ルート

⑦サンタ・クルス教会　⑧帝都監獄　⑨五大ギルドの館　⑩サント・トマス修道院　⑪三位一体修道院　⑫サン・セバスティアン教会　⑬マグダレーナ女子修道院　⑭「神の愛」施療院兼修道院　⑮「捨て子」施療院　⑯「受難」施療院　⑰総合施療院　⑱「臨終の儀を司る司祭」修道院　⑲アトーチャ門　⑳アトーチャの聖母修道院。このように宮殿からアトーチャまでの聖界・俗界を代表する建物を望みながら進む参詣ルートの主要地点やルート沿いの市会、貴族、ギルドや富裕市民の数々の建物は、とくに王家一族の誕生などの祈願成就の行列では、最大の装飾に彩られ、仮装行列が繰り出し、食べ物や飲み物が振る舞われた。一六五七年、世継ぎとなるはずのフェリーペ・プロスペロの誕生に対する感謝の際には、「いたるところで新しい素晴らしい催し物を見ることができた」と年代記作者は驚嘆の声を惜しまなかった。[73]

アトーチャの聖母への崇敬が、マドリード市の庇護、あるいは宮廷の庇護を超えて、スペイン君主国の庇護へと拡大していったことにも注目したい。

一六三四年にインディアス顧問会議は、アトーチャの聖母を航海の庇護者と定めて、スペインと新大陸を行き来する航海者の無事を守るうえで果たした聖母の奇跡を讃えたのである。ヘロニモ・デ・キンターナによれば、帝都マドリードに据えられた聖母像の栄光は、マドリードからスペインの諸王国へ、さらには「その肖像画が拝まれる寺院が数々あるインディアス」へと広がっていったのであった。[74]

こうした状況を反映して、同時代の著述家ガブリエル・セペーダは、次のように述べている。「我が軍隊の喜ばしき出来事にせよ、我が諸王国の王位継承王子の誕生にせよ、そうした幸運をもたらした作為者としての神と聖なるマリアに感謝するために、その宮廷を通じてカトリック王〔スペイン王のこと〕が公けに顕れないことはなかった」と。[75]すでに本章の「はじめに」で指摘したように、宮廷内の儀礼をもってスペイン国王の「不可視性」は議論できるにしても、カトリック王としてのスペイン国王は、その信仰の篤さを民衆に示すためにたびたび「顕れる国王」であらねばならなかった。[76]アトーチャの聖母崇敬に纏わる催しごとは、繰り返しになるが、アトーチャの聖母像を利用してマドリードのローカルな崇敬を横領して宮廷にとっての崇敬と化し、カトリック王として国王を帝都住民に顕現するための格好の機会であったのである。

4　国王の信仰の篤さとヴィアティクム崇敬

一六三四年のネルトリンゲンの勝利を祝ったアトーチャの聖母への祈願成就参詣に関して、ブルゴーニュ出身のイエズス会士クロード・クレマン（スペイン語名はクラウディオ・クレメンテ）の著作『スペインとオーストリアのキリスト教の賢明さによって斬首の身となったマキアヴェッリズム』が興味深い証言を遺している。すなわち、一行が修道院からアルカサル宮へと戻る途中、ある司祭が病者のもとに聖体（聖別されたパン）を運んでいく途次に出くわした。国王フェリーペ四世は、躊躇うことなく馬から下りて、このヴィアティクム（臨終の病者に授ける「聖体の秘跡」）に随行したという。クレメンテは、この行為こそが「宗教と信仰の篤さの表明」であり、「こうした篤き信仰の行為こそが不信心と異端に対しての新たな勝利」をもたらすと讃えているのである。[77]カトリック君主国にとっての「聖体」の重要性については第2節で大まかに論じたが、この「ヴィアティクム」のもつ歴史的意味について本節では論じたい。

「ヴィアティクム（Viaticum）」とはラテン語で、カトリック教会の教義によると、臨終の病者に授ける「聖体の秘跡」ないし「聖体拝領」であり、近世スペインにおいてカトリック信者たちは、聖職者が病者のもとに聖体（聖別されたパン）を運んでいく途次に出くわした場合、跪いてお辞儀をするなど崇敬の念を外的に表明しなければならないとされていた。リオ・バレードの研究が明らかにするように、こうした宗教実践は、ユダヤ教徒やイスラーム教徒との共存が次第に崩れていく中世後期のスペインにあっては、キリスト教徒と非キリスト教徒を識別するマーカーとして機能したのであった。そして、一六世紀から一七世紀にかけてカトリック教会が唱える「聖体の秘跡」を象徴的儀礼に過ぎないと主張したプロテスタント諸派が台頭する中では、カトリック教徒にとってのきわめて重要なおこないと位置づけられたのであった。[78]

加えてヴィアティクムは、スペイン君主国＝カトリック君主国に君臨するハプスブルク王朝への民衆の忠誠を喚起する手段としても、重要視されていた。イングランドやフランスの国王は、戴冠式で聖油を注がれることで聖別されて、瘰癧治癒能力を備えるといった超自然的権威を帯びるとされていたが、[79]スペイン君主国を構成する諸王国、なかでもカスティーリャ王国では、なんらかの儀礼によって国王が超自然的性格を持つという教義が受け入れられることはなかった。[80]したがって、「カトリック君主国」を体現するハプスブルク家の国王は自らが誰にもまして敬虔であり信仰が篤いことを可視化することに腐心した。A・コレスの研究は、中央ヨーロッパのハプスブルク家の統治上、「聖体」への信心がいかに重要性を帯びたかを指摘しているが、[81]カール五世以後のスペイン・ハプスブルク家は、ハプスブルク家という王朝の連続性と絡んで、この「ハプスブルクの信心《ピエタス・アウストリアカ》」の伝統を巧みに継承していた。結論を先に述べれば、歴代国王によるヴィアティクム崇敬は、民衆の前に「顕れる国王」がその宗教心の篤さを顕示するうえで、格好の行為になっていたといえる。その行為はさまざまな著述に言及され、その姿は図像などを通じて広く喧伝されていたのでもあった。

中世を通じてハプスブルク家の国王によるヴィアティクム崇敬は語られていたが、[82]それを決定的にしたのは一五八九年に著されたジョヴァンニ・ボテーロの『国家理性について』であった。少し長いがこの箇所の邦訳を引用しておこう。[83]

オーストリアの諸君主は彼らの盛大《ママ》を他でもなく、彼らの敬虔さから獲得したのである。書物によれば狩りの途中豪雨に遭ったハプスブルク伯ルドルフは、そこで彼の先を黙々と歩む一人の司祭と出会った。ルドルフは司祭にどこに行くのか、そしてまたこのような難儀な旅をするのはなぜなのかと問い質した。御聖体を病者のもとに届けるためであると司祭は答えた。それを聞くや否や伯は直ちに下乗し、聖体容器の中にパンのかたちで隠されたイエス・キリストを恭しく礼拝したばかりか、豪雨が彼の妨げとならないよう、そしてまた彼が至福なる聖餅を適切に持ち運ぶことが出来るよう、司祭の肩に自身のマントを差し掛けてやったという。この良き司祭は伯の礼儀正しさと慈悲心を称賛し、彼に限りない感謝の意を表した。そして至福なる主が、この業ゆえにその豊かな恵みを彼に酬いて下さるよう祈願した。驚くべきことにそれから間もなくルドルフ伯は皇帝となり、彼の子孫たちはオーストリアの大公、低地諸国の君主、新大陸の支配権を伴ったスペインの王、そして無数かつ無辺なる諸国家の主君となったのである。

こうしてヴィアティクム崇敬はハプスブルク家の王朝的正統性と一体化されたために、スペイン・ハプスブ

Religionis Præmium.

EMBLEMA IX.

Cum Dux Austriacus tesqua veredo
Venator premeret, fortè Sacerdos
Gestans Ambrosiam Corporis Almi,
Per campos properans, & pedes ibat.
Descendit, comitatur pede supplex,
Cui prolem celebrem Mysta profatur.
Supremo Domino, solvite Cultum;
Crescet innumerè Clara Propago.

図8　寓意画　Emblema IX

ルク王家を擁護し称揚する著述のなかでも、さらに敬虔さを増した物語とされていった。イエズス会士ペドロ・デ・リバデネイラの著した『キリスト教君主が持つべき宗教と美徳に関する論述』（一五九五年）では、ルドルフは下乗し、その馬を司祭に譲っただけでなく、病者の家まで徒歩で司祭に付き添ったとされた。(84) さらにベネディクト会士フアン・デ・サラサールは『スペイン政治』（一六一九年）の著述のなかで、同じ敬虔さの踏襲者としてフェリーペ二世を讃えて、ヴィアティクムに出会うとフェリーペ二世は「泥道で跪いた」という描写を添えている。(85) こうして本節の冒頭で引用したクロード・クレマンの言葉に繋がるわけで、戦争の勝利と聖母への祈願成就の感謝と、国王によるヴィアティクム崇敬は一体となって、王朝国家の連続性が確認されたのであった。

さてここで注目したいのは、本章「はじめに」で触れたフアン・デ・ソロルサノ（カトリックと不可分の複合王朝国家としてスペイン君主国を称揚していた）が、フェリーペ四世の息子バルタサール・カルロスの帝王学のために編んだ寓意画集『国王＝政治寓意画』（一六五三年刊行）の寓意画の一つ「宗教の褒章」にも一六世紀末のリバデネイラの叙述に従うかたちで、馬にまたがる司祭に同行するルドルフの逸話を描いていることである（図8）。この寓意画の説明文にもあるように、「然るべき崇敬の念をもって神を崇め敬う者には、その継承は確実であり

常しえに続く」として、聖体を手にもつ聖職者に同行する君主は、真実と永遠の道を歩むとされている。(86)

一七世紀後半、つまりカトリック君主国の威信が衰えていた時代に、王朝の継続性を喧伝するために、国王と王族によるヴィアティクム崇敬の逸話は、たびたび取り上げられている。一六八〇年、カルロス二世の妻となるべくオルレアン家のマリー・ルイーズ（マリア・ルイサ）が帝都に入った時にいくつかの凱旋門が拵えられるが、その一つは「宗教」を讃えたものであり、そこに描かれた一枚の画像は、ハプスブルク家のマリア・アンナ（マリアナ）、つまりカルロス二世の母が自分の馬車をヴィアティクムを運ぶ司祭に差し出す光景であった。(87) マリー・ルイーズにはカトリック君主国の王家の一員としてヴィアティクム崇敬が求められたのである。さらに、カルロス二世であるが、一六八五年、ヴィアティクムの一行に馬車を差し出す出来事が生じた。これはまさに、成人に達しても脆弱であった国王カルロスに対して、カトリック君主としての責務を果たすことへの期待が表明されたものである(88)（図9）。

図９　カルロス二世がヴィアティクム一行に馬車を差し出す絵

以上、ハプスブルク家の歴代の国王たちにはヴィアティクム崇敬の義務があり、この義務を果たすことで「敬虔なる君主」の姿を広く人びとの前に顕すことが必要であった。つまりヴィアティクム崇敬は、国王の宗教的帰依の顕示と王朝的伝統の正統性の顕示という二重の意味をもっていたのである。

5　二重の君主政を表徴するブエン・レティーロ宮と庭園

一六五六年に作成されたテシェイラの都市図については先述したが[89]、この都市図の右上には、「カトリック王フェリーペ四世は、強力で慈悲深く、ここは陛下の都市であり、都市の内部には陛下のもとにある世界の塊が凝集している」とラテン語で書かれた碑石があり、碑石の両側にはライオンと数々の戦功の旗が据えられていて、上部にはスペイン君主国の紋章が置かれている。マドリードがまさに王都（Urbs Regia）であることを紛うことなく象徴しているのである。そしてとりわけ目を引くのが、市街地の東側（右側）に位置するブエン・レティーロ宮と付属施設と庭園で、明らかに実寸よりも大きく壮大に描かれている。これは、フェリーペ四世が寵臣オリバーレス伯公爵に命じて築いた建物群であり、西側の端に位置して手狭となった王宮（アルカサル宮）に比べて、さまざまな娯楽と気晴らしの空間であるとともに、スペイン君主国に君臨する国王の偉大さと権威を称揚するためのプロパガンダ装置として、カトリック信仰のもとに帝国を治める王権＝複合君主政体を表徴するさまざまな仕掛けが施されていた[90]。以下、そのおもな特徴を概観することにしたい[91]。

王宮（アルカサル宮）は周囲に限られた空間しかなかったために、宮廷の娯楽と気晴らしのためにプリオラ広場が設けられたが、スペイン帝国のためのそうした空間としては依然として手狭であった。そこで、「もっとも遠く離れた諸国民（las naciones más remotas）にまでいと高き名声を轟かすために」、豪壮な建物群が企図され、結

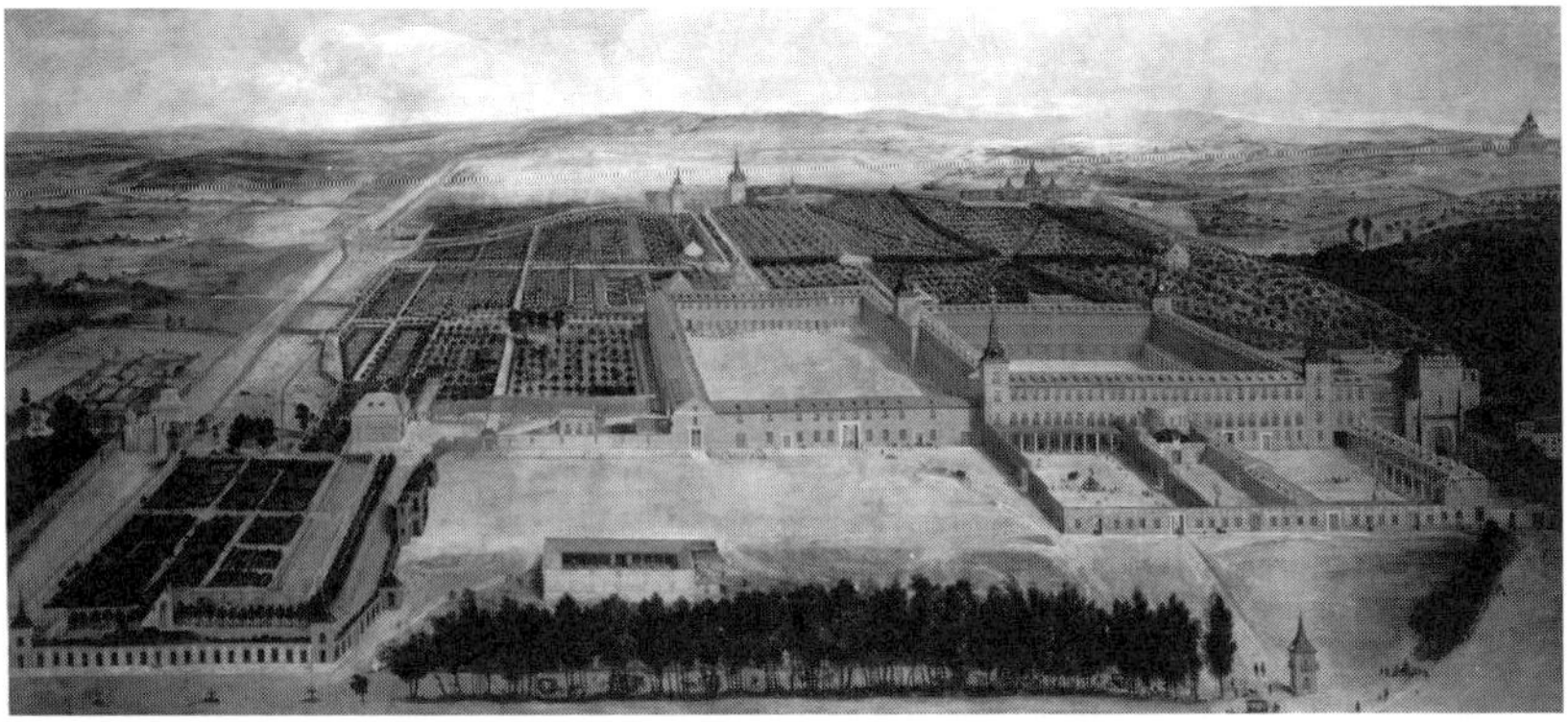

図10　フセーペ・レオナルド作「ブエン・レティーロ宮の景観」、1637年頃、プラド美術館所蔵

果としてブエン・レティーロ宮の建立に繋がったのである。[92] 一六三〇年代の十年間におおよその全体ができ上がったが、財政的逼迫のなかで一六三三年末までに建てられた宮殿そのものは、一部を除けば安価な煉瓦造りであり、「鶏舎」のようだ、あるいは「国王の住居というよりも修道院」のようだという、芳しくない評判がたった（図10）。しかし、後述するように、宮殿の内部は外部と打って変わった豪奢な装飾が施されることになり、続く大広場の整備や、「カソン」と呼ばれる舞踏用建物、「コリセオ」という芝居用建物の建設がおこなわれ、合わせて広大な敷地には池や噴水が設けられ、隠者礼拝堂が配置されて、庭園の整備を含めると一六四〇年まで工事が続いたのであった。こうしておよそ一二〇ヘクタールにおよぶブエン・レティーロ宮全体（エル・レアル・シティオ・デル・ブエン・レティーロ）は、二〇の建物、五つの広場、六つの池、八つの隠者礼拝堂、小川や噴水や野外彫刻を備えた広大な庭園からなる空間となったのである。[93]

宮殿の建物群は大きくは九つに分かたれる[94]（図11）。それらは、①サン・ヘロニモ教会、②国王の居室、③景観の歩廊、④諸王国の間（同名のサロンをもつ北翼の建物）、⑤仮装の間、⑥コリセオ（芝居用建物）、⑦カソン（舞踏用建物）、⑧王妃の居室、⑨王子の居室、である。なかでも注目されるのは、縦長（東西に縦三四・六メートル、南北に横一〇メー

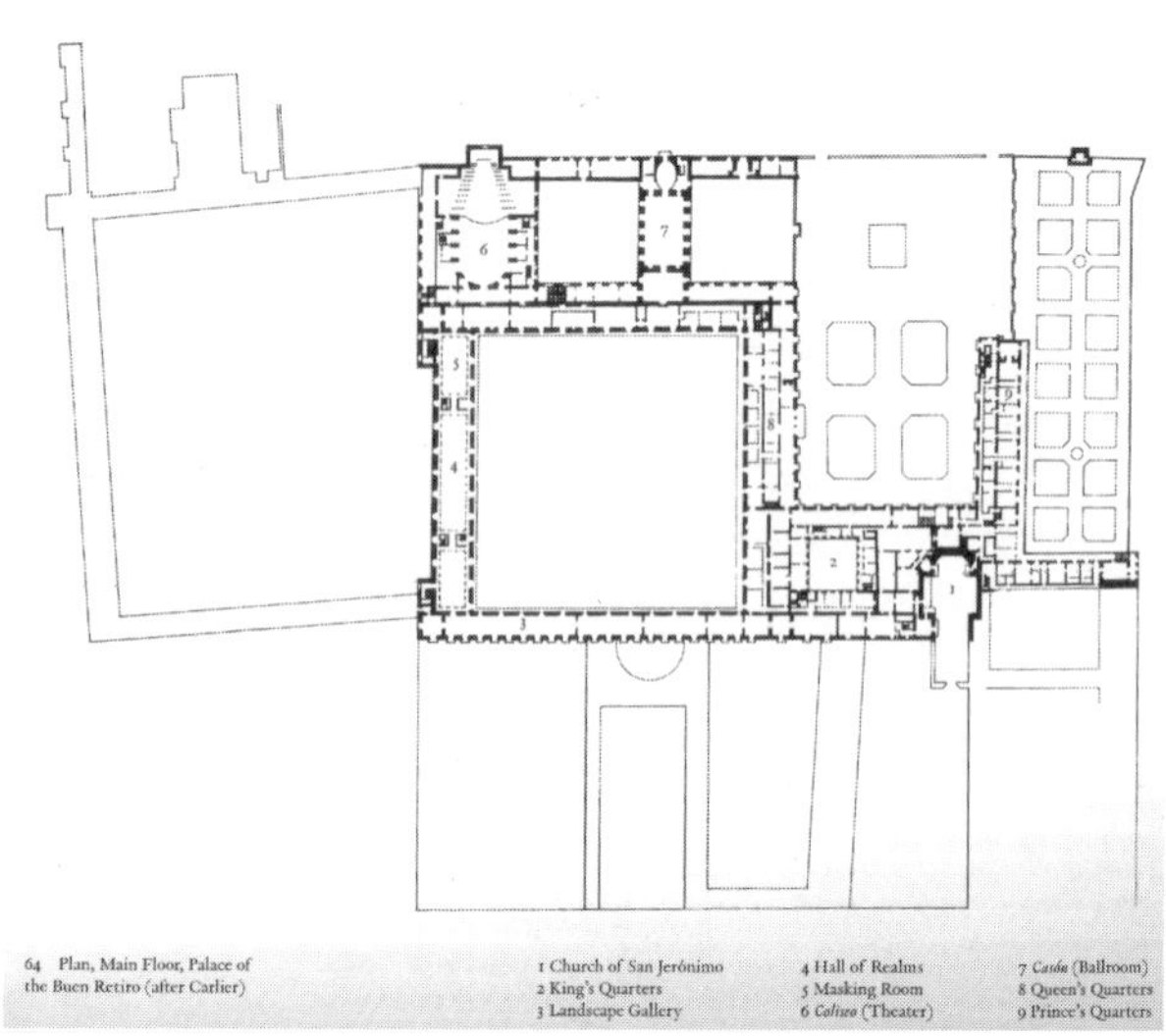

図 11　18 世紀初め、カルリエによる平面図

トル）の諸王国の間（Salón de Reinos）で、ここでは国王が貴賓たちに謁見したり、諮問の答申を受けたりといった公式の行事が執り行われた。諸王国の間と呼ばれる所以は、東西に延びる天井のフレスコ画の両側にスペイン君主国を構成する二四の王国の紋章が描かれているからであり、その配置の仕方からしても、まさに複合君主政体の纏まりを表徴していたのであった。[95]

東奥には玉座が据えられていたと想定されるが、その上の左右に位置するのがカスティーリャ王国とアラゴン王国の紋章で、反対の西奥にはポルトガル王国とナバーラ王国の紋章が描かれていて、スペイン君主国を構成するイベリア半島（ヒスパニア）の四つの主要な王国が、カスティーリャ王国、アラゴン王国（ひいては、この王国が統括するアラゴン連合王国）、ポルトガル王国、ナバーラ王国であることが明示されている。次いで玉座から西に向かっての左右の両翼には、カスティーリャ王国が統括する、かつては独立性を保った八つの王国がそれぞれ四つずつ描かれていて（ガリシア王国、グラナダ王国、ハエン王国、ムルシア王国、セビーリャ王国、トレード王国、ビスカーヤ領国、コルドバ王国）、カスティーリャ王冠の歴史的正統性が表徴される。これに次いで左右の両翼には、アラゴン王冠が継承してきた四つの王国の紋章（カタルーニャ公国、ナポリ王国、バレンシア王国、シチリア王国）、さらに続く両翼の四つはカール五世がスペイン君主国に包摂した四つの王国（ミラノ公国、オーストリア大公国、フランドル公国、ブルゴーニュ公国）となっている。これらに加えて、カスティーリャが征服したインディアスのペルーとメキシコの領土をそれぞれに「王国」として表徴した紋章が描かれ、最後の両翼にはブラバント公国とサルデーニャ王国が付加されている。こうして諸王国の間を訪れる王侯貴族たちは、スペイン君主国の国王が統治する領土の広大さとともに、それを構成する諸王国のあいだの序列を認識させられたのである。

図12　諸王国の間の内部の復元図

そしてこの複合君主政体の要である王権の偉大さを表していたのが、壁面に飾られた当代一流の画家によって描かれた絵画群であった。これらの絵画は現在、マドリードのプラド国立美術館に別々に展示されているが、諸王国の間でどのように配置されていたかを復元して眺めると、王権を表徴する絵画群の重要性が明白になる[96]（図12）。長方形の東壁には、フェリーペ四世騎馬像と同王妃イサベル騎馬像が左右に飾られ、その間にはバルタサール・カルロス王太子騎馬像が置かれていて、反対側の西壁には、フェリーペ三世騎馬像と同王妃マルガリータ騎馬像が飾られている。これらはいずれも優れた宮廷装飾家であったベラスケスの作品で、全体としてスペイン王家の過去・現在・未来、すなわち王朝の正統なる連続性を強調していることは言うまでもない。さらに、東西に延びる長い壁には両側共に五つの入り口があって、それぞれの入り口の上部のスペースを利用して一〇枚の絵が飾られているが、これらはスルバランが描いたヘラクレスの生涯を描いた連作である。この美徳に溢れた英雄は、のである。

カール五世がその紋章にヘラクレスの柱を採り入れて以来、スペイン・ハプスブルク王家の象徴とされていたのである。

五つの入り口の脇の空間には左右合わせて十二枚の大きな絵が飾られているが、これらはフェリーペ四世の治世になってから各地でスペイン軍が勝利した場面を次々と描いており、スペイン君主国がしっかりと堅持されて安泰であることが歴史物語風に理解される。そのうちの二点は一六二二年の勝利、五点は奇跡の年（アンヌス・ミラビリス）と称えられた一六二五年の勝利で、ベラスケスの描く「ブレダの開城」はこの年の勝利の一つを描いた傑作である。さらに一点は一六二九年の勝利で、残りの四点は諸王国の間の装飾プランをつくった一六三三年に各地で得た勝利の場面である。これらのなかでブエン・レティーロ宮建設の立役者であり国王の寵臣であったオリバーレスを巧みに称賛している作品が、マイノの「バイーアの回復」である。一六二五年にスペイン＝ポルトガル遠征軍がブラジルのバイーアで勝手に入植したオランダ人を放逐する。敗北して跪くオランダ人に遠征軍司令官が見せているのが、フェリーペ四世の肖像画である。この肖像画には足元には異端と不和と裏切りを象徴する三人が屈伏しているとともに、国王の右側には女神ミネルヴァ、そして左側にはほかならぬオリバーレスが描かれている。諸王国の間は、ブエン・レティーロ宮に集う貴人に対して国王とその寵臣への称賛を呼び起こすプロパガンダ装置であった[97]。

さて、スペイン君主国はカトリック君主国でもあらねばならなかった。すでに述べたようにブエン・レティーロ宮そのものがヒエロニムス会のサン・ヘロニモ修道院と隣接する国王宿泊所の拡張として建造されたことからも分かるように、この宮殿のもつカトリック性の表徴は明らかであった。加えて、宮殿の各所に飾られた絵画群を眺めると、国王権威を世俗的権力として称揚するだけでなく、キリスト教の庇護者として称揚していることが明白であった。一六四〇年代初めにオリバーレスが命じて、フランドルやスペインで集められた五〇〇ほどの作品のうち二〇〇近くが景観の絵画であるが、そこには荒野における隠者の祈りの光景や民衆への説教の場面が描かれており、おのずと敬虔さという宗教的メッセージが伝わってくるのであった。なかでも「聖ヒエロニムスと景観」と題されるニコラ・プッサンの絵は、景観絵画の傑作とされる。[98]

さらにブエン・レティーロ宮のもつ宗教性を窺うには、広大な庭園に配置された隠者礼拝堂に注目したい。世間の喧騒から離れて自然のなかで祈りを捧げる隠者（エルミターニョ）の生活は中世スペインで盛んになったが、とくに大きな修道院の周辺に偏在するかたちでこうした礼拝堂（エルミータ）が建てられていた。その典型がカタルーニャのムンサラット修道院で、フェリーペ四世は同地方を訪問していたく感銘を受けたという。そしてこれを模したかたちでブエン・レティーロ宮の敷地内には一六三〇年代には、マグダラのマリア、聖ヨハネ、聖ブルーノ、聖イシドロ、聖ヒエロニムス、聖パウロ、聖アントニオ・デ・ポルトゲセス、そして聖ブラスを帰依の対象とした八つの隠者礼拝堂が設けられた。[99] 各々の隠者礼拝堂には、崇敬する聖人に捧げられた礼拝堂（カピーリャ）といくつかの小部屋があるのが一般的であった。各地で民衆が村はずれの隠者礼拝堂への小巡礼（ロメリーア）を楽しんだように、民衆的要素を取り入れたかたちで宮廷人たちは、これらの隠者礼拝堂に定期的に集い、聖人への祈りを捧げたのちに、この場で歌や踊りを楽しみ、食べ物を供しあったという。まさに祈りと娯楽の空間が隠者礼拝堂だったのである。[100]

このブエン・レティーロ宮では、その永代城代（アルカイデ・ペルペトゥオ）に任命されたフェリーペ四世の寵臣オリバーレスの采配によって、宮殿内、コリセオ、カソン、中庭、広場や庭園、池などで、軍事的勝利を祝って、貴賓の訪問を祝して、あるいは気晴らしのために、さまざまな行事が繰り広げられた。[101] 中世以来の馬上槍試合、夜会、闘牛、演劇、大池での疑似海戦には、建築家、画家、彫刻家が動員されて華々しい舞台がつくられた。隠者礼拝堂での娯楽が民衆の小巡礼の要素を取り入れたように、こうした祝祭でも謝肉祭の卵での闘い、闘鶏といった民衆的伝統の要素をもつ娯楽が加えられた。そして祝祭には王侯貴族や騎士たちに加えて、国王顧問会議の顧問官たち、各修道会の修道士たち、場合によっては市民たちが観者として参加した。リオ・バレードが指摘するように、オリバーレスが構想した新たな宮廷では、「祝祭において、宮廷行事の公衆化（popularización）が次第に生じた」のであった。帝都のなかの宮廷として民衆的要素を取り込むことは不可欠だったのである。[102]

畢竟するに、宮殿内での国王への宮廷人の接近がいかに制限されたかに着目して、そこにスペイン宮廷の「隠れた国王」というイメージを読み取ることがあったとしても、カトリック君主国の帝都であるマドリード市内においての国王の立ち居振る舞いは、民衆から疎遠ではなかった。[103]逆に「顕れる国王」として、コルプス・クリスティの宗教行列、アトーチャの聖母への参詣、ヴィアティクム崇敬、ブエン・レティーロ宮の祝祭などを通じて、帝都の住民たちにとって国王はつねに敬虔さと壮大さの源であらねばならなかったのである。

おわりに

本章では、スペイン・ハプスブルク家の歴代国王が王朝的統治原理にもとづいて広大な諸王国・諸領邦を統治しえたのは、帝都＝王都たるマドリードにおいて君主たる国王が果たしていた統合化機能にあったことを、儀礼や祝祭の側面の具体的分析をおこなうことで確認した。そして、複合君主政体の代表ともされる「スペイン君主国」の考察にあたって重要なのは、「カトリック君主国」とも呼ばれていた事実であることをあらためて指摘した。本章では儀礼や祝祭に焦点をあてたが、近世スペインにおける玉座（trono）と祭壇（altar）の同盟の事実は、近世スペインに繰り返された聖職者たちの説教からもうかがえる。[104]

その一人であるファン・デ・ラ・プエンテ師は、『ローマ教会の君主国とスペイン君主国の二つの君主国の有利さ』

（一六一二年）を著して、カトリック教会の正統性にもとづくキリスト教を信奉するスペインには、イングランドやフランスのような宗教的分派は生じなかったし、カトリックこそが「政治国家（el estado político）」との整合性をもつことを強調した[105]。しかも、スペインのカトリック王（Rey Católico）は、イタリアのトンマーゾ・カンパネッラが『スペイン君主国（Monarchia di Spagna）』（一六〇〇年）で唱えていたような教皇に従属した権力ではなく、「教会の長子」と称えられたのであった[106]。

本章の分析は、近年つとに盛んになった祝祭文化に関する研究に触発されたものであり[107]、帝都＝王都がスペイン・ハプスブルク家の「複合王朝国家（Composite Dynastic State）」としての表徴機能を充分に備えていたことを具体的に明らかにしたのであるが、このことをもって実際的に都市が平和裏に存続していたと主張したいわけではない。事実、エリオットによって複合君主政のもっとも安定していたと想定されたフェリーペ二世期においても、物価の高騰と租税の負担に苦しむマドリードの庶民のなかからは、国王を敬虔でない人物として非難する言説が生れた[108]。戦争が続き経済的困難が増すなかでフェリーペ四世の寵臣オリバーレスの進めたブエン・レティーロ宮建設には、称賛の声とともに不満の声があがり、風刺文も流布していたのである[109]。

複合君主国においては、帝都で国王と庶民のあいだに緊張が少なからず生じただけではない。とりわけ、帝都マドリードに居を構える君主は、君主国を構成する諸国＝地域国家との関係を取り結ぶにあたっては、ときには権威的に、ときには妥協的にと、絶えずさまざまな配慮をせざるを得なかった。別稿で論じることにしたいが、カタルーニャ公国と王権との関係もまた、そうした複雑なプロセスとして理解されねばならない[110]。そして、帝国政策の行き詰まりの中でのオリバーレス伯公爵による対地域国家の政策は破綻のときを迎えざるを得なかった。エリオットの言う「政治的国民（Political Nation）」を成す特権諸身分は、一六四〇年代、帝都の君主に見切りをつけて隣国フランスのブルボン家に新たな君主を見出そうとまでしたのである。もはやスペイン君主国もカトリック君主国もともに否定される言説が生じたのであった。「真のカタルーニャ人がなすべきことは、自分たちの神、自分たちの名誉、そして自分たちの祖国の擁護のために闘い、命の危険をいとわないことである」といった言葉である。[111]

広域の複合君主政（Composite Monarchy）に包摂されていた諸国＝地域国家であったカタルーニャ公国の反乱は十年あまりの経過のあとに矛を収めて、やがて独立を達成するポルトガルを除いて、スペイン君主国の現状はもとに戻ることになった。この間に、「スペイン国王」の実現を企図したオリバーレス伯公爵は失脚した。一六四〇年代の危機を経て、スペイン君主国統治の鍵をオスマ司教であったファン・デ・パラフォックスは次のように主張していた。「神は同じやり方で地上のさまざまな場所を創造することのできた創造主でありながら、さまざまな場所を異なるように創造したのであった」、「法律は、衣服や身体の形のように、各王国や国民で異ならなければならない」、そして「カスティーリャ人はカスティーリャ語で、アラゴン人はアラゴン語で、カタルーニャ人はカタルーニャ語で統治しなければならない」[112]。

繰り返すが、本章で扱ったのは、帝都＝王都たるマドリードにおいて君主たる国王が果たしていた統合化機能である。いかに敬虔なる、また正統なる「カトリック君主」を演出しようが、一六世紀から一七世紀の国際政治のなかで広大な帝国を維持しようとするスペイン君主国が各地の民衆や地域政体に課す負担は増すばかりで、王権への不満は高まっていった。しかし、複合君主政という政体のなかでスペイン王権が独特のイメージを創りあげていたのもひとつの事実であった。今後は、こうした静態的イメージがいかに動揺し崩れていったかを、具体的なできごとのなかで考察していきたい。

注

（1） Elliott, John H., "A Europe of Composite Monarchies", *Past & Present,* 137 (1992). 邦訳は、J・H・エリオット（内村俊太訳）「複合君主政のヨーロッパ」（古谷大輔・近藤和彦編『礫岩のようなヨーロッパ』山川出版社、二〇一六年）、五五〜七八頁。ソロルサノへの言及は、同邦訳、五八〜五九頁。

（2） Gloël, Matthias, "Las monarquías compuestas en la época moderna: concepto y ejemplos", *Universum,* Vol. 2, N. 29, 2014, pp. 83-97を参照。

（3） Koenigsberger, H. G., "Republicanism, monarchism and liberty", in Oresko, R. et al., *Royal and Republican Sovereignty in Early Modern Europe,* Cambridge: Cambridge University Press, 1997, pp. 43-74を参照。

（4） Bonney, Richard, *The European Dynastic States, 1494-1660,* Oxford: Oxford University Press, 1991を参照。

（5） この点については、第六五回日本西洋史学会大会（二〇一五年五月一六日、於：富山大学）の基調講演「近世スペインとカタルーニャ――複合国家論の再検討――」のなかで、近年ある意味で概念の拡散しがちな複合国家論への批判として提唱した。なお、近世の「複合君主政」は世襲的原理による王位継承が原則であったために、順当な継承者が途絶えた場合には諸国家を巻き込んだ王位継承権の争いが生じ、時には王朝の交代や合同がもたらされた。J・モリルは、こうした「予期せぬ非計画的」合同の事実を指摘したうえで、「複合君主政」を「王朝コングロマリット（dynastic conglomerate）」と呼んでいる。J・モリル（後藤はる美訳）「ブリテンの複合君主制　１５００年―１７００年」（『思想』二〇〇四年第八号）、七六〜九二頁。

（6） López Madera, Gregorio, *Excelencias de la monarchia y reyno de España,* Valladolid: Diego Fernández de Cordoba Impresor, 1597, 65v.-66r.ロペス・マデーラについては、Bermejo Cabrero, José Luis, "Estudio preliminar", en López Madera, Gregorio, *Excelencias de la monarchia y reyno de España,* Madrid: Centro de Estudios Políticos y Constitucionales, 1999, pp. IX-LXIを参照。

（7） Bonney, *op. cit.*, p. 524を参照。Botero, Giovanni, *Della Ragion di Stato,* 1589. ボテーロは言う、「ハプスブルク家ほど血族関係や婚姻関係を利用してper via di donne e di parentadi偉大さと権勢を手に入れた家門はなかった」（p. 233）。邦訳に関

しては、ジョヴァンニ・ボッテーロ、石黒盛久訳『国家理性論』風行社、二〇一五年、一三一〜一三二頁を参照。

（8）歴代国王の称号問題については、García-Mercadal, Fernando, *Los títulos y la helárdica de los Reyes de España*, Barcelona: Bosch, Casa Editorial, 1995が詳細に論じている。同時代の鋳造貨幣などの刻印を通じた「スペイン国王」の肩書の広まりについては、Francisco Olmos, José María de, "La evolución de la tipología monetaria en Castilla y América durante el siglo XVI", en VV. AA., *IV Jornadas Científicas sobre Documentación en España e Indias durante el siglo XVI*, Madrid: Universidad Complutense de Madrid, 2005, pp. 87-140を参照。

（9）このことの簡潔な指摘として、Fernández Alvarez, Manuel, *España y los españoles en los tiempos modernos*, Salamanca: Universidad de Salamanca, 1979を参照。なお、フェルナンデス・アルバラデーホは、伝統的な「帝国」理念との関連で「カトリック君主国」の政体の特徴を論じており、スペイン君主国の歴史的政治的考察のための参考となる。Fernández Albaladejo, Pablo, *Frangmentos de monarquía,* Madrid: Alianza Editorial, 1992, Capítulo 1.2. "«Imperio» y «monarquía católica»", pp. 60-85.

（10）Salazar, Fray Juan de, *Política Española*, Logroño: Diego Mares, 1619, pp. 45-47.

（11）Solorzano, Ioannes de, *Disputationem de Indiarum Iure*, Madrid: Francisco Martínez, 1629を参照。

（12）マドリードを帝都に定めるにいたったことに関するこれまでの議論については、Gutiérrez Nieto, Juan Ignacio, "En torno al problema del establecimiento de la capitalidad de la monarquía hispánica en Madrid", en *Revista de Occidente*, Números 27-28, Agosto-Septiembre 1983, pp. 52-65および、藤田一成「近代スペインの一局面――マドリッドへの遷都をめぐって」（『人文研究』神奈川大学、一〇四、一九八九年）、一三〜四七頁を参照。

（13）この一時遷都の政治的意味については、Williams, Patrick, "El Duque de Lerma y el nacimiento de la corte barroca en España", en *Studia historica, H.ª mod.*, 31, 2009, pp. 19-51を参照。

（14）González Dávila, Gil, *Teatro de las grandezas de la villa de Madrid Corte de los Reyes Católicos de España*, Madrid: Tomás Iunti Impresor, 1623, pp. 1-2.

（15）Núñez de Castro, Alonso, *Libro histórico político, Sólo Madrid es Corte y el cortesano de Madrid,* Madrid: Andrés García de la Iglesia, 1658.

(16) Río Barredo, María José del, *Madrid, Urbs Regia. La capital ceremonial de la Monarquía Católica*, Madrid: Marcial Pons, 2000, p. 148 および Ringrose, David, "Madrid, capital imperial (1561-1833)", Juliá, Santos et al., *Madrid. Historia de una capital*, Madrid: Alianza Editorial, 1994, p. 184 を参照。

(17) Elliott, John H., "Philip IV of Spain. Prisoner of ceremony", Dickens, A. G., ed., *The Courts of Europe. Politics, Patronage and Royalty, 1400-1800*, New York: Greenwith House, 1977, pp. 169-189; Idem, "The court of the Spanish Habsburgs: a peculiar institution?", Mack, Phyllis, et al., *Politics and Cultures in Early Modern Europe*, Cambridge: Cambridge University Press, 1987, pp. 5-24. エリオットは、後者の論文では戴冠式での列聖化を伴わない国王が「カトリック王であることの信認（Catholic credentials）を得るために公的な場での宗教性の顕在化の側面があったことにも言及しているが（pp. 10-11）、スペイン国王の「不可視性」の仮説は、その後も長く踏襲されてきた。

(18) 例えば、一六五九年にフェリーペ四世の宮廷を訪れた際の印象を記したグラモンの記録を参照。Mémoires de Maréchel de Gramont, dans *Collection des mémoires relatifs a l'histoire de France*, tome LVII, Paris: Foucaut, Libraire, 1827, p. 78.

(19) リオ・バレードによる端的な指摘を参照。Río Barredo, *op. cit.*, p. 20.

(20) González de Zarate, Jesús María, *Emblemas regio-políticos de Juan de Solórzano*, Madrid: Ediciones Tuero, 1987 を参照。

(21) Foronda y Aguilera, Manuel, *Estancias y viajes del emperador Carlos V*, Alicante: Biblioteca Virtual de Cervantes, 2000.

(22) この一時的遷都については、Urrea Fernández, Jesús, *Valladolid, capital de la Corte (1601-1606)*, Valladolid: Cámara de Comercio e Industria de Valladolid, 2002 を参照。

(23) Santos Vaquero, Ángel, "¿Por qué Felipe II trasladó la Corte de Toledo a Madrid?", http://www.ateneodetoledo.org/wp-content/uploads/2013/01/Felipe-II-y-Toledo.pdf を参照。

(24) Los Reyes Leoz, José Luis de, "Evolución de la población, 1561-1857", en VV. AA., *Madrid. Atlas histórico de la ciudad, Siglos IX-XIX*, Madrid: Lunwerg Editores, 2001, pp. 140-145 を参照。

(25) 一三世紀以後の都市の物理的拡大に関しては、Juliá, Santos; Ringrose, David; Segura, Cristina, *Madrid. Historia de una capital*, Madrid: Alianza Editorial, 1994, pp. 47-61, 167-177 を参照。

(26) フェリーペ二世の時代の膨張に関して詳しくは、Sieber, Claudia W., *The Invention of a Capital: Philip II and the First*

Reform of Madrid, Baltimore: Maryland, 1985; Alvar Ezquerra, Alfredo, *El nacimiento de una capital europea. Madrid entre 1561 y 1606*, Madrid: Turner Libros, 1989を参照。

（27）マドリードはトレード大司教区に包摂されていて、トレード大司教による司教区分割への反対もあって、一八八五年まで独立の司教区となってカテドラルをもつには至らなかった。そこで一三世紀に起源をもつアルカサル宮の近くの、アルムデーナの聖母を祭るサンタ・マリア教会がマドリードの主教会とされた。ちなみにカテドラルをもたなかったために、帝都でありかつ規模も大きかったにもかかわらず、前近代のマドリードは法的には町（Villa）であって、市（Ciudad）ではなかった。

（28）Sánchez Cano, David, "Festival interventions in the urban space of Habsburg Madrid", in Checa Cremades, Fernando; Fernández-González, Laura (ed.): *Festival Culture in the World of the Spanish Habsburgs*, Surrey: Ashgate, 2015, p. 80. この地図に見られるように、マドリードへの国王入市ルートは一六世紀までは、太陽の門（3）に東北東から入るアルカラ通りの途中からであった。太陽の門からマヨール通りを進んで王宮（アルカサル宮）に至るルートに変更はないが、一七世紀に入ると太陽の門に至るには、徐々にサン・ヘロニモ修道院（1）からサン・ヘロニモ通り（2）をすすむルートが定着した。

（29）Plano de Madrid de Pedro Texeira (1656), "Mantua Carpetatorum sive Matritum Urbs Regia". この地図は、VV.AA., *Cartografía Madrileña (1635-1982)*, Madrid: Ayuntamiento de Madrid, 1982, p. 59に所収。

（30）Alvar Ezquerra, *op. cit.*, pp. 38-39を参照。

（31）"Memorias de la Corte de España", en García Mercadal, José: *Viajes de extranjeros por España y Portugal*, 3 vols., Madrid: Aguilar, 1952-1962, vol. III, pp. 701-735を参照。

（32）Barrios, Feliciano, *La gobernación de la Monarquía de España. Consejos, Juntas y Secretarios de la Administración de Corte (1556-1700)*, Madrid: Centro de Estudios Políticos y Constitucionales, 2015, とくにCapítulo VI, "Los Reales Consejos", pp. 439-573を参照。

（33）"Cédula real a los regios aposentadores, Toledo, 8 mayo 1561", citado en VV. AA., *Madrid en el siglo XVI*, Tomo I, Madrid: Instituto de Estudios Madrileños, 1962, pp. 285-287.

（34）これに伴う都市の整備については、Tovar Martín, Virginia, "Madrid en el siglo XVI: la moderna capital nueva", en Fernández García, Antonio（ed.）, *Historia de Madrid*, Madrid: Editorial Complutense, 1993, pp. 119-138を参照。

（35） 近世ハプスブルク家の狭義の宮廷、つまり王の館（Casa Real）と諸々の役職については、Bottineau, Yves, "Aspects de la Cour d'Espagne au XVIIe siècle: L'etiquette de chambre du roy", *Bulletin Hispanique*, LXXIV, 1972, pp. 138-157 および Barrios, *op. cit.*, pp. 220-239 を参照。

（36） 一七世紀半ばにアラゴン顧問会議議長となったバレンシア人の Crespí de Valldaura の言葉。Gil Pujol, Xavier, "Un rey, una fe, muchas naciones", en Álvarez-Ossorio, Antonio; García García, Bernardo J. (ed.), *La Monarquía de las naciones*, Madrid: Fundación Carlos Amberes, 2004, p. 54 に引用。

（37） Cabrera de Córdoba, Luis, *Historia de Felipe II, Rey de España*, 4 vols., edición de Martínez Millán, José; Carlos Morales, Javier, Salamanca: Junta de Castilla y León, 1998, Vol. I, p. 218. さらに、国王の居住場所であったアルカサル宮には、下の階（Planta Baja）に多くの諸顧問会議やその他の政府機関が置かれていて、それぞれに与えられた部屋は、とくに領域別の顧問会議にとって、各裁判管轄下にある空間と見做されていた。アルカサル宮は、複合君主政体の象徴的機能を果たしていたと言える。Barrios, *op. cit.*, p. 249 を参照。

（38） 差し当たり、Elliott, J. H., *Richelieu and Olivares*, Cambridge: Cambridge University Press, 1984（邦訳、藤田一成訳『リシュリューとオリバーレス：一七世紀ヨーロッパの抗争』岩波書店、一九八八年）を参照。

（39） Elliott, J. H. y Peña, J. E. de la, *Memoriales y cartas del Conde Duque de Olivares*, Vol. 1, Madrid: Alfaguara, 1978, p. 74.

（40） "Instrucción para la casa de los pajes (30 de abril de 1639)", Real Academia de la Historia, Madrid, Salazar K-8, fs. 361-7. したがってオリバーレスは、帝国政策に一丸とならないカタルーニャ人、ナポリ人らの対立を念頭において、言語を共にする一つの国民（nación）を軸とするような一つの地域政体の自己主張には反対を表明した（一六四〇年一月）。すなわち、「国民というのは忌まわしい。国民に拘る人間は忌まわしい」、「私は決して国民偏重（nacional）ではない、それは幼子の好むことである」と言う。"Carta del Conde Duque al Marqués de Torrecusso (de Madrid a 4 de Henero de 1640)", en *Memorial Histórico Español*, Tomo XX, Madrid: Real Academia de la Historia, 1888, pp. 208-210. この意味でオリバーレスの意図は複合君主政体の君主権の強化であって、エリオットが指摘するように、王権の集権化が進んでいた故にカスティーリャを君主国の「統治モデル」と見做したのであって、カスティーリャ人であるが故にスペインのカスティーリャ化を進めようとしたのではない。Elliott, J. H., *The Count-Duke of Olivares. The Statesman in an Age of Decline*, New Haven: Yale University

Press, 1986, pp. 197, 564を参照。

(41) こうした問題関心にとり、「一人の国王、一つの信仰、多くのネーション」と題したGil Pujol, *op. cit.* の論文は大いに示唆に富んでいる。

(42) スペインの黄金世紀文学には帝都マドリードを称える詩作が多いが、称揚のひとつが「カトリック宮廷」ということである。Simón Díaz, J., "Elogios clásicos de Madrid", en VV. AA., *Madrid en el siglo XV, op. cit.*, pp. 117-148を参照。フェリーペ四世を称えるかたちで帝都マドリードの偉大さを詳述したG・ゴンサレス・ダビラの著作（一六二三年）でもまた、国王の施策は、「すべてがカトリックの名に相応しいように宮廷の慣習を改革」したことであったと強調している。González Dávila, *op. cit.*, p. 170.

(43) López García, José Miguel, "El henchimiento de Madrid. La capital de la Monarquía Hispánica en los siglos XVII y XVIII", en VV. AA., *Capitales y corte en la historia de España*, Valladolid: Universidad de Valladolid, 2003, pp. 45-104を参照。なお、近世マドリードの俗間聖職者と修道聖職者の特徴と推移については、Crespo, Pinto, "La Iglesia, organización y presencia", en *Madrid. Atlas Histórico, op. cit.*, pp. 296-311、および、Méndez Sastre, Rafael, "La estructura conventual de la ciudad, siglo XII-XIX", en *Ibídem*, pp. 312-323を参照。

(44) 本章「はじめに」の注（17）を参照。なお、「カトリック王」（Rey católico）の称号は、一五世紀末に教皇からアラゴンのフェルナンド二世とカスティーリャのイサベル一世に与えられたが、一五一七年にあらためてカルロス一世に授けられ、その後歴代の国王がこれを自らの称号として、フランス王の「篤信のキリスト教徒なる王」（Roi très chrétien）に対抗した。

(45) Burke, Peter, "Prólogo" en Río Barredo, *op. cit.*, p. 1.

(46) T・F・ルイスは、こうした観点からの「王権の顕示」の祭典・行事を的確に要約している。Ruiz, Teófilo, F., *Historia Social de España, 1400-1600*, Barcelona: Crítica, 2002, Capítulo 6. "De Carnaval a Corpus Christi: fiestas de afirmación", pp. 155-174.

(47) López de Hoyos, Juan, *Real aparato, y suntuoso recibimiento con que Madrid (como casa y morada de Su Majestad) recibió a la serenísima reina D.a Ana de Austria*, Madrid: Iuan Gracian, 1572, ed. facsimilar, Madrid: Abaco Ediciones, 1976. ロペス・デ・オヨスの記録をめぐっては、Río Barredo, *op. cit.*, pp. 57-75を参照。

(48)　*Real aparato*..., f. 194v.

(49)　Río Barredo, María José del, *Madrid, Urbs Regia, op. cit.*, pp. 70-71.

(50)　近世マドリード市の祭事については、Río Barredo, María José del, “Cultura popular y fiesta”, en *Madrid. Atlas Histórico, op. cit.*, pp. 324-339、および、Sánchez Cano, *op. cit.*, pp. 69-85 を参照。

(51)　Ruiz, Teófilo F., *op. cit.*, p. 163.

(52)　Río Barredo, María José del, *Madrid, Urbs Regia, op. cit.*, Capítulo VI, “Corpus Christi: la cabeza del cuerpo político”, pp. 205-233 を参照。なお、この宗教行列の山車などの具体については、Portús Pérez, Javier, *La antigua procesión del Corpus Christi en Madrid*, Madrid: Comunidad de Madrid, 1993 を参照。

(53)　この動きはローマカトリック世界の各地で共通に見られたとされる。Rubin, Miri, *Corpus Christi: The Eucharist in Late Medieval Culture*, Cambridge: Cambridge Univesity Press, 1990 を参照。

(54)　スペイン帝国に包摂されるに至ったアメリカ植民地都市でも、聖体祭の行事が盛大に催されたが、そこでは先住民社会に対するキリスト教の勝利を表象する行列構成がなされていた。Dean, Carolyn J., *Inka Bodies and the Body of Christ: Corpus Christi in Colonial Cuzco*, Durham: Duke University Press, 1999 を参照。

(55)　一六四七年の王令によって作成を命じられたこの「全般的儀礼」の手稿は、いくつかの文書館に保管されているが、その一つはバリャドリード大学文書館所蔵のもので、ＷＥＢ公開されている（Rms044.pdf）。聖体祭に関しては、*Etiquetas generales que han de observar los Criados de la Cassa de Su Mag[esta]d en el usso y exercicio de sus oficios*, fols. 90v.-93r. に言及されている。

(56)　Barrios, *op. cit.* に挿入の平面図（p. 384 と p. 385 の間の Planta de la procesión del Corpus (Etiquetas Generales, 1652), AGP, Histórica, caja 51）を参照。

(57)　サンタ・マリア主教会については、本章注（27）を参照。

(58)　Barrios, F., *op. cit.*, pp. 138-141 を参照。なお、一八世紀初めに、新組織王令によってアラゴン顧問会議が廃止されると、同顧問会議の位置、つまり移動天蓋の左側は異端審問顧問会議にとってかわられている。*Ibid.*, p. 140.

(59)　Río Barredo, “Cultura popular...”, *op. cit.*, p. 331.

(60) Portús Pérez, *op. cit.* を参照。

(61) Christian, William A., *Local Religion in Sixteenth-century Spain*, Princeton: Princeton University Press, 1981 を参照。

(62) Quintana, Gerónimo de, *A la muy antigua, noble y coronada Villa de Madrid. Historia de su antigüedad, nobleza y grandeza*, Madrid: Imprenta del Reyno, 1629, pp. 50v-51v, y 170v.

(63) 七二〇年頃にマドリードの騎士グラシアン・ラミレスが紛失していたアトーチャの聖母像を見つけて新たな聖堂を建立して祭ろうとしたが、この地域に進出していたイスラーム勢力は、これは要塞を建てて彼らに抵抗する兆しと捉えて、ラミレスたちへの攻撃を開始した。ラミレスは、多勢に無勢で敗れれば汚辱されると思い、妻と娘たちの首を刎ねて遺体をアトーチャの聖母の隠者礼拝堂（エルミータ）に置き、その後果敢な抵抗を示してイスラーム勢力を撃退した。アトーチャの聖母にこの勝利の祈願成就を表すると、聖母の奇跡によって遺体であった妻と娘たちが蘇ったという。

(64) 一七世紀のマドリード史家が指摘するところである。たとえば、León Pinelo, Antonio, *Anales de Madrid (desde el año 447 al de 1658)*, transcripción, notas y ordenación cronológica de Pedro Fernández Martín, Madrid: Instituto de Estudios Madrileños, 1971, pp. 32-3, 38 y 149-50 を参照。

(65) 以下、アトーチャの聖母教会の推移については、González Dávila, Gil, *Teatro de las grandezas de la villa de Madrid Corte de los Reyes Católicos*, Madrid: Tomás Iunti Impresor, 1623, pp. 239-242; Quitana, Géronimo, *Histo^a^ del origen y antiguedad de la venerable y milagrosa Imagen de Nuestra Señora de Atocha*, Madrid: Imprenta del Reyno, 1637; Cepeda, Gabriel de, *Historia de la milagrosa, y venerable imagen de Nuestra Señora de Atocha, Patrona de Madrid*, Madrid: Imprenta Real, 1670 を参照。

(66) Cepeda, *op. cit.*, pp. 302-303.

(67) *Ibid.*, pp. 312-314.

(68) *Ibid.*, pp. 319-320.

(69) Río Barredo, *op. cit.*, p. 182.

(70) Jurado Sánchez, José et al., "Espacio urbano y propaganda política: las ceremonias públicas de la Monarquía y Nuestra Señora de Atocha", en Madrazo, Sergio; Pinto, Sergio, *Madrid en la época moderna. Espacio, sociedad y cultura*, Madrid:

Ediciones de la Universidad Autónoma de Madrid, 1991, pp. 219-263を参照。

(71) *Ibid.*, pp. 236-239の「アトーチャの聖母と君主国の儀式」一覧を参照。

(72) *Ibid.*, p. 258.

(73) Méndez Silva, Rodrigo, *Gloriosa celebridad de España en el feliz nacimiento, y solemnissimo bautismo de su deseado principe D. Felipe Prospero, hijo del gran monarca D. Felipe IV, y de la ... reyna D. Mariana de Austria*, Madrid: Francisco Nieto de Salcedo, 1658, p. 10v.

(74) Quintana, Géronimo, *Histo^{a} del origen y antiguedad de la venerable y milagrosa Imagen...*, *op. cit.*, f. 117r.

(75) Cepeda, *op. cit.*, p. 2.

(76) この点については、Jurado Sánchez, José et al., *op. cit.*, p. 251の指摘も参照。

(77) Clemente, Claudio, *El machiavelismo degollado por la christiana sabiduría de España y de Austria*, Alcalá: Antonio Vázquez, 1637, pp. 174-178.

(78) Río Barredo, José María, "Rituals of the Viaticum: Dynasty and Community in Habsburg Madrid", in Calaresu, Melissa; Vivo, Filippo de; Rubiés, Joan-Pau (eds.), *Exploring Cultural History, Essays in Honour of Peter Burke*, Aldershot: Ashgate Editor, 2010, pp. 55-75を参照。なお、本稿の対象外の時期であるが、一九世紀以後スペインで世俗化が進み反聖職者主義の風潮が高まると、ヴィアティクム崇敬の表明の有無は、人々の政治的・社会的亀裂を表徴するものになった。Cueva Merino, Julio de la, *Clericales y anticlericales: El Conflicto entre confesionalidad y secularización en Cantabria (1875-1923)*, Santander: Asamblea Regional de Cantabria, 1994を参照。

(79) マルク・ブロック、井上泰男・渡辺昌美訳『王の奇跡――王権の超自然的性格に関する研究／特にフランスとイギリスの場合』刀水書房、一九九八年、を参照。

(80) Ruiz, Teófilo F., "Unsacred Monarchy: The Kings of Castile in the Late Middle Ages", in Wilentz, Sean (ed.), *Rites of Power. Symbolism, Ritual, and Politics since the Middle Ages*, Philadelfia: University of Pennsylvania Press, 1983, pp. 109-133を参照。

(81) Corth, Anna, *Pietas Austriaca*, West Lafayette: Purdue University Press, 2004を参照。

（82）*Id.*, p. 14. ハプスブルク家最初の神聖ローマ皇帝となるルドルフ（在位、一二七三～九一）のヴィアティクムの逸話が初めて語られるのは、一三四〇年の年代記とされる。

（83）ジョヴァンニ・ボッテーロ、前掲書、第一五章「宗教について」、八九頁。

（84）Ribadeneira, Pedro de, “Tratado de la religión y virtudes que debe tener el príncipe cristiano” (1595), en *Obras Escogidas*, Biblioteca de Autores Españoles, Madrid: Atlas, Vol. LX, p. 480.

（85）Salazar, Fray Juan de, *Política Española*, *op. cit.*, p. 70.

（86）González de Zarate, Jesús María, *Emblemas regio-políticos de Juan de Solórzano*, *op. cit.*, pp. 49-50を参照。

（87）Zapata, María Teresa, *La entrada en la Corte de María Luisa de Orleans. Arte y fiesta en el Madrid de Carlos II*, Madrid: Doce Calles, 2000を参照。

（88）Río Barredo, José María, “Rituals of the Viaticum”, *op. cit.*, pp. 68-72を参照。

（89）本章第1節注（29）を参照。

（90）もともと東側の市壁の外にはヒエロニムス会のサン・ヘロニモ修道院があり、この周辺には菜園や荒蕪地が広がっていた。カトリック両王期に建立されたサン・ヘロニモ修道院は、隣接してマドリード滞在時の国王の宿泊所（アポセント・レアル）を備えており、一六世紀を通じて国王・王族の冠婚葬祭のために同修道院に赴く際にはこの宿泊所が「隠遁（レティーロ）の場」として使われていた。一六二一年のフェリーペ三世の死去の葬儀もまたこの修道院でおこなわれ、息子フェリーペ四世の隠遁場所となった。González Dávila, *op. cit.*, p. 135を参照。そしてまさに、この修道院を南側に包みこんで広大なブエン・レティーロ宮が建設されるが、その大まかな経緯と特徴については、拙稿「宮廷芸術の誕生——近世スペイン」（網野善彦ほか編『天皇と王権を考える　6　表徴と芸能』岩波書店、二〇〇三年所収）、二一九～二四四頁を参照されたい。

（91）この新宮殿、とくに諸王国の間については、歴史家エリオットと美術史家ブラウンの共同作業による詳細な美術史＝社会史的分析がなされている。Brown, Jonathan; Elliott, John H., *A Palace for a King. The Buen Retiro and the Court of Philip IV*. Revised and expanded edition. New Haven: Yale University Press, p. 2003. 以下の分析にあたっては、この研究に依拠するところが多い。なお、歴史家と美術史家の共同作業がもつ意味については、エリオットが自伝的省察をおこなっている。Elliott, J. H., *History in the Making*, New Haven: Yale University Press, 2012, Chap. 5. Art and cultural history（立石博高・

竹下和亮共訳『歴史ができるまで――トランスナショナル・ヒストリーの方法』、岩波書店、二〇一七年、第5章 芸術と文化の歴史）を参照。

（92） この言葉は、数々の王家の建設注文に応えた、建築家J・ゴメス・デ・モラのものである。Río Barredo, *op. cit.*, p. 147 を参照。フェリーペ三世の寵臣レルマ公と親しかったゴメス・デ・モラはオリバーレスに忌避され、ブエン・レティーロ宮の建設は、まずはイタリア人建築家のジョヴァンニ・バッティスタ・クレセンツィが担い、一六三五年の死後はアロンソ・デ・カルボネルがそれを引き継いだ。

（93） この空間のおもな配置については、ヘア・オルテーガが的確に要約している。Gea Ortega, María Isabel, *El Palacio del Buen Retiro (1630-1814)*, Madrid: Ediciones La Librería, 2009 を参照。

（94） Brown; Elliott, *op. cit.*, *A Palace for a King*…, p. 110 を参照。

（95） *Ibid.*, pp. 149-156, 178-179, を参照。この建物は、カソンとともに現在に至るまで残っているが、そのほかの建物群はすべて一九世紀初めのスペイン独立戦争で大きなダメージを受けて、同世紀半ばまでに解体された。諸王国の間の建物は、のちに軍事博物館として利用されたが、同博物館のトレードへの移転に伴い、二〇〇五年以後は閉館されている。カソンの方は、現在はプラド美術館の研究センターとなっている。一方、ブエン・レティーロ宮の庭園は、一八六八年にマドリード市に移管されたのちに、同市のレティーロ公園として一般に公開されている。

（96） 内部復元の全体図は、Blasco, Carmen, *El Palacio del Buen Retiro de Madrid. Un Proyecto hacia el pasado*, Madrid: Fundación Cultural Coam, 2001, p. 114 に掲載がある。これらの絵画配置の復元の試みについては、*El Palacio del Buen Retiro y el nuevo Museo del Prado*, Madrid: Museo Nacional del Prado, 2000 を参照。

（97） 諸王国の間に飾られた絵画の一群については、Alvarez López, José, “La reconstitución del Salón de Reinos. Estado y replantamiento de la cuestión”, Ubeda de los Cobos, Andrés, ed., *El Palacio del Rey Planeta. Felipe IV y el Buen Retiro*, Madrid: Museo del Prado, 2005, pp. 91-168 に詳しい。なお、R・L・ケーガンは、一連の戦争画に描かれている中心人物が国王に仕える軍人貴族であったことに着目して、諸王国の間には貴族たちの王権への忠誠と奉仕を称揚する意味があった点を強調する。ただこのことは、国王とその寵臣の称賛と矛盾するものではない。諸王国の間は、国王を頂点とするスペイン君主国の支配階級の揺るぎなさ（実際には動揺をきたしていた）を表徴する空間であったと言えよう。Kagan, Richard

L., "Imágenes y política en la corte de Felipe IV de España. Nuevas perspectivas sobre el Salón de Reinos", en Palos, Joan Lluís; Carrió-Invernizzi, Diana, dire., *La historia imaginada. Construcciones visuales del pasado en la Edad Moderna,* Madrid: Centro de Estudios Europa Hispánica, 2008, pp. 101-119を参照。

（98）これらの絵画については、Capitelli, Giovanni, "Los paisajes para el Palacio del Buen Retiro", Ubeda de los Cobos, ed., *El Palacio del Rey Planeta, op. cit.*, pp. 241-284を参照。

（99）Mariblanca, Rosario, *Historia del Buen Retiro*, Madrid: Ediciones La Librería, 2008, pp. 41-57, およびGea Ortigas, *op. cit.*, pp. 32-37を参照。

（100）レオン・ピネーロの著わした一六三七年の年代記には、隠者礼拝堂での催しを含めて、ブエン・レティーロ宮でおこなわれたさまざまな娯楽が描写されている。León Pinelo, *op. cit.*, pp. 308-311を参照。

（101）これらの祝宴については、Brown; Elliott, *op. cit.*, pp. 203-230に詳しい。

（102）Río Barredo, *op. cit.*, pp. 169-170.

（103）*Ibid.*, p. 171.

（104）Negredo del Cerro, Fernando, "La palabra de Dios al servicio del Rey. La legitimación de la Casa de Austria en los sermones del siglo XVII", *Criticón*, 84-85, 2002, pp. 295-311を参照。

（105）Puente, Juan de la, *La conveniencia de las dos monarquías católicas, la de la Iglesia Romana y la del Imperio español,* Madrid: Imprenta Real, 1612, pp. 86-87.

（106）Negredo del Cerro, *op. cit.*, p. 308. この時期の「カトリック君主国」をめぐる同時代の議論については、Fernández Albaladejo, *op. cit.*, pp. 168-184を参照。

（107）Mulryne, J. R.; Goldring, Elizabeth, ed., *Court Festivals of the European Renaissance. Art, politics and performance,* Aldershot: Ashgate, 2004および、Checa Cremades; Fernández-González, ed., *Festival Culture…, op. cit.* を参照。王権のイメージ研究の重要性については、佐々木真『ルイ一四世期の戦争と芸術——生み出される王権のイメージ』（作品社、二〇一六年）を参照。また、本稿では、紙幅の関係で宮廷儀礼については言及できなかったが、国王権威の維持にとってそれが重要であったことは言うまでもない。差し当たり、De Jonge, Krista et al., *El legado de Borgoña. Fiesta y ceremonia cortesana en la Europa de los Austrias*, Madrid: Marcial Pons, 2010 を参照。Ｊ・ダインダム（大津留厚ほか訳）『ウィーンとヴェルサイユ——ヨーロッパにおけるライバル宮廷１５５０～１７８０』（刀水書房、二〇一七年）は、従来のノルベルト・エリアスによる理解と異なって、近世の宮廷の独特の世界を描く論稿として興味深い。

（108）Ｒ・Ｌ・ケーガン（立石博高訳）『夢と異端審問——一六世紀スペインの一女性』、松籟社、一九九四年を参照。

（109）Elliott; Brown, *op. cit.*, pp. 239-248 を参照。

（110）第六五回日本西洋史学会大会（二〇一五年五月一六日、於：富山大学）の基調講演「近世スペインとカタルーニャ——複合国家論の再検討——」の後半部でこの問題を扱った。この基本文献としては、Corteguera, Luis R., *For the Common Good. Popular Politics in Barcelona 1580-1640*, Ithaca: Cornell Univertity Press, 2002 および、Torres Sans, Xavier, *Naciones sin nacionalismo. Cataluña en la monarquía hispánica (siglos XVI-XVII)*, Valencia: PUV, 2008 を参照。

（111）Torres Sans, *op. cit.*, p. 215 に引用。

（112）Palafox y Mendoza, Juan de, "Juicio interior y secreto de la monarquía para mí solo", en Jover Zamora, José María, "Sobre los conceptos de monarquía y nación en el pensamiento político español del XVII", *Cuadernos de Historia de España*, XVIII, Buenos Aires, 1950, "Apéndice documental", pp. 138-150.

あとがき

私は一九九二年四月に母校である東京外国語大学に着任し、爾来、スペイン史ゼミナールを学部・大学院において開講してきた。二〇一三年四月に母校の学長に就いてからは直接に授業をもつことはなくなったが、旧ゼミナリステンや後進の学究者たちと不定期に研究会を開いてきた。そのテーマの一つが、「スペイン帝国」をどのように理解するかということであった。学部・大学院のゼミナールでもJ・H・エリオット教授の著作・論文を精読しながら、一六・一七世紀スペインの固有性の理解に努めてきたが、この不定期な研究会においてもエリオットの複合君主政論の射程について、それぞれのメンバーの研究関心に応じてさまざまな報告をし、議論し合ってきた。

そうしたなかで、それぞれの研究成果を論文集という形でまとめようという機運が起こり、本書の刊行へと至ったのである。竹下さん、内村さん、久木さんは、いずれも旧ゼミナリステンであり、それぞれの関心に基づいてヨーロッパ近世史研究を深めているが、本書ではスペイン帝国の諸相に関わるかたちで論文を執筆してもらった。残念ながら、本務校の業務の都合などで論考を寄せられなかった教え子もいるが、その研究成果の一端は、私たち執筆者たちの論文構想に寄与していると考える。また、宮﨑さんは旧ゼミナリステンではないが、私にとっては後進の学究者であるとともに研究者仲間として、私たちのスペイン近世史研究に大きな刺激を与えてくれてきた。本書を企画するにあたって、ラテンアメリカ、つまり当時のインディアスの領域に対するスペイン君主国の統治技法をカヴァーする必要があると考え、宮﨑さんにはとくにお願いして執筆者に加わってもらった。

一九三〇年生まれのエリオットは、本書の序章で触れたように、長年にわたる歴史研究の方法論的省察を、*History in the Making* (New Haven, 2012)としてまとめ上げている。この書物は、竹下さんと共訳で刊行したが(『歴史ができるまで』岩波書店、二〇一七年)、六〇年以上にわたって歴史家エリオットが、「過去の世界に接したときの驚き」を持ち続けてきたことに驚嘆せざるをえない。本書の執筆陣もまた、こうした「驚き」をエリオットとともに少しでも共有すべく、近世スペインの新たな歴史像の提示に向けて思索を重ねてきた。本書を手に取られた読者の方がたが、ここに収められたそれぞれの論文が歴史の新たな見方を提起していると受け取ってくださることを、編者としてまた一執筆者として期待したい。

最後に、本書の刊行を快諾され、編集作業を担っていただいた昭和堂の鈴木了市さんに、謝意を記させていただきたい。私が鈴木さんと知り合ったのは、かれこれ三〇年もまえになるかと思う。R・L・ケーガンのミクロストリアの好著の翻訳を勧められたのが縁である(同著は、拙訳『夢と異端審問』松籟社、一九九四年として刊行)。その時から、いくつもの企画出版をお引き受けいただき、まさに的確な編集作業を担っていただいた。ただ、以前と同様に今回の企画においても、多大なる遅延を生じてしまい、たいへんにご迷惑をおかけしてしまった。鈴木さんが編集者として歴史の世界につねに「驚き」を抱いていることに本書執筆者一同、あらためて感謝するとともに、私たちは、さらに"In the Making"の歴史研究を進めていきたい。

二〇一七年初冬　浅間山麓にて

立石　博高

■執筆者紹介（執筆順）

内村俊太（うちむら しゅんた）

1980年生まれ。上智大学外国語学部准教授。

主な業績：「16世紀スペインにおける王権の歴史意識」（『西洋史学』240号、2011年）、ジョン・H・エリオット「複合君主政のヨーロッパ」（訳、古谷大輔・近藤和彦編『礫岩のようなヨーロッパ』山川出版社、2016年）、『スペインの歴史を知るための50章』（共編著、明石書店、2016年）、「カトリック君主国の都市祭典」（『スペイン・ラテンアメリカ美術史研究』18号、2017年）他。

久木正雄（ひさき まさお）

1982年生まれ。慶應義塾大学法学部・東海大学文学部・早稲田大学文学学術院　非常勤講師。

主な業績：立石博高・内村俊太編著『スペインの歴史を知るための50章』（分担執筆、明石書店、2016年）、J・アロステギ・サンチェスほか著、立石博高監訳『スペインの歴史――スペイン高校歴史教科書』（共訳、明石書店、2014年）、“The Spanish Jews and Converts in Late Medieval Thought: Statutes of Purity of Blood and the Tract of Juan de Torquemada”, Soyang Chungsesa Yongu: Journal of Western Medieval History, No. 26, 2010, pp. 53-76.「16世紀後半カスティーリャにおける「血の純潔」規約論争――ガスパル・デ・ウセーダの『駁論』（1586年）を素材とした一考察」（『スペイン史研究』第23号、2009年、16-25頁）　他。

宮﨑和夫（みやざき かずお）

1965年生まれ。筑波大学人文社会系准教授。

主な業績：「スペイン帝国隆盛の時代」（関哲行・立石博高・中塚次郎編『世界歴史大系　スペイン史』（山川出版社、2008年、277～331頁、「16世紀イベリア半島における『ローマ帝国』と『神聖ローマ帝国』」（関雄二・染田秀藤編『他者の帝国：インカはいかにして「帝国」となったか』世界思想社、2008年、40～60頁　他。

竹下和亮（たけした かずあき）

1972年生まれ。国際基督教大学アジア文化研究所研究員。

主な業績：「16世紀宗教論争の言語的脈絡」（アジア・カルヴァン学会日本支部編『新たな一歩を』キリスト新聞社、2009年）、「カルヴァンの語彙」（『アジア文化研究』国際基督教大学アジア文化研究所、38号、2012年）、J. アロステギ・サンチェスほか『世界の教科書シリーズ　スペインの歴史』（共訳、明石書店、2014年）、J. H. エリオット『歴史ができるまで』（共訳、岩波書店、2017年）　他。

索　引

ア　行

カ　行

サ　行

タ　行

ナ　行

ハ　行

マ　行

ヤ　行

ラ　行

■編著者紹介

立石博高（たていし ひろたか）

1951年生まれ。東京外国語大学長。

主な業績：『スペインの歴史』（共編著、昭和堂、1998年）、『スペイン・ポルトガル史』（編著、山川出版社、2000年）、『国民国家と帝国』（共編著、山川出版社、2005年）、ドミンゲス・オルティス『スペイン　三千年の歴史』（訳書、昭和堂、2006年）『スペインの食文化14 スペイン』（農文協、2007年）、ヘンリー・ケイメン『スペインの黄金時代』（訳書、岩波書店、2009年）、『国民国家と市民』（共編著、山川出版社、2009年）、『概説 近代スペイン文化史』（編著、ミネルヴァ書房、2015年） 他。

スペイン帝国と複合君主政

2018年4月25日　初版第1刷発行

編著者　立 石 博 高

発行者　杉 田 啓 三

〒607-8494　京都市山科区日ノ岡堤谷町3-1

発行所　株式会社　昭和堂

振替口座　01060-5-9347

TEL（075）502-7500/ FAX（075）502-7501

印刷　亜細亜印刷

ISBN978-4-8122-1726-9

＊落丁本・乱丁本はお取り替えいたします

Printed in Japan